o autor no cinema

SERVIÇO SOCIAL DO COMÉRCIO
Administração Regional no Estado de São Paulo

Presidente do Conselho Regional
Abram Szajman
Diretor Regional
Danilo Santos de Miranda

Conselho Editorial
Ivan Giannini
Joel Naimayer Padula
Luiz Deoclécio Massaro Galina
Sérgio José Battistelli

Edições Sesc São Paulo
Gerente Marcos Lepiscopo
Gerente adjunta Isabel M. M. Alexandre
Coordenação editorial Clívia Ramiro,
Cristianne Lameirinha, Francis Manzoni
Produção editorial Antonio Carlos Vilela
Coordenação gráfica Katia Verissimo
Produção gráfica Fabio Pinotti
Coordenação de comunicação Bruna Zarnoviec Daniel

o autor no cinema

Jean-Claude Bernardet

Francis Vogner dos Reis

a política dos autores:
França, Brasil – anos 1950 e 1960

2ª edição revista e ampliada

1ª edição: 1994, Editora Brasiliense S. A./Edusp –
Editora da Universidade de São Paulo
© Edições Sesc São Paulo, 2018
© Jean-Claude Bernardet, 1994, 2018
© Francis Vogner dos Reis, 2018

Todos os direitos reservados

Preparação José Ignácio Mendes
Revisão Sílvia Balderama, Karinna A. C. Taddeo
Projeto gráfico, diagramação e capa Flávia Castanheira

Dados Internacionais de Catalogação na Publicação (CIP)

B4568a	Bernardet, Jean-Claude
	O autor no cinema: a política dos autores: França, Brasil – anos 1950 e 1960 / Jean-Claude Bernardet; colaboração de Francis Vogner dos Reis
	2. ed. atualizada
	São Paulo: Edições Sesc São Paulo, 2018
	272 p.
	Bibliografia
	ISBN 978-85-9493-110-8
	1. Cinema. 2. Teoria do Cinema. 3. Autoria no cinema. 4. Teoria do autor. I. Título. II. Reis, Francis Vogner dos.
	CDD 791.43

Edições Sesc São Paulo
Rua Cantagalo, 74 – 13º/14º andar
03319-000 – São Paulo SP Brasil
Tel. 55 11 2227-6500
edicoes@edicoes.sescsp.org.br
sescsp.org.br/edicoes
 /edicoessescsp

apresentação

Danilo Santos de Miranda
Diretor Regional do Sesc São Paulo

Multifacetada, a obra de Jean-Claude Bernardet desdobra-se em ensaios críticos, prosa ficcional, roteiros e direção de cinema, quando não em atuações esporádicas até mesmo à frente das câmeras – demonstrando que, para conhecer seu objeto, Bernardet lhe dá a volta toda. Sua produção, tanto crítica quanto artística, é permeada pelas relações entre arte e sociedade, entre estética e política.

Nesta obra, contextualiza o debate acerca da autoria no cinema, pré-existente à "política de autores" que valorizou os diretores no cinema industrial de Hollywood, estabelecendo um diálogo entre as vozes de Jean-Luc Godard, François Truffaut, Claude Chabrol, Eric Rohmer – entre outros jovens críticos dos *Cahiers du Cinéma* que se tornariam protagonistas da Nouvelle Vague – e as de cineastas e críticos brasileiros, como Glauber Rocha, Walter Hugo Khouri, Paulo Emílio Sales Gomes, Moniz Vianna, entre outros.

Reunindo, também, comentários de críticos ingleses e norte-americanos, Bernardet revela os matizes, os impasses e as principais transformações da noção de cinema autoral ocorridas – especialmente, mas não só – no Brasil e na França nas décadas de 1950 e 1960. Traz para a discussão o declínio da noção de autor, a partir das contraposições ao conceito realizadas em 1968, em decorrência da afirmação do cinema militante e do sucesso do chamado anti-humanismo francês.

Publicado em 1994, o livro tornou-se uma referência para qualquer estudioso do tema. Esta segunda edição, revisada, conta com uma significativa ampliação do debate a partir de novos textos do pesquisador Francis Vogner dos Reis – levando a análise até as obras de José Mojica Marins, Carlos Reichenbach e Ozualdo Candeias – e de comentários atuais do próprio Bernardet.

Por meio de sua diversificada programação, o Sesc exibe e fomenta o debate em torno dos filmes e de seus realizadores. A valorização dos clássicos e a atenção à produção contemporânea equilibram-se em torno da ação educativa para a formação do olhar e da reflexão. A este contexto de atuação, soma-se a pertinência de reeditar esta obra referencial para uma discussão que segue vigente – no cinema e nas artes em geral.

Nota à segunda edição — 9

**Domínio francês
– anos 1950** — 13
O autor seria mesmo uma abstração? — 72
O gosto, o amor pela obra e o crítico — 97

**Domínio brasileiro
– anos 1950 e 1960** — 99
O autor é uma ficção? — 184
Nota sobre *Na estrada da vida* — 212

O declínio do autor — 215
Depois do declínio do autor, o que veio? — 248

Apêndice — 255

Bibliografia — 259
Bibliografia da atualização — 265
Sobre os autores — 269

nota à segunda edição

Francis Vogner dos Reis

O autor no cinema foi lançado em 1994 e surgiu porque Jean-Claude Bernardet precisava cumprir uma exigência da Escola de Comunicações e Artes da Universidade de São Paulo (USP), onde lecionava na época: reunir material para sua titulação de doutorado. E muito da preocupação que movimentou os textos que compõem a publicação, segundo relato do próprio autor, veio em parte de sua experiência como professor, ao observar que a política dos autores fomentava uma confusão: quando se tentava ensinar o cinema, o ofício, o trabalho de uma arte coletiva, enquanto se buscava estimular a compreensão do cinema de maneira objetiva, material, técnica e com perspectiva histórica, com mais questionamentos do que zonas de conforto, para parte dos alunos a aura do autor cinematográfico, com sua individualidade e subjetividade, vinha antes do trabalho propriamente dito.

Sua crítica é à metafísica da política dos autores. O capítulo "Domínio francês – anos 1950" abre com "Deus, aquele que é a causa primeira" e termina com "… O autor virou Deus". Entre um Deus e outro, Bernardet discorre sobre o conceito de *autor*, especificamente na versão da *política dos autores* desenvolvida nos *Cahiers du Cinéma* nos anos 1950.

Por outro lado, interessou-lhe pensar também a criação cinematográfica a partir de outros parâmetros que não se coadunavam com a *política* dos *Cahiers du Cinéma*, como a do cinema militante e do anti-humanismo francês. Uma parte particularmente valorosa do livro é o levantamento que faz do conceito de autor na crítica brasileira dos anos 1960, do automatismo naturalizado (e idealizado) do termo por parte da crítica e sua versão cinemanovista que, com suas contradições, ajudou a criar a figura do autor moderno no cinema brasileiro, apontou suas tarefas e com o tempo revelou seus impasses.

Os escritos de Jean-Claude Bernardet sempre se direcionaram ao tempo em que foram escritos e aos interlocutores conhecidos (os artistas, os intelectuais, os próprios alunos) ou desconhecidos (o público interessado e os estudantes). Isso dá vida a seus livros e artigos para além de suas contingências originais e, apesar de não buscarem a perenidade, voltamos a eles com frequência, porque ali estão indagações sólidas, que nunca se esgotam em formulações muito fechadas ou categóricas, ainda que sejam enfáticas.

A discussão de *O autor no cinema* hoje é necessária, pois estabelece o diálogo com uma nova geração em que o autorismo e a cinefilia mais obsessiva foram retomados como parte importante – talvez central – da cultura cinematográfica que surgiu com a internet e que existe num contexto em que o autor, mais do que nunca, é uma *commodity* do cinema.

Por isso, nesta segunda edição, Bernardet não viu sentido em relançar o livro tal como originalmente foi concebido. Considerou necessário pensar os desdobramentos da discussão sobre o autor no cinema, tanto no que diz respeito à fortuna crítica francesa e suas posteriores releituras e questionamentos quanto no que tange ao debate brasileiro do autor e suas injunções locais. Um prefácio ou posfácio não dariam conta de atualizar o tema e teriam somente a função protocolar de cristalizar o que foi escrito dos anos 1980 como síntese "canônica" do pensamento brasileiro sobre o autor cinematográfico. O ideal seria uma intervenção crítica: escrever textos dando continuidade aos três eixos de discussão: "Domínio francês – anos 1950", "Domínio brasileiro – anos 1950 e 1960" e "O declínio do autor".

Bernardet deixou por minha conta a escrita dos textos que respondem a, dialogam com e prosseguem as discussões. Os títulos afiguram-se como perguntas: "O autor seria mesmo uma abstração?", "O autor é uma ficção?" e "Depois do declínio do autor, o que veio?". Divisa, diálogo e dúvida que remetem às considerações de Bernardet presentes no livro. As convergências são evidentes e, sobretudo no segundo capítulo, "Domínio brasileiro", fomentam uma escrita atenta às particularidades dos modelos mais emblemáticos do autor moderno no cinema brasileiro. Bernardet e eu falamos a partir de experiências geracionais diferentes, formações e perspectivas históricas distintas que ressaltam algumas divergências sobre a função do autor no cinema (e a política dos autores em particular).

Mais que afirmar a morte do autor ou declarar sua resistente permanência, o importante neste livro – entre os escritos anteriores de Bernardet e os atuais – é examinar e compreender as articulações (do pensamento e da realidade complexa) que possibilitam que o autor exista ou seja relativizado, que ele seja um referencial criativo concreto ou uma mistificação. Para delinear o estatuto do autor no cinema hoje é necessário relacionar essas perspectivas ambivalentes. O atrito é criativo.

domínio francês – anos 1950

Jean-Claude Bernardet

DEUS, aquele que é a causa primeira.

Esta é a primeira definição dada pelo dicionário francês *Nouveau Larousse Illustré* à palavra "autor". A seguir, autor significa "pai", "inventor", "criador de um sistema" ("Pitágoras é tido como o autor da metempsicose"), aquele que fez uma coisa (o autor de um crime), pessoa que, pela primeira vez, disse ou escreveu uma coisa.

Particularmente, autor é uma pessoa que fez uma obra de ciência, de literatura ou de arte. Absolutamente, autor se usa no sentido de escritor, de que é sinônimo. Seguem exemplos: "O que se observa num autor são os pensamentos"; "é principalmente o estilo que se leva em conta num autor". Esses sentidos da palavra autor são mantidos pela maioria dos dicionários e enciclopédias franceses e de outras nacionalidades, com exclusão da primeira acepção aqui citada, que é rara.

Na primeira metade dos anos 1950, a revista francesa *Cahiers du Cinéma* lança uma proposta de crítica cinematográfica conhecida como a *política dos autores*, que se tornaria célebre. A proposta teve imensa repercussão mundial, inclusive no Brasil, e hoje as expressões *autor* e *cinema de autor* tornaram-se usuais no vocabulário cinematográfico. A existência de um cinema de autor e de autores cinematográficos ficou em evidência entre a maioria da crítica cinematográfica e o público cinéfilo. Os autores da proposta foram jovens críticos que pouco depois se tornariam realizadores famosos, como Jean-Luc Godard, François Truffaut, Claude Chabrol, Éric Rohmer, Jacques Rivette e Jacques Doniol-Valcroze, expoentes da Nouvelle Vague. Inicialmente, a proposta choca profundamente, os *Cahiers* recebem extensa correspondência crítica, e outras revistas se opõem à política dos autores. Na própria redação dos *Cahiers*, a situação não é pacífica, e o redator e grão-mestre da Nouvelle Vague, André Bazin, vê-se levado a escrever um artigo com um título irônico: "Como é possível ser hitchcocko-hawksiano?" (1955), no qual explica que a redação está longe de concordar plenamente com as teses daqueles críticos a quem chama de Jovens Turcos, mas que a revista optou por abrigar seus artigos devido à seriedade, sinceridade e competência dos articulistas.

O que choca na proposta? Com certeza não são nem a palavra "política" nem a palavra "autor". O cinema já é de longa data considerado uma arte, e a ideia de autoria está suficientemente entranhada na cultura francesa para que se aceite a ideia de autoria cinematográfica. Já em 1921, o ensaísta e realizador Jean Epstein aplica o termo "autor" a cineastas, em 1924 fala claramente em "autores de filmes" e declara "nós, autores de filmes" em 1926. Com todas as ambiguidades que veremos a seguir, o termo "autor" atravessa os anos 1930 e desabrocha nos anos 1940. Basta como testemunho o extenso artigo de Alexandre Arnoux em 1943, divulgado por um semanário cultural de grande audiência: "O autor de um filme, este desconhecido". Arnoux, embora tenha colaborado em alguns roteiros, não era cineasta, mas romancista. Escreve de Jacques Feyder e de Jean Renoir que "sua contribuição individual se esboça logo no início, eles elaboram rapidamente seu estilo, sua maneira cinematográfica [*leur pâte cinématographique*], seu ritmo, sua atmosfera, possibilitando ao amador menos prevenido distingui-los logo nas primeiras sequências". E também: "Nenhuma dúvida: no decorrer desta era muda, o autor do filme é o diretor [*metteur en scène*]". Ele desenvolve a ideia destacando o fato de que esses *metteurs en scène*, mesmo quando não responsáveis pelo roteiro, quase sempre assumiram a decupagem, a filmagem e a montagem e orientaram o fotógrafo. Aqui a ideia de autor apoia-se sobre a multiplicidade das funções assumidas pelo diretor, mas Arnoux complementa: o *metteur en scène* "infundiu seu sangue à obra, que só respira através dele; ele a animou com o mais puro de si mesmo". Por mais que o vocabulário do articulista tenha envelhecido, por mais que outros pontos do artigo não coincidam com a futura política, aqui já estão enunciados temas fundamentais que seriam desenvolvidos na década de 1950: o autor, a contribuição "individual", o "si mesmo", a individuação pelo "estilo".

Por mais que se tenha considerado como autor de um filme o roteirista, o argumentista ou o produtor – e não faltam cineastas que defendem essas posições –, a ideia de autoria cinematográfica como pertencente ao diretor tem, na França, uma tradição, um enraizamento cultural profundo e não sai do bolso do colete dos Jovens Turcos. O que vai chocar os cinéfilos é que a política dos autores é essencialmente aplicada ao cinema norte-americano, e por outro lado os Jovens Turcos estão virulentamente solapando o cinema francês dito *de qualidade*, representado por realizadores como Claude Autant-Lara. Diferentemente do cinema francês e europeu em geral, em que as formas de produção seriam mais propícias à existência de autores, Hollywood é geralmente tido como o lugar do comércio cinematográfico, do divertimento, do cinema de massa, e nunca como o lugar da arte e da autoria.

Sem dúvida, o caráter polêmico e original da proposta dos Jovens Turcos é justamente sua aplicação ao cinema norte-americano. A produção dos Estados Unidos tinha sumido dos mercados europeus durante a Segunda Guerra Mundial, e seu reaparecimento a partir de 1945 deixa esses futuros críticos deslumbrados. Só se tem olhos para o cinema que chega de além-Atlântico. Em *Os filmes de minha vida*, publicado em 1975, Truffaut relembra essa época e evoca "o fanatismo que foi o nosso, aquele dos cinéfilos franceses, quando chegaram os filmes americanos após a Libertação". Esse entusiasmo não concerne apenas ao cinema nem apenas aos franceses. Para Federico Fellini, "a literatura e o cinema americano eram uma coisa só: a vida verdadeira". Para o crítico e cineasta francês Roger Leenhardt, a literatura norte-americana é "direta e viva". É bem verdade que tal empolgamento pelo cinema norte-americano não constituía propriamente uma novidade nos meios intelectuais franceses, cinematográficos em particular. Também é verdade que, na época do cinema mudo, o polêmico diretor de teatro e cinema Antoine, atacando maus enredos e maus roteiros, qualificou o *Intolerância*, de Griffith, de "história ridícula" e "burrice piegas". Mas era uma voz isolada. Canudo elogiava fartamente o realizador norte-americano. O poeta surrealista Robert Desnos louvava a capital norte-americana do cinema por ser "o último refúgio das emoções tumultuosas do espírito humano". Para o crítico Valéry Jahier, *Aconteceu naquela noite*, de Frank Capra, é um "modelo de estilo cinematográfico". Quanto a Epstein, trata-se de uma louca paixão: "Nunca poderei dizer o quanto amo os primeiros planos americanos" (1921). Para ele foram alguns filmes norte-americanos os primeiros que manifestaram o senso cinematográfico mais precoce e inconsciente (1923). Em 1940, o crítico Georges Charensol receia que o mau uso do som possa fazer retornar o cinema "à sarjeta teatral onde se arrastou na França de 1907 a 1914 e da qual só nos tirou o exemplo americano". A interrupção do abastecimento norte-americano durante a guerra só acirrou esse já tradicional desejo de filme norte-americano, cuja volta era ansiosamente aguardada. Mas nem todo mundo participou da celebração do reencontro. Leenhardt também esperava o retorno do filme norte-americano: "Hollywood representava o valor cinematográfico central. O comedor de película buscava seu alimento de base, sua nutrição essencial na consistência e no sabor da produção da Califórnia"; mas, logo após a guerra, a decepção não tarda: "Em vez de ficarmos deslumbrados, esfregamos os olhos: então era só isso? [...] Os americanos nos tinham mandado seus filmes de segunda categoria". Mas nem por isso esmorecia o empolgamento dos Jovens Turcos, nem mesmo diante dos evidentes prejuízos que a forte presença da produção norte-americana acarretava ao cinema francês. Este havia conhecido uma relativa prosperidade durante a guerra. A exibição dos filmes norte-americanos, possibilitada pelos acordos Blum-Byrnes que lhes abrem o mercado francês, faz cair as rendas dos filmes franceses e, comenta o próprio Truffaut, não era raro encontrar diretores e atores desocupados.

Um filme vai matizar esse quadro de fanatismo. *Cidadão Kane*, de Orson Welles, só é exibido na França depois da guerra. É uma revolução estética a que os futuros Jovens Turcos são particularmente sensíveis; tornam-se "cinéfilos exigentes". Uma decantação se opera. Da seleção, além de Welles, emergem nomes como Alfred Hitchcock, Howard Hawks, Fritz Lang (considerado pela sua produção norte-americana), Nicholas Ray e alguns outros, os quais, associados a nomes europeus como Renoir, Bresson, Cocteau, Rossellini, Dreyer e Buñuel, vão constituir o olimpo da política dos autores.

O que é um autor? Com certeza nada que possa ser definido de forma precisa, nem em geral nem nos quadros da política. Os Jovens Turcos não produziram nenhum texto programático, nenhum manifesto que defina quer a política, quer a noção de autor. Temos então que tentar delinear o que faz de um cineasta um autor nos artigos que publicaram nos *Cahiers du Cinéma* ou em outros periódicos ou em livros sobre filmes ou cineastas determinados, bem como na longa série de entrevistas levadas a cabo pela equipe dos *Cahiers*, algumas das quais foram reunidas em 1975 em livro intitulado *La Politique des auteurs*.[1] Se essas entrevistas são informativas em relação aos cineastas entrevistados, são igualmente reveladoras quanto aos entrevistadores pelas perguntas feitas e pela montagem do que foi dito

---

1 Extraio as citações da edição portuguesa: *A política dos autores*.

pelos cineastas. Tomarei também apoio no ensaio que Chabrol e Rohmer publicaram em 1957 sobre Hitchcock, bem como no *Nicholas Ray* de François Truchaud. O ensaio de Truchaud, que se alinha claramente à política, é bastante posterior à época da construção dela e da sua fase polêmica: data de 1965. É um livro tardio, mas que merece ser levado em consideração neste estudo pelo fato de Gilles Deleuze, no seu *Cinema: a imagem-movimento*, de 1983, ter considerado o trabalho de Truchaud "uma análise exemplar da evolução de um autor".

Embora se possa dizer *autor de um quadro*, *autor de uma partitura*, "absolutamente", como diz o dicionário, autor significa escritor. Não há dúvida de que a palavra autor usada pelos adeptos da política e seus seguidores encontra sua origem no domínio literário. Tratava-se de ver o cineasta como um escritor, o filme como um livro, mais precisamente como um romance. Por mais que as artes visuais e sonoras possam ter motivado esses críticos e futuros realizadores, não resta dúvida de que uma das grandes experiências formadoras no seio da cultura francesa, que, me parece, sempre cultuou mais seus escritores que seus pintores, músicos ou arquitetos, é a experiência de ler, a perspectiva de escrever. Os Jovens Turcos gostam de escrever: poucos diretores terão deixado tão farta literatura cinematográfica, excetuando-se Eisenstein, Pasolini, Glauber e poucos outros. Além disso, o escritor é a representação do artista e do intelectual, de modo que a referência literária é constante em seus escritos. Truffaut "falava de *Cidadão Kane* como de um filme que era próximo e amical como um romance". Esse tipo de aproximação já vinha de antes: em 1948, Raymond Barkan, em artigo sobre Jean Renoir, o compara aos romancistas Marcel Proust e Georges Duhamel.[2] Jean-Luc Godard: "Estamos sempre sós, tanto no estúdio como

---

[2] Ver Pascal Merigeau, Daniel Serceau, "De la politique des auteurs à l'auteur de marchandises". *La Revue du Cinéma*, Paris, n. 364, set. 1981.

diante da página branca".³ Agnès Varda, ao realizar *La Pointe courte*, anuncia que vai "fazer um filme exatamente como se escreve um livro".⁴ Em filmes de Truffaut, o cúmulo da atitude anticultural é queimar livros, como em *Fahrenheit 451* ou *Jules e Jim*, filme este em que os dois personagens masculinos são escritores e trocam, além de uma mulher, experiências literárias. E muitos são os realizadores do olimpo que usam a referência literária para qualificar seus trabalhos. Por exemplo, Bresson declara: "Pois imponho, sim – não posso fazer de outro modo –, a minha maneira de ver, de pensar, o meu ponto de vista pessoal, mas como todas as pessoas que escrevem [...]". Ou Fellini: "Eu me sentia como um escritor", ou ainda, falando de Rossellini: "Vendo-o trabalhar, pareceu-me descobrir, pela primeira vez, com repentina clareza, que era possível fazer cinema com o mesmo relacionamento particular, direto, imediato com o qual um escritor escreve ou um pintor pinta". A experiência cultural que molda a ideia do autor cinematográfico é a do escritor e seu livro.

No seu próprio uso cinematográfico, a palavra autor tem primeiro uma significação literária. Perguntam a Renoir: "Gostaríamos de interrogá-lo, em primeiro lugar, sobre seus filmes antigos. Sabemos que teve a ocasião de rever vários mostrando-os a seus autores". Ou Renoir diz, comentando o início de sua carreira cinematográfica, quando trabalhava em filmes de outros: "No início, não tinha de modo nenhum a intenção de escrever, de ser autor, de inventar histórias". Nessas duas frases, autor não designa um realizador, mas sim roteirista ou argumentista, isto é, autores do que se costuma considerar a parte literária do trabalho cinematográfico. E aqui o termo autor obedece a sua tradição francesa, firmada por teóricos como Louis Delluc quando, por exemplo, afirmava (1918) que nem sempre o diretor tem ideias para o argumento de um filme e concluía: "o *metteur en scène* não é necessariamente autor". Henri Diamant-Berger era categórico no seu tratado cinematográfico (1919):

---

3 Jean-Luc Godard, "Bergmanorama". *Cahiers du Cinéma*, Paris, n.85, jul. 1958.
4 Citado por C.-J. Philippe, *La Nouvelle Vague*, p.17.

O roteiro é o filme em si. É, escrito, o filme tal como será impresso na película. É um erro pensar que o filme seja o desenvolvimento do roteiro, que o roteiro contém a matéria bruta do filme e que é tarefa do *metteur en scène* extraí-la e comentá-la conforme sua personalidade. Ao autor do roteiro cabe a responsabilidade do filme. Há *metteurs en scène* que colaboram com o autor. É legítimo, mas isso deve ocorrer antes da execução e ser discutido com o autor. O autor deve ser obedecido; para tanto, deve acompanhar a execução de seu roteiro a fim de que sejam respeitadas suas intenções.

Na mesma posição colocava-se Antoine – com total apoio de Canudo (1927) –, quando declarava que o *metteur en scène* não deve improvisar-se autor, como diz André-Paul Antoine:

> Antoine fazia prova de grande modéstia em relação aos autores. Nunca se teria permitido retocar uma peça. Limitava-se a sugerir aos autores modificações que julgava desejáveis. Nunca pensou em se arvorar em escritor quer no teatro, quer no cinema. Era *metteur en scène,* ele praticava sua profissão de *metteur en scène*.

Quando, ao comentar determinado roteiro, Pasolini diz: "estamos em presença de um roteiro autônomo, que pode muito bem representar, por parte de um autor [...]", ele se insere na mesma tradição da palavra autor entendida como roteirista. Só após longa e penosa evolução, o autor vai perdendo seu peso literário e se torna o diretor. Jean Cocteau faz a síntese – mas numa direção oposta à que viria a preconizar o cinema de autor – ao escrever: "O dia em que o diretor compreender que o papel do autor não se limita ao texto a escrever – no dia em que o autor ele próprio passar à direção – a língua morta do cinema se tornará uma língua viva".[5] Nessa perspectiva, não é o diretor que deveria tornar-se autor de seus argumentos e roteiros, e sim aquele que escreve para o cinema tornar-se realizador.

---

5 Citado por Jacques Becker, "L'auteur de films?... Un auteur complet".

"Além de uma alegoria da Queda, encontramo-nos portanto em presença de uma situação trágica, digna desse nome, que tem como motor, como em [Georges] Bernanos, as armadilhas do sacrifício e da santidade", escrevem Chabrol e Rohmer sobre *A tortura do silêncio*, de Hitchcock. E sobre *O homem errado*: "Moderna aplicação de um princípio caro a [Pierre] Corneille [...]". Além de ser comparado a Bernanos e a Corneille, Hitchcock será também relacionado com Balzac, Goethe, Poe, Alfred de Vigny, Swift, Thomas de Quincey, Mark Twain e outros. Essas comparações têm sempre, no ensaio de Chabrol e Rohmer, a função de dignificar as obras do cineasta. Os escritores são considerados valores seguros no firmamento da cultura, de modo que reencontrar aspectos de seus temas em filmes é maneira de valorizá-los e de consolidar o *status* do cineasta. De *Sob o signo de Capricórnio*, é dito que o roteiro é "dotado de um brasão literário" e que o filme aproxima-se de "um *leitmotiv* fundamental da literatura universal". Há uma nobreza literária que contamina o cinema. Truchaud não fica atrás, relacionando Nicholas Ray com Alfred de Musset, Alfred de Vigny, Bernardin de Saint Pierre, Ésquilo, Sófocles, Camus, Shakespeare, Racine e Genet. É de se observar que, dos dezoito escritores relacionados acima, dez são franceses: em parte a legitimação desses cineastas norte-americanos é feita ao encontrar em suas obras valores do quadro cultural a que pertencem os críticos, quadro cultural que não é considerado específico, francês, mas universal.

No entanto – quem diria? –, a literatura é a grande inimiga. Pois esses críticos querem um cinema que seja cinema-cinema, e não um cinema reflexo da literatura. O cinema não está aí para contar histórias que a literatura pode contar tão bem quanto ele. Querem um cinema livre da trama, como já queriam cineastas de vanguarda nos anos 1920. O título do artigo que Godard dedica a *Sangue ardente*, de N. Ray, torna-se emblemático: "Rien que le cinéma" (apenas o cinema, numa alusão, talvez, ao filme *Rien que les heures*, de Alberto Cavalcanti). Chabrol e Rohmer fazem ressalvas a *Sombra de uma dúvida*, de Hitchcock, por ter "um aspecto por demais literário", por não ter "suficiente confiança no poder próprio do cinema". O que importa no cinema, voltaremos a esse ponto, é a *mise en scène*, a encenação, a direção, que só pode ser prejudicada pela literatura. Fellini também critica seus primeiros filmes por causa do peso que neles tinha a literatura (ou o que considera como tal): "Provavelmente no início experimentei muito o condicionamento narrativo da história, confiei mais na imagem, e cada vez mais tento prescindir das palavras enquanto filme". É bom insistir: "enquanto filme". Pois: "É durante a dublagem que volto a dar grande importância aos diálogos". Também Fellini: "Creio que o cinema não tem necessidade de literatura, precisa somente de autores cinematográficos, isto é, de gente que se expresse através do ritmo, da cadência que são particulares ao cinema".

Então, uma atitude contraditória em relação à literatura, que é nociva quando se torna presente num filme em detrimento dos valores particulares do cinema, mas que pode igualmente dar foro de nobreza a determinados filmes. Em realidade, talvez não haja tanta contradição quanto pode parecer. Quando não se quer que a literatura macule o cinema, de que literatura se fala? Basicamente das histórias que conta a literatura, do caráter narrativo da literatura. São filmes que valorizam o enredo, que são feitos para desenvolver a trama e que, nesse desenvolvimento, apelam para uma explicitação verbal da evolução das situações e das relações entre personagens, não recorrendo suficientemente a valores plásticos, encenação, olhares, composição de quadros, uso de objetos, cortes, relação entre tamanhos de plano etc., todo um instrumental que não está ao alcance da narrativa literária. E isso não apenas por causa do caráter literário – ou o que se considera como tal – dessa narrativa, mas também, como veremos mais tarde, porque a política dos autores implica uma necessária desvalorização dos enredos. Quando, ao contrário, o relacionamento da literatura com o cinema é feito não através do enredo, mas de valores outros, a literatura torna-se dignificante. Ouçamos Chabrol e Rohmer: "Não é a primeira vez que podemos assinalar uma semelhança entre a obra de Hitchcock e a de Dostoiévski. *Festim diabólico* encontra-se mais perto de *Crime e castigo* que qualquer adaptação cinematográfica que se tenha feito do romance". De *O homem errado*:

> Esse [é] o motivo pelo qual o autor tomou o cuidado de nos comunicar a autenticidade do fato. Moderna aplicação de um princípio caro a Corneille, a saber, que um acontecimento fora do comum pode inspirar uma tragédia, desde que ele seja *possível*. E a prova, *a fortiori*, de que é possível, é que ocorreu.

Percebe-se nessas citações que os valores literários dignificantes para o cinema não são narrativos, são o *espírito*, o que, mais tarde, poderemos entender como os valores *morais* da literatura.

Apesar de não ser contraditório esse misto de fascínio pela literatura e sua rejeição, não deixa de haver uma tensão que C.-J. Philippe explica falando de uma "vocação desviada". Não tivesse existido o cinema, os realizadores da Nouvelle Vague teriam sido escritores, e eles transferiram sua vocação da literatura para o cinema. O que faz com que seus escritos cinematográficos reflitam seu amor pela literatura, que os cineastas de que gostam sejam integrados numa constelação de valores que inicialmente atraiu e formou esses críticos/cineastas. Mas que faz igualmente com que, voltando-se para o cinema, procurem um cinema livre da literatura, para que a transferência possa operar-se com um mínimo de radicalismo. Um artigo de Godard foi recusado por André Bazin, o editor dos *Cahiers du Cinéma*: tratava de *O prazer*, de Max Ophuls, baseado em conto de Maupassant. Bazin recusa o artigo, provavelmente elogioso, porque Ophuls não teria sido fiel ao escritor francês. Godard critica Bazin por avaliar o cinema em função da literatura, mas deixa entender que talvez Bazin tivesse razão ao recusar o texto porque devia estar mal escrito: "E, além disso, a gente se expressava muito mal em literatura. Eu, em todo caso, pois sentia que não era feito para isso". As referências eram literárias, escrevia-se, mas não se era feito para isso, relação tensa com a literatura que provoca uma evolução radical em direção ao cinema. Por isso, conforme C.-J. Philippe, eles valorizam filmes como

Sob o signo de Capricórnio ou *A condessa descalça*, de Hitchcock e Mankiewicz, isto é, filmes que devem o essencial de seu interesse a suas qualidades cinematográficas. De forma que a queima de livros em filmes de Truffaut pode ser interpretada de modo mais complexo: por um lado, trata-se de uma crítica a atitudes anticulturais por parte de regimes ditatoriais, e para isso se escolhe o livro como símbolo da cultura; por outro, podemos ver uma expressão da necessária ruptura com a literatura para que se opere a transferência para o cinema.

Essa relação do cinema com a literatura não foram os críticos dos *Cahiers du Cinéma* que inventaram. Existia há longo tempo no cinema francês, principalmente nos anos 1920, e também fora dele. Isso não por causa da adaptação de romances: essa é uma relação perversa que atrela o cinema à literatura. Quando Feyder afirmava que podia fazer um filme com o ensaio de Montesquieu *O espírito das leis*, ou Eisenstein com *O capital*, de Marx, eles não pensavam numa adaptação semelhante à de um romance, em que o filme reproduz mal e mal o enredo da obra para chegar a um discurso em tudo inferior ao original. Pensavam na possibilidade de um discurso cinematográfico que tivesse a mesma complexidade dos originais e, essencialmente, num discurso cinematográfico que, saindo da ficção, pudesse tratar de assuntos abstratos complexos até então reservados à linguagem escrita. Esses dois exemplos são citados no artigo que Alexandre Astruc publica em 1948 sob o título de "La caméra stylo" (a câmera-caneta), com o subtítulo de "Nascimento de uma nova vanguarda" (referência à antiga vanguarda dos anos 1920). Esse texto teve o papel de um verdadeiro manifesto que abriu caminho para, alguns anos mais tarde, os Jovens Turcos desenvolverem sua ideia de cinema de autor. Transcrevo extensos fragmentos que condensam o pensamento de Astruc:

> O cinema está pura e simplesmente tornando-se uma linguagem. Uma linguagem, isto é, uma forma na qual e pela qual um artista pode expressar seu pensamento, por mais abstrato que seja, ou traduzir suas obsessões como ocorre hoje no

ensaio ou no romance. Por isso, chamo essa nova idade do cinema a da *câmera-caneta*. Esta metáfora tem uma significação muito precisa. Significa que o cinema irá libertando--se paulatinamente desta tirania do visual, da imagem pela imagem, do concreto, para tornar-se uma escrita tão maleável e tão sutil como a da linguagem escrita [...] pois o cinema, como a literatura, antes de ser uma arte específica, é uma linguagem que pode expressar qualquer setor do pensamento [...] A expressão do pensamento é o problema fundamental do cinema [...] O autor escreve com sua câmera como um escritor escreve com uma caneta.

Trata-se de livrar o cinema do espetáculo, e daí a pouco as pessoas irão alugar no livreiro da esquina "filmes escritos" sobre qualquer assunto, obras equivalentes pela sua complexidade e significação aos romances de Faulkner ou Malraux, aos ensaios de Sartre ou Camus. O texto de Astruc tinha em verdade precedentes nas posições de Cocteau ou Jean Becker, que, no artigo já citado de 1947, concitava os realizadores a escreverem suas próprias histórias e a se mostrarem "pessoais"; o artigo conclui com caixa-alta: "Os autores de filmes franceses devem reforçar sua contribuição pessoal em seus filmes". Mas foi o texto de Astruc que virou manifesto, e sem ele os Jovens Turcos talvez tivessem tido mais trabalho para elaborar sua política. Isso apesar de haver uma importante divergência entre o texto de Astruc e os críticos dos *Cahiers*. Estes também querem um cinema que tenha a complexidade e maleabilidade da linguagem escrita, mas dificilmente poderiam aceitar que o cinema deixe de ser um espetáculo, que se distancie da imagem, do visual e do concreto. Nem como críticos nem como realizadores afastaram-se do enredo – o enredo é fundamental, voltaremos a essa questão –, não enveredaram nunca pelo ensaio puro. Mesmo os filmes de Godard que se pode considerar os mais ensaísticos não se afastaram totalmente do enredo e, de qualquer modo, obras como *Weekend à francesa* ou *A chinesa* são bem posteriores ao período mais combativo e criativo da política. Quanto ao típico ensaio, como *Meu tio da América*, vem mais tarde ainda e, além disso, Alain Resnais não integrava o grupo dos Jovens Turcos dos *Cahiers*.

Há um tema latente no manifesto de Astruc que se tornará fundamental para a equipe dos *Cahiers*, principalmente para Truffaut, tema que ele explicitava em 1957 em textos retomados em "Com que sonham os críticos?", introdução a seu *Os filmes da minha vida*: "O filme de amanhã me aparece, portanto, como ainda mais pessoal que um romance individual e autobiográfico, como uma confissão ou um diário íntimo. Os jovens cineastas se expressarão na primeira pessoa". Esse é o ponto crucial da política: *autor é aquele que diz "eu"*.[6] Dreyer, falando de seu projeto da *Vida de Cristo*, é categórico: "Não será grande espetáculo. Cecil B. DeMille está morto". Realmente, não há como incluir DeMille na política, por mais elásticas que se tornem suas fronteiras. E, no entanto, para afirmar a força da expressão do sujeito, Dreyer faz o seguinte raciocínio, que chega a ser comovente:

> Mas de maneira nenhuma falo de Cecil B. DeMille com desprezo, longe disso. Ele exprimia-se com o que tinha dentro dele. Tem-se de admitir que, se não tivesse sido o caso, ele não teria tido o grande sucesso que foi o seu.

No limite o autor pode importar mais que a obra, ou a obra não obter autonomia em relação ao autor e significar somente vinculada a ele: "Só gosto dos filmes parecidos com seus autores", diz Godard. A política é a apologia do sujeito que se expressa. Essa concepção nega totalmente a que entende o cinema como uma arte coletiva, de equipe. Cercado de máquinas, de técnicos e de atores, no estúdio, está-se sempre só. Mas essa solidão é um tanto diferente do recolhimento do escritor no silêncio do gabinete, apenas mobilizado pelo ruído da máquina ou um disco na vitrola. Foi quando entendeu que recolhimento e solidão criadora eram possíveis

---

6 Em *La Nouvelle Vague 25 ans après*, C.-J. Philippe, sobre a política dos autores, dá uma entrevista com o título irônico de "La règle du 'je'", ao pé da letra: "A regra do 'eu'". Trata-se de um trocadilho com o título de *La Règle du jeu* (A regra do jogo), de Renoir, um dos deuses do olimpo. *Je* e *jeu* pronunciam-se em francês de forma quase igual.

– apenas questão de treino – no meio do maior tumulto, que Fellini compreendeu que estava pronto para tornar-se um realizador. Quando roteirista e trabalhando com Rossellini, Fellini achava "aquela espécie de babel de vozes, reclamações, deslocamentos, grua, refletores, truques, megafones" corruptora e dispersiva. Vendo Rossellini filmar um primeiro plano de *Viva a Itália* urrando num megafone enquanto blindados atravessavam a cena e milhares de napolitanos gritavam pelas janelas – um primeiro plano –, Fellini percebe que a concentração e expressão da "ideia que temos na cabeça" é possível no meio desse "*happening* contínuo entre a vida e a representação da vida" que é o cinema.

O *autor* é um cineasta que se expressa, que expressa o que tem dentro dele. Podemos perceber vários traços nessa noção de autor que circula nos primeiros momentos da política, bem como na fase anterior, nos anos 1940, quando a palavra autor era relativamente encontradiça em revistas e jornais franceses especializados em cinema e ainda estava em busca de si mesma. Parece-me que fundamentalmente três. Por um lado, o autor é o realizador, quer se trate do autor da história que passa à realização do filme (proposta de Cocteau), quer do diretor que escreve suas próprias histórias. O que significa que é necessário juntar as funções de argumentista-roteirista e realizador numa só pessoa, com predominância da função de realizador. Em seu "O papel essencial do autor de filme", artigo pioneiro de 1943, Marcel L'Herbier não reivindica a junção roteirista--realizador, mas insiste que o verdadeiro autor é o realizador. O artigo participa de uma polêmica que discutia – ainda – se o autor de um filme era o roteirista ou o realizador. L'Herbier argumenta que o roteiro não passa de uma "bússola". É necessário criar as imagens, é necessário "servir o acaso plástico e formal que o *coup de dés* das previsões verbais nunca abolirá". Se o realizador não inventar a imagem, a palavra fica palavra e o filme não nasce. Encontramos aqui o prenúncio do conceito de *mise en scène* que se tornará um dos pilares da política. Um segundo traço estende um elemento da proposta que acabamos de ver: não são só as funções de roteirista e realizador que devem juntar-se, mas também a de produtor. Três funções numa só pessoa é a tese defendida dessa vez por um diretor de cinema e teatro norte-americano, em artigo publicado na França em 1946, com o título: "A criação deve ser a obra de um só". Mas Irving Pichel não defende a expressão pessoal, de que não fala. A fusão das três funções é indispensável porque não é possível a três homens trabalharem como se fossem um só, porque lhes seria impossível alcançar a necessária unidade de espírito, a originalidade de visão, de sentimento e de estilo que deve possuir qualquer obra de arte. Essa junção das três funções tornou-se o ideal do cinema de autor e do que conhecemos no Brasil como *cinema independente*. O terceiro traço diz respeito à expressão pessoal: o filme deve ser marcado autoralmente pelo seu realizador, sem, no entanto, que ele tenha sido obrigatoriamente roteirista e produtor do filme. A Nouvelle Vague vai optar por uma forma em que o realizador é também roteirista e possivelmente produtor, e – basicamente – expressa-se. A autoria como expressão pessoal também tem uma tradição nas teorias cinematográficas francesas, principalmente na obra de Jean Epstein, grande defensor da subjetividade no cinema, que nutria uma admiração sem fim pelo autor desta frase: "Gostaria de compor um filme que me expressasse com plenitude", Abel Gance.[7] Já em 1923, Epstein liga o filme à personalidade do diretor: "Esta paisagem ou este fragmento de drama encenado por um Gance em nada se parecerá com o que teria sido visto pelos olhos e o coração de um Griffith, de um L'Herbier. E assim fez irrupção no cinema a personalidade de alguns homens, a alma, a poesia enfim". Hoje talvez falássemos em estilo – o que a política acabará entendendo como *mise en scène* – para significar essa diferenciação entre esses cineastas. Por mais que Epstein valorize o estilo e use o termo com frequência, não o aplica a realizadores ou autores, com uma exceção, talvez única: Chaplin, e não é um elogio.

[7] Citado por G.-Michel Coissac.

Acabamos nos perguntando se a lei fundamental da fotogenia, da qual decorre todo o sistema cinematográfico, não permaneceu finalmente uma incógnita para Chaplin que, até em *A opinião pública*, no qual se encontrava livre da preocupação de respeitar os limites impostos pelo seu próprio personagem, não soube alterar em nada a insipidez de seu estilo.

Assim, foi o aperfeiçoamento da técnica que, aos poucos, foi criando o "primeiro estilo cinematográfico"; o primeiro plano é uma característica desse estilo. Em 1947, Epstein faz uma conferência intitulada "Nascimento de um estilo", publicada no ano seguinte com o título "Nascimento de uma linguagem", o que sugere uma equivalência dos dois termos. E se Epstein apontar diferenciações estilísticas, não será em nível individual, mas nacional, e falará do "estilo cinematográfico americano", alemão ou francês, o qual "não pode ser confundido com o estilo de nenhuma outra das grandes nações produtoras da época".

Quando, em 1922, Epstein elogia Canudo pela sua intenção de realizar uma "antologia cinematográfica", fica claro que o estilo é algo que não se prende em especial aos cineastas, mas ao próprio cinema. Um filme composto de fragmentos de filmes chamaria atenção para o "estilo cinematográfico", pois "isolaria o estilo da anedota", em outras palavras, valorizaria a fotogenia. Essa interpretação de *estilo* se distancia da do próprio Canudo, que fala do "estilo de um Griffith e de um Gance", portanto de um estilo individual. Da diferenciação que faz entre cineastas, de sua individuação, Epstein retém somente a ideia de subjetividade, sobre a qual é particularmente insistente. Comentando seu filme *L'Or des mers*, assim define o método de trabalho: "Faz quatro anos que penso no tema inicial. Carrego dentro de mim quimeras durante vários anos, de modo que elas se corporificam naturalmente quando tenho as condições de realizá-las". E é este o destino do cinema: "expressar o exterior e o interior dos seres. Tais filmes [surrealistas] exigem de seus autores uma sinceridade completa que não é fácil. Os autores já calculam com a tábua de correspondência freudiana sua possibilidade de comunicar seus sentimentos com imagens".

Fazendo em 1947 o balanço da "Escola Francesa" e reconhecendo sua imensa dívida para com os norte-americanos, Epstein afirma que os filmes de Thomas H. Ince, Cecil B. DeMille ou Chaplin podem ser imensamente comoventes, de uma tristeza ou alegria perfeitas. No entanto, "a objetiva que tinha registrado e que transmitia tais emoções permanecia, ela, impessoal, absolutamente fria, sempre igual a si mesma, como que inconsciente e alheia a tudo que narrava". O que se aplica também a Griffith. Que não se tomem tais considerações como uma crítica, é apenas a constatação de um "sistema parnasiano". Enquanto em Gance ou L'Herbier "cada plano [...] tornava-se um estado de alma, quer do autor, quer deste ou daquele personagem [...], nosso melhor cinema viu-se assim em busca da expressão psicológica do indivíduo".

No entanto, não é essa a subjetividade que vai ser procurada pela política: trabalhando principalmente com diretores norte-americanos, os adeptos da política vão buscar a expressão pessoal do diretor em filmes de produtor, expressão do autor que emerge no filme de produtor, isto é, em terreno adverso.

ANTES de prosseguir, podemos indagar brevemente sobre a receptividade da política no meio em que foi feita grande parte dos filmes sobre os quais se apoiaram os críticos franceses, o que poderá nos ajudar a melhor compreender suas posições. Por parte de alguns críticos, a oposição foi total, com particular destaque para Pauline Kael, que entrou em guerra contra a propagação do "método francês". Ficou célebre a polêmica que provocou ao negar a Welles a autoria do roteiro de *Cidadão Kane*, atribuída a H. J. Mankiewicz, e questionando, portanto, a autoria de Welles sobre o filme como um todo. Tanto quanto Welles e a política, Kael visava à influência crescente do crítico Andrew Sarris, principal divulgador da ideia de autoria cinematográfica nos Estados Unidos. Sarris cita Ian Cameron: "A concepção que embasa todos os textos de *Movie* é a de que o diretor é o autor de um filme, a pessoa que lhe dá todas as suas características distintivas". Cameron não deixa de fazer restrições às posições francesas, mas apenas quanto ao que seriam seus "excessos": "No conjunto, aceitamos o cinema de diretores, sem ir, no entanto, a tais extremos como *la politique des auteurs*, que torna difícil pensar que um mau diretor faça um bom filme e quase impossível pensar que um bom diretor faça um filme ruim". Sarris aceita as posições de Cameron, o que sugere que a política praticada nos Estados Unidos, embora provindo essencialmente dos *Cahiers du Cinéma*, tinha também raízes britânicas. Os textos de Sarris informam sobre a adaptação da política nos EUA, seus pontos de contato e suas diferenças em relação aos críticos franceses. Em texto de 1962 – o essencial do ponto de vista desse crítico sobre a questão é expresso em textos que datam da primeira metade dos anos 1960 –, afirma apoiar-se a *auteur theory* em três premissas. A primeira é que a *teoria* requer "a competência técnica de um diretor tomada como um valor [...] se um diretor não tem competência técnica nem um instinto elementar para o cinema, ele é automaticamente rejeitado do panteão dos diretores". A segunda premissa, ou segundo critério de valoração, é "a personalidade distintiva de um diretor [...] um diretor deve apresentar determinadas características de estilo recorrentes, que constituirão sua assinatura. A forma e o movimento de um filme devem ter alguma relação com a forma de um diretor pensar e sentir". Finalmente, a terceira premissa é "a significação interior, a glória máxima do cinema como arte [...] Tal ideia da significação interior é próxima do que Astruc define como *mise en scène*, mas não completamente". Voltaremos mais tarde à *mise en scène*. Observemos por enquanto que Sarris tenta uma teorização da questão mais sistemática que os franceses, em relação aos quais já percebemos algumas diferenças que se manifestam logo na primeira premissa. Das posições francesas, podemos deduzir que o autor tem que ser competente, sem que se dê tamanho destaque à competência técnica. Já para Sarris, a insuficiência técnica pode prejudicar o caráter autoral de uma obra: "Não é que Bergman careça de personalidade, mas se seu trabalho declinou com a exaustão de suas ideias é em grande parte porque sua técnica nunca igualou sua sensibilidade". A segunda premissa, muito próxima da política, é no entanto desenvolvida de forma diferente por Sarris, que insiste muito mais que os franceses na forma de trabalho dos diretores norte-americanos: "É porque grande parte do cinema americano é definida pelas companhias produtoras que os diretores são obrigados a expressar sua personalidade através do tratamento visual do material antes que pelo conteúdo literário desse material". Exemplificando: "Um Cukor, que trabalha com toda sorte de projetos, tem um estilo abstrato mais desenvolvido que um Bergman, que tem liberdade para desenvolver seus próprios roteiros". Essa colocação atinge a concepção do *interior meaning*, concebido como "a tensão entre a personalidade de um diretor e sua matéria". Ou seja, a opção pelo "visual" não é apresentada como uma opção do crítico, mas como decorrência de um mecanismo de produção coercitivo. Sarris insiste: "Considerar um filme como a expressão da visão de um diretor não é atribuir a este toda a criação. Todos os diretores, e não apenas em Hollywood, estão aprisionados a condições técnicas e culturais". Essas coerções, quando levadas em conta pelos franceses, são tidas como entraves à criação, enquanto Sarris as considera como um fator que integra o sistema da criação. "A teoria do *auteur* valoriza a personalidade de um diretor precisamente por causa dos entraves a sua expressão." Não dar a devida importância às coerções provém de uma tendência a idealizar as condições de produção numa sociedade em que o crítico não vive, o que aconteceria com os franceses em relação ao cinema norte-americano, ou com os norte-americanos em relação aos europeus.

> Robert Warshow tratou Carl Dreyer como um artista solitário e Leo McCarey como um agente social, mas sabemos agora que influências culturais pesavam sobre Dreyer na Dinamarca. *Dias de ira* [Dreyer] é, em qualquer nível, superior a *Não desonres o teu sangue* [McCarey], mas Dreyer não é um artista tão mais livre que McCarey. Simplesmente, as cadeias de Dreyer são menos visíveis de nossa posição do lado de cá do Atlântico.

Voltemos aos franceses.

O sujeito expressa-se. Expressa o quê? Os filmes de Hitchcock, Hawks, Ray, Mankiewicz, Donen e outros, elogiados pelos críticos dos *Cahiers*, nada têm a ver, aparentemente pelo menos, com confissões ou diários íntimos. Não é um cinema do *eu* nem da vida interior. São filmes de enredo que são e querem ser espetáculos, espetáculos dos quais há um esforço concreto para eliminar a subjetividade. Selznick, produtor – mais exatamente: criador – de *E o vento levou*, tem ideias claras a esse respeito quando escreve: "Não penso que possamos fazer um filme por causa da paixão de um realizador [...] não vejo nenhum motivo para filmar um roteiro só porque agrada a um homem que, admito com prazer, é um dos maiores realizadores do mundo" (23.6.1937) (no caso, trata-se de John Ford, cuja carreira Selznick não considerava particularmente brilhante do ponto de vista comercial). Selznick chega a palavras precisas numa carta a Hitchcock em que recusa veementemente a adaptação de *Rebecca* que lhe encomendara. Declara: "Tenho eu também minhas vaidades de autor e não me desagrada soltar os meus instintos criadores quando trabalho num roteiro original [...] Mas meu ego não tem tamanha importância que não possa reprimi-lo ao adaptar uma obra de sucesso" (12.6.1939). A subjetividade, no entanto, pode manifestar-se quando menos esperada. Às voltas com o Código Hays por causa de uma cena de suicídio em *Anna Karenina*, Selznick faz a seguinte observação: "Eu nunca me tinha dado conta de que tinha o complexo do suicídio antes de ver esta lista, todos estes filmes tendo sido produzidos por mim!" (12.2.1937). Óbvio que a frase é suscetível de interpretação irônica, mas, de fato, além desse filme, o tema do suicídio aparece em *Hollywood* e *Jantar às oito*, além do que seu *Nada é sagrado* recebeu na França o título de *A alegre suicidada*. De qualquer modo, o *ego* não é bem-visto, e se algum ego rondar por aí será antes o do produtor que o do realizador, o qual deve ser obliterado. Entende-se então a originalidade da política, que foi justamente buscar o ego num cinema que o rechaçava.

Encontrar o *eu* lá onde aparentemente não está: eis a tarefa que se atribuem esses críticos, de que o *Hitchcock* de Chabrol e Rohmer é um dos melhores exemplos.

O ensaio aborda os filmes de Hitchcock seguindo a ordem cronológica de produção, e um resumo do enredo precede sempre as análises. O estudo de Truchaud sobre Ray segue a mesma metodologia de base. Há, portanto uma valorização do enredo, uma valorização que é ao mesmo tempo uma desvalorização, porque o método consiste em localizar as significações que estão por detrás. Essa é a chave do método. O enredo não é posto de lado, mas é interpretado como um suporte, um pretexto, um cabide de outra coisa que não ele, e essa outra coisa é que importa. Se o enredo fosse eliminado, essas significações não teriam como aparecer. Trata-se de analisar o enredo para passar através dele. Por isso, as inúmeras restrições feitas ao enredo de muitos filmes de Hitchcock não os invalidam nem prejudicam sua qualidade e suas significações. De determinado filme de Hitchcock, dizem Chabrol e Rohmer: "Este entrecho é evidentemente muito banal, [assim mesmo] convém não se apressar em condená-lo. Hitchcock o utiliza para tratar muito sutilmente um tema que lhe é caro [...] A obra, sob suas aparências de melodrama popular, é rica [...]". Esse tipo de comentário é frequente nesse livro como no de Truchaud: "O roteiro não tem evidentemente nenhum interesse em si. O essencial está no tema introduzido por Ray e na maneira pela qual o expressa". Outro roteiro merece o qualificativo de "sem interesse", enquanto de algumas situações de um terceiro considera-se que "beiram o mau gosto". Nada disso é grave, pois o roteiro não vale por si, a *mise en scène*, como veremos, importa muito mais.

Então, o que buscar além do roteiro e do enredo? Truchaud já respondeu na citação acima: os temas. A temática, este é o nível em que se pode e se deve compreender o autor. Há uma temática que a análise permitirá deduzir do enredo, será sua moral: termo-chave no vocabulário da Nouvelle Vague. "O *travelling* é uma questão de moral", frase atribuída a Godard, tornara-se voz corrente nesses anos 1950-1960. Truchaud prefere falar na metafísica de Ray. Qual é a moral estabelecida por Chabrol e Rohmer nos filmes de Hitchcock? No decorrer do ensaio falam em "troca" como o tema essencial da obra (no caso, o conjunto dos filmes de Hitchcock), usam também a expressão "transferência" e, no final, formulam a ideia principal: "culpabilidade intercambiável". As peripécias de *O homem errado* ou de *O homem que sabia demais* não são em si interessantes, tornam-se relevantes por permitirem a Hitchcock expressar a "culpabilidade intercambiável" que é sua moral, sua "metafísica" (palavra que Chabrol e Rohmer consideram perigosa, mas arriscam algumas vezes), a "viga mestra", a "ideia-mãe", a "filosofia", a "figura-mãe". Digamos uma matriz. Essa relação roteiro-matriz permite que o autor não seja autor de seus próprios roteiros e trabalhe com roteiros propostos por produtores, desde que o roteiro seja de algum modo suscetível de facultar a manifestação da "ideia-mãe" e/ou que o diretor tenha a possibilidade de operar algumas modificações que permitam essa operação. O autor não será, portanto, necessariamente autor de seus roteiros, pelo menos no quadro norte-americano. Mas ele altera os roteiros e os interpreta, interpretação essa que é a própria *mise en scène*.

O trabalho do crítico consiste em evidenciar essa matriz, até poder afirmar, a respeito de *O homem errado*, que "ela encontra aqui sua expressão mais nobre sob os traços de uma culpabilidade intercambiável de todo o gênero humano". Evidente que a simples análise desse filme não permitiria fazer tal afirmação. No máximo, possibilitaria afirmar que essa é a matriz desse filme, mas não da obra como um todo. A construção da matriz passa obrigatoriamente pela análise do conjunto de filmes de um autor, é um trabalho sobre a redundância: peça essencial do método crítico. São as repetições e similitudes identificadas na diversidade das situações dramáticas propostas pelos vários enredos que permitirão delinear a matriz. O autor é, nessa concepção, um cineasta que se repete, e não raro houve críticos que consideraram cineastas autores pelo simples fato de se repetirem. É necessário que o autor se repita, ou é necessário que o crítico interprete sua obra como um sistema de repetições, ou trabalhe sobre as repetições da obra, identificando essas repetições com a obra. Quero dizer que o crítico poderá desprezar ou não perceber elementos que não se enquadrem nesse sistema de redundâncias. Um pouco como se os filmes fossem sobrepostos para verificar o que há de coincidente neles. A matriz surge desse trabalho de decantação, que nos leva ao que poderíamos chamar um *arquefilme*. O trabalho não consiste na apreensão das significações imediatas: nem sempre "a chave do sistema" está na porta, e às vezes as portas estão habilmente escondidas. Trata-se de fazer emergir uma "metafísica latente" de que a obra está prenhe, considerando a obra do autor cinematográfico "exatamente da mesma maneira que a de tal pintor ou poeta esotérico". A concepção da obra como esotérica é inerente ao método.

Nestes mesmos anos, em outra área, trabalha um dos criadores da psicocrítica francesa, Charles Mauron, que, no mesmo ano em que Chabrol e Rohmer lançam seu *Hitchcock* (1957), publica *O inconsciente na obra e na vida de Racine.* Um dos métodos usados por Mauron consiste em destacar a estrutura das tragédias do dramaturgo francês do século XVII em busca de "um campo de forças subjacentes na obra". A aproximação dessas estruturas revela analogias, fruto de "repetições obcecantes" que permitem falar em "fatalidade interior" na obra do autor. Um trabalho de comparação ou superposição das diversas tragédias leva a uma arquitragédia que não existe em si, mas está latente em todas. Essa arquitragédia é o que se poderia chamar de "mito fundamental" do autor, ou sua "metáfora obcecante". Mito ou metáfora são noções que me parecem vizinhas da "ideia-mãe" de Chabrol e Rohmer ou do que venho chamando de matriz. Há uma indiscutível proximidade entre a metodologia proposta por Mauron, aqui superficialmente referida, e o método crítico da política. Essas semelhanças nos métodos não escondem tentações psicanalíticas por parte dos críticos da política, mas atendem a outras intenções, como veremos mais adiante.

Se o desentranhamento da matriz por parte do crítico exige trabalho, não exige menos por parte do cineasta. Ela não é dada no primeiro filme do autor (raras são as vezes em que se pode falar em autoria desde o primeiro filme: Welles é uma dessas exceções). O cineasta terá que construí-la.

Construir? Se a expressão *construção da matriz* me parece correta ao falar do trabalho do crítico, não é exatamente assim que os críticos veem o trabalho do cineasta. O autor não se constrói, ele se descobre. A diferença não é pequena. Falando dos filmes ingleses de Hitchcock, Chabrol e Rohmer escrevem que ele "estava à procura de alguma coisa que ainda não conseguia apreender completamente". Essa procura nos dá a ideia de algo latente, quem sabe preexistente à obra, que o autor precisa descobrir, alcançar. O autor segue uma trajetória (Truchaud fala em "curva") em direção a essa descoberta, e se esta não se der não haverá autor. Mas a "grande marcha" (Truchaud) em direção a essa descoberta pode não ser regular. Assim, de determinado filme de 1928, Chabrol e Rohmer comentam ser "uma comédia muito engraçada, mas decepcionante", pois o autor "marca passo". Mas à medida que o autor se aproxima da descoberta, "o sistema se tornará mais coerente", "os filmes ganharão maior homogeneidade e as fórmulas que regerão sua construção se deixarão isolar com facilidade cada vez maior". Essa curva evolui até a cristalização, isto é, até o filme em que o autor expressa plenamente a matriz. "Todo criador chega a um estágio de cristalização, em que seu universo completa sua organização." Para ilustrar esse processo, Chabrol e Rohmer escolhem um diálogo extraído de *Rebecca*: "Meu pai pintava a mesma flor: ele achava que, quando encontrou seu tema, o desejo do artista é não pintar nada além dele". O tema está aí, está como que já dado com antecedência, trata-se de encontrá-lo.

Penso que é uma ideia semelhante – o já dado a ser descoberto – que encontramos em diversos textos e entrevistas de Fellini, mas com uma formulação bastante diversa: é a ideia do magma. "Tudo ocorre como se já houvesse, desde o início, um acordo entre o filme a nascer e eu. Como se o filme acabado já existisse fora de mim [...] É necessário encontrar seu caminho pessoal neste magma, cavar até que se produza a faísca." Após a filmagem, o filme toma sua forma na mesa de montagem: "Neste ponto, começo a me afastar, a evitá-lo, a não sentir mais prazer em olhá-lo frente a frente. O magma do qual quis extraí-lo se decantou, e o meu interesse vai esmaecendo lentamente"; "a mim me parece que todos os projetos que depois acabo por realizar não surgem num instante, mas sempre existiram, para depois ganharem um destaque, uma sedução especial, quando é o momento em que devem ser levados em consideração". Nessa perspectiva, o filme já existia previamente a sua concretização, mas de forma difusa, e o trabalho do artista consistiu em desentranhá-lo da massa informe que já o continha virtualmente.

A partir do momento em que a matriz se torna nítida e perde o caráter difuso que tinha nos filmes em que ainda não se delineava claramente, os filmes podem adquirir um caráter alegórico. Nos filmes em que está difusa, a matriz tem que ser procurada, tanto pelo cineasta como pelo crítico. Quando a matriz está esclarecida, ela passa a informar diretamente os filmes e a condicionar as situações dramáticas que lhe são intencionalmente subordinadas. A alegoria é a quintessência do sistema. Assim, em *O homem errado*, "é a alegoria que domina". *Um barco e nove destinos* é um apólogo. E Chabrol e Rohmer fazem observar que muitos dos melhores filmes "recentes" pertencem a esse gênero, e exemplificam com obras da fase madura de seus realizadores: em *Romance na Itália, Grilhões do passado* ou *Estranhas coisas de Paris,* Rossellini, Welles ou Renoir "souberam [...] manipular as virtudes, aparentemente contraditórias, da forma alegórica e do documento". A evolução de Ray vista por Truchaud o leva ao mesmo ponto: "Este breve resumo [de *Delírio de loucura*] tem como finalidade salientar sua linearidade e a simplicidade do propósito que beira a fábula ou a parábola".

O encontro da matriz pelo cineasta e pelo crítico ocorre por caminhos paralelos. O autor vai buscando a matriz até o momento da cristalização; o crítico segue as pegadas do autor, chegando, depois dele, à percepção dessa cristalização. A partir do momento em que a matriz é encontrada, ela passa, para o crítico, a ter um efeito retrospectivo: outro elemento básico do método. De fato, ela ilumina os filmes anteriores em que os elementos ainda não estavam bem delineados, ou até totalmente imperceptíveis. É a clara percepção da "culpabilidade intercambiável" em filmes como *O homem errado* que vai permitir detectar a presença desse tema em obras do início da carreira do cineasta, que vai permitir dizer que já estava presente mas ainda, digamos, fora de foco, porque o cineasta se "buscava". Por esse motivo, o método cronológico adotado tanto por Chabrol e Rohmer como por Truchaud é discutível, pois não corresponde ao que foi a marcha da indagação, o que Chabrol e Rohmer reconhecem na introdução de seu ensaio: a sequência cronológica foi adotada por ser mais simples. Esse efeito retrospectivo da matriz acabada faz da obra um sistema fechado, reino da redundância, em que os filmes precedentes prenunciam os posteriores, e estes desenvolvem e aprimoram o que já estava contido nos anteriores. De um filme inglês de Hitchcock, Chabrol e Rohmer escrevem: "Já encontramos aqui determinados temas ou detalhes que voltarão com frequência nas obras posteriores", ou então: "Como já dissemos a respeito de *Sob o signo de Capricórnio,* basta que uma ou duas vezes Hitchcock tenha revelado a profundidade de sua intenção, e todo o resto de sua obra encontra-se por isso mesmo iluminado e magnificado". Truchaud: "O primeiro filme de Ray é um manifesto que contém as premissas dos temas de sua obra"; de obras posteriores: "Ray continua a falar das mesmas coisas, mas as expressa de um modo mais intenso". Inúmeras são as afirmações desse teor nos dois ensaios. Radicalizando: tudo já está contido no primeiro filme. Truchaud, comentando os primeiros filmes de Ray:

> Neste primeiro período, podemos destacar determinadas *estruturas* que parecem fundamentais na obra de Nicholas Ray e que determinam sua evolução futura. Desde o primeiro filme, tudo está expresso. E o que seguirá não serão senão variações sobre os temas e resoluções dos conflitos.

O TEMA da *primeira vez* é recorrente na literatura referente aos processos de criação, bem como em autobiografias e memórias de artistas que tematizam direta ou indiretamente seu processo criativo. Esse tema é obsessivo – saímos do paradigma do olimpo da política – em Eisenstein, chegando a provocar ora júbilo, ora inquietação no leitor. Para não encompridar este parêntese, remeto à longa nota 8. É a obsessão do marco inaugural prenhe, encontrada na política.[8]

---

8 Sem ter feito levantamento sistemático, transcrevo referências ao tema da *primeira vez* feitas por Eisenstein em suas memórias, a partir da edição francesa [tradução minha], primeiro volume: "A gaiola do elevador, sem dúvida a primeira que vi na vida – *L'autrichienne – l'autre chienne* [o austríaco – a outra cadela]: um dos primeiros trocadilhos que realmente me agradou – Lembro-me de ter rolado na cama depois dos *Contos de Hoffmann* – que vi e ouvi pela primeira vez em Riga – Aos 22 anos, eu 'tive minha revanche' à saciedade, 'submergindo' literalmente meu primeiro espetáculo independente (*O sábio*) em palhaços 'brancos' – Em minhas primeiras obras cinematográficas – chegava uma grande artista, que ainda vive, Judith Samoilovna Glizer, num de seus papéis – seu primeiro papel grotesco – O primeiro de seus livros que li foi *The Importance of Living* – Essas foram, talvez, as primeiras [...] fotomontagens que tive entre as mãos – O segundo acontecimento significativo foi o primeiro 'encontro literário' de minha vida – na primavera do ano seguinte, vivi minha primeira evacuação – as famílias de funcionários abandonando a cidade de Riga – Meu primeiro salário – Sempre levava comigo pequenos livros para ler. O primeiro de todos foi *Viy*, de Gogol – Foi uma das primeiras uniões do teatro com o cinema – Assim meu primeiro entusiasmo tornou-se meu primeiro amor – [...] Georges Antheil, o sucesso de seu primeiro concerto ou, mais precisamente, seu primeiro sucesso em concerto – os primeiros passos no cinema – o carrancudo inventor 'Vassia' – que encontrei pela primeira vez – (Gance) lembro-me de meu primeiro encontro com ele". Segundo volume: "Griffith, Chaplin, Flaherty – eis nomes que, desde nossos primeiros passos na carreira cinematográfica, todos nós amamos – A primeira coisa que impressiona no exterior é a singularidade do ritmo de vida das pessoas. É a primeira impressão de uma rua qualquer – Griffith [...] Primeiro encontro com o primeiro clássico do cinema – meu primeiro espetáculo ainda não veio à luz [...] é também no nº 3 do *L.E.F.* que aparecerá meu primeiro artigo teórico – é enfim o que nos deu a possibilidade de chegar pela primeira vez, verdadeiramente, a essa unidade entre a imagem e a música – é assim que me lembro de Édouard Tissé no primeiro dia de nosso encontro [...]. Quando de nosso primeiro encontro a conversa foi muito breve [...] E é então que, pela primeira vez, pudemos apreciar a absoluta impassibilidade de Édouard [...] Desde o dia de nossa primeira conversa, os monossílabos continuaram de praxe em nossas relações – E para elas também era o primeiro espetáculo de sua vida do qual participavam". Todas essas *primeiras vezes* são para Eisenstein positivas, no entanto: "É surpreendente que não me tenha ficado nenhuma impressão do próprio Liveright. Nem de nosso primeiro encontro". E deixei para o final: "*A greve* tinha acabado de sair [...] extraordinariamente repleta dos embriões de quase tudo que acontece, sob formas maduras, nos anos de minha maturidade. A 'primeira obra' típica [...]".

O primeiro filme contém embutida nele a virtualidade da obra. A obra tem como função concretizar essa virtualidade. Assim considerado, o universo da autoria aparece como o universo da mesmice: o autor repete incessantemente o primeiro filme, depurando seus temas até a máxima depuração da matriz, a qual já está prevista desde o início. A obra fecha-se sobre si mesma como um círculo. De *55 dias em Pequim,* Truchaud comenta que a história desse filme vai ao encontro dos primeiros e acrescenta: *"le carcan est déjà connu"*, ou seja: a serpente morde a cauda. Radicalizando ainda mais, diremos que o autor só faz um filme na vida, sempre o mesmo. De fato, a ideia do filme único perpassa de forma obsedante os escritos e as declarações de diversos cineastas. Fellini: "Tenho a impressão de que rodei sempre o mesmo filme; trata-se de imagens, só de imagens que filmei usando os mesmos materiais, uma vez ou outra examinados sob pontos de vista diferentes". Ideia semelhante aparece no texto já citado do psicocrítico Charles Mauron, quando afirma que, descartada a evolução pela qual passa o mito fundamental, "devemos portanto normalmente encontrar a mesma estrutura por baixo de *Andrômaca* como de *Fedra",* a primeira e a última das tragédias profanas de Racine. Talvez essa conclusão choque o leitor, diz Mauron, mas "as diversas obras de um escritor confundem-se numa obra única".

Abramos um parêntese. *Les Lettres Françaises,* de obediência comunista, não devia carecer de motivos ideológicos e políticos para se opor ao pessoal dos *Cahiers.* Mas quando, naquele semanário, Georges Sadoul lança seu famoso artigo "O culto da personalidade – Autores de filmes e filmes de autores", o que ele critica é esse aspecto do método. Primeiro Sadoul alega que os adeptos da política encontram semelhanças onde francamente não há. Como considerar *Laura,* um excelente policial, *O homem do braço de ouro,* estudo sobre um drogado, e o lamentável abacaxi *Bom dia, tristeza,* extraído do romance de Françoise Sagan, todos de Otto Preminger, como variações sobre um mesmo tema? Alega também que há filmes de autores de primeira grandeza que merecem o esquecimento, pois não passam de "necessidades alimentares". Por exemplo, Renoir conseguiu filmar seu excelente *A cadela* porque tinha feito antes *On purge bébé,* filme de circunstância que teve de realizar sob pena de ver sua carreira interrompida, e são vários os filmes de Renoir nessa situação. "O saber, a competência profissional, o talento, o gênio até, não conduzem à infalibilidade. Os melhores cineastas podem, apesar deles mesmos ou não, nos dar filmes mais que medíocres."

Pode-se responder a Sadoul que sua argumentação não atinge a medula da política. O primeiro argumento nega afinidades entre obras díspares de um mesmo cineasta; mas a resposta é fácil: as afinidades não se encontram nem no nível do gênero, nem do enredo, nem do assunto, nem da alegada qualidade. As afinidades devem ser deduzidas das aparências, as quais não revelam as semelhanças. As portas podem ser escondidas. O segundo argumento tampouco atinge a política, primeiro porque o autor pode deixar sua marca em filmes obviamente "alimentares" e de encomenda; depois, porque o que mais importa à política não é o filme em si, mas sua inserção dentro de um sistema. Determinado filme que se poderá julgar medíocre sob certo enfoque poderá tornar-se importante, significativo, bom, desde que se perceba nele uma contribuição para a elaboração da matriz, ou desde que esta, uma vez elaborada, venha iluminá-lo retrospectivamente e mostrar que já continha o que posteriormente se desenvolveu. A *política dos filmes* e a *política dos autores* situavam-se em planos diferentes, e a polêmica, cuja motivação era antes política, foi frequentemente um diálogo de surdos. A política dos filmes é certamente aquela praticada sem o saber pelo espectador que procura um bom filme para assistir, mas o método que venceu – na época e com profundas repercussões até hoje – é a *política dos autores.*

Voltando à política: seu método crítico visa perceber o autor como uma unidade, é a absoluta coerência interna do sujeito que se expressa. "*Je est un.*" Verdadeiras muralhas são erguidas para impedir a dispersão do sujeito que só existe quando uniformemente igual a si próprio. Terrorismo do uno, da unidade, contra o diverso, o múltiplo.

Quando esse método trabalha com dados biográficos, o que não é o caso dos ensaios de Chabrol e Rohmer e de Truchaud, tais dados são usados para reforçar a unidade, principalmente na parte da vida do futuro cineasta que antecede o início de sua carreira cinematográfica. Por exemplo, na entrevista com Carl Dreyer: antes de ser cineasta, Dreyer era jornalista, fazendo crítica de teatro e cinema, mas cobrindo também os tribunais. Não só se salienta que diversos filmes de Dreyer são adaptações de peças assistidas nesse período de sua vida, como os entrevistadores sugerem uma relação entre o trabalho jornalístico nos tribunais e filmes em que processos têm fundamental importância dramática: *Páginas do livro de Satã*, *Joana d'Arc* e *Dias de ira*. Daí a passar a uma ideia de predestinação... Tecendo comentários sobre uma casa onde morou quando criança, próximo a um teatro, Fellini escreve: "Foi aí que me pareceu ver o signo de minha predestinação". De outro episódio de sua infância, diz "que, talvez, nas mãos de um psicanalista, pudesse sugerir a interpretação de um caráter e de uma vocação, e até mesmo o pressentimento de um destino". A matriz não está apenas latente no primeiro filme, a obra já está embutida no sujeito desde o início de sua vida. A unidade não envolve apenas o conjunto dos filmes, mas também a vida do autor. Obra e autor formam uma única unidade coesa.

Essa unidade e a matriz não são dadas de início, embora latentes, e não são conhecidas do autor, podem até permanecer encobertas para o cineasta mesmo quando da mais plena manifestação da matriz. A matriz não é uma meta que o autor visualizaria previamente e, conhecendo-a, poderia programar os meios de alcançá-la. Textos e entrevistas dos cineastas abordados pelos críticos da *política* – e de muitos outros diretores – estão repletos de palavras como sonho, intuição, inconsciente. Ao fazer o elogio de um de seus atores preferidos, Michel Simon, Renoir diz que "esses grandes atores revelam, atualizam sonhos que se tinham tido, mas que não se tinham formulado". Bresson insiste muito no fato de que não toma consciência de tudo que põe em seus filmes. Comentando o corte na operação de montagem de um filme: "Acho [...] que é uma coisa que deve tornar-se puramente intuitiva. Se não é intuitiva é má". A "composição de um plano [...] não deve ser premeditada, deve ser puramente intuitiva [...] não acredito na reflexão muito longa. A reflexão reduz as coisas à mera execução de um plano. As coisas devem acontecer impulsivamente". Os críticos também fazem afirmações desse teor a respeito das obras que analisam. Falando de inúmeras recorrências formais dentro de um filme de Hitchcock, dizem Chabrol e Rohmer que podem ser consideradas fruto do acaso. Mas de que acaso? Que sua introdução no filme tenha sido "sempre intencional, isso não é evidente. Não é nem desejável. Um grande criador é como um bom geômetra em quem a intuição antecede e guia o raciocínio". De certos aspectos destacados pelo crítico em *Sangue ardente*, Truchaud afirma que Ray podia não estar plenamente consciente deles. Quanto a Fellini, leitor de Carl Jung, o sonho é um de seus temas preferidos. "Tenho um sonho, ou então de olhos abertos me abandono a imaginar qualquer coisa, e depois, firmando um contrato, com uma estrutura, duas belas moças e um par de refletores, me dedico a materializar aquele fantasma, e todos podem vê-lo como eu o via enquanto cochilava." Assim como o indivíduo

> nos sonhos exprime aquela parte mais secreta de si mesmo, a parte misteriosa, inexplorada, que corresponde ao inconsciente, assim também a coletividade, a humanidade, faz a mesma coisa através da criação dos artistas. A produção artística não seria outra coisa senão a atividade onírica da humanidade.

Os artistas organizam "com o próprio talento o conteúdo do inconsciente coletivo". As vias para chegar à matriz não são racionais. O autor vai em sua direção, mas sem saber exatamente qual é essa direção. Ele pode até não perceber a matriz na sua plenitude, até quando alcança alto nível de sua expressão. "Estou totalmente de acordo com aqueles que sustentam que o autor é o último a falar conscientemente de suas obras." É a porta aberta para o crítico, que terá como tarefa perceber o que o autor não percebe, descobrindo a obra que se apresenta relativamente enigmática, informando até o autor sobre ela. Em diversas oportunidades, nas entrevistas feitas pelos críticos da política, encontramos observações desse teor. Howard Hawks diz que decide "fazer um filme quando o assunto me interessa: pode ser sobre as corridas de automóvel ou sobre a aviação, pode ser um *western* ou uma comédia". Sabendo o que a história representa para esses críticos, só pode parecer ingênua a afirmação de Hawks, a quem os entrevistadores observam que "todos os seus filmes são fundamentados em acontecimentos que tendem a mostrar o homem em ação, seu esforço e sua luta". E Hawks responde: "Isso deve ser verdade, mas não estou realmente consciente de tal coisa". Os entrevistadores observam a Buñuel que há analogias entre *A idade do ouro* e *O alucinado,* e, falando de *O alucinado,* o cineasta responde:

> Na verdade não quis conscientemente imitar ou seguir *A idade do ouro* [...] Não tinha pensado em *A idade do ouro.* Conscientemente quis fazer o filme do Amor e do Ciúme. Mas reconheço que se é sempre atraído pelas mesmas inspirações, pelos mesmos sonhos, e que pude fazer nele coisas que se parecem com *A idade do ouro.*

De modo geral, os cineastas aceitam bem os relacionamentos entre vários de seus filmes. Talvez mais: é possível adivinhar um certo prazer ao verem devassados seus sonhos materializados na tela. Só Dreyer reage. Entre *Dois seres,* um filme que Dreyer despreza profundamente, e *Gertrud*, os críticos tecem relações. E Dreyer: "Ah! Não! Não, absolutamente nenhuma comparação a fazer". Mesmo aqui não penso que Dreyer contradiga realmente a proposta do sonho e do inconsciente. Ele não suporta *Dois seres* porque queria uma atriz um pouco teatral e um pouco histérica, e os produtores lhe deram uma atriz "tudo que há de mais pequeno-burguês". Para o personagem masculino, queria "um idealista de olhos azuis", lhe deram "um intrigante demoníaco de olhos escuros". Portanto a produção não lhe permitiu realizar o que pretendia, donde seu desprezo pelo filme. "É um filme completamente frustrado", afirma. Mas os críticos não se interessam tanto pela materialidade do filme quanto pelo que podem deduzir em termos de elaboração da matriz. De modo que, nesse diálogo, críticos e cineastas me parecem colocar-se em dois planos diferentes. Os motivos da valorização por parte dos críticos não são da mesma natureza daqueles que explicam a desvalorização por parte de Dreyer.

Apesar disso, Dreyer aponta para uma ameaça à realização da matriz. A unidade do autor está constantemente ameaçada, quero dizer, o que está ameaçado é a construção dessa unidade pelos críticos e também pelos autores. Podemos dizer que a própria obra, sobre a qual repousam o conceito e a construção dessa unidade, a ameaçam. Embora tanto Chabrol e Rohmer como Truchaud pretendam em seus ensaios abarcar o conjunto da obra dos cineastas estudados, bem como o conjunto de seus aspectos, há evidentemente uma seleção de material, com valorizações e rejeições, que visa a alcançar o alvo, isto é, a matriz e a unidade da obra. Os críticos não são explícitos sobre esse aspecto de sua metodologia, pois, se reconhecessem que seu trabalho está baseado numa interpretação que fazem da obra, que a finalidade do estudo filtra os elementos da obra a serem analisados, a matriz e a unidade poderiam ser questionadas. No entanto, há indícios de que esse procedimento ocorre. A começar pelo fato de que o resumo dos enredos, material de base desses ensaios, já é uma interpretação, uma seleção. Aparentemente não é; poder-se-ia até pensar que um resumo é fruto da evidência. Mas não é; a maneira como se resume a trama de um filme já é uma interpretação, já reflete implicitamente a interpretação que se busca. O personagem principal de *Delírio de loucura*, de Ray, toma cortisona, o que deslancha sua "loucura". Os efeitos da cortisona eram muito discutidos na época da produção do filme, saindo dos meios especializados e ganhando os meios de comunicação de massa e a conversa cotidiana. A escolha do assunto do filme não está alheia a esse sucesso mundano da cortisona, para o qual, também, contribuiu o próprio filme. No resumo que Truchaud faz do filme, a cortisona desaparece, reduzida a um vago pretexto: o resumo tem a ver exclusivamente com a matriz, faz do filme uma expressão da matriz. E o resumo de Truchaud é perfeitamente coerente, internamente coerente e coerente com a metodologia crítica: todo filme é uma manifestação da matriz, portanto é esta que deve ser procurada em qualquer filme; por outro lado, todo filme parte de um pretexto, em si irrelevante, mero estopim para a manifestação da matriz. Portanto, a desvalorização da cortisona nesse resumo resulta de um procedimento lógico face ao método crítico. Chabrol e Rohmer são um pouco mais explícitos. Dizem que alguns críticos acharam o enredo de *Interlúdio* "banal" ou "nauseabundo", e complementam: "Mas a própria maneira como resumiam o enredo provava que não o tinham entendido". Ou não o tinham entendido ou não o tinham entendido da forma como Chabrol e Rohmer achavam que devia ser entendido. E aqui entra um argumento de força para fazer aceitar seu resumo: "Eis a história tal como a conta Hitchcock". Não há o que replicar, mas voltaremos a esse argumento. De todo modo, me parece ficar claro que um resumo não é uma constatação, já é fruto de uma elaboração sujeita a controvérsias.

Quanto à valorização maior ou menor de determinadas obras, o texto de Chabrol e Rohmer está cheio de observações que parecem não ter perturbado seu método crítico. Citemos: "Mas, por mais meritórios que tenham sido [os primeiros filmes ingleses de Hitchcock], esses primeiros esforços não contam ao ver de Hitchcock, que faz iniciar sua carreira com *O pensionista* (1927), seu primeiro grande sucesso". Os críticos também têm que fazer iniciar a carreira do cineasta com esse filme, já que desconhecem os anteriores e o cineasta "se recusa a lembrar-se deles". No entanto, "nada impede de pensar que esses filmes tenham sido interessantes. Em todo caso, são eles que assentaram a fama de seu diretor". Ainda na Inglaterra, Hitchcock adapta uma peça de Sean O'Casey, permanecendo fiel, por motivos de produção, ao original: mas o filme não se enquadra na matriz (que, então, já começa a se desenhar). Concluem os críticos: *"Juno e o pavão* não é um filme de Alfred Hitchcock [...] O sucesso, no entanto, foi imenso". Outro filme, "poeirento", *Jogo sujo,* que também recebeu boa acolhida do público, "é indigno de seu autor". Em *Um barco e nove destinos* e mais "alguns raros filmes ingleses", pode-se lamentar a ausência, "realmente excepcional", dessa poesia geralmente presente nos filmes de Hitchcock. Mesmo comportamento por parte de Truchaud. Após um primeiro filme que já continha as premissas dos temas de sua obra, Ray realiza um segundo, *A vida íntima de uma mulher*, que, "conforme o confessa seu próprio autor, não apresentava maior interesse". Essas citações deixam entrever todo um trabalho de organização, de modelação da obra, para apresentá-la como um todo coerente e uno. O que puder prejudicar a unidade tem que ser aparado.

Outro fator que pode prejudicar a unidade da obra são os produtores, pois estão interessados em outra coisa que não a expressão pessoal do autor e de sua matriz. Tanto nos livros de Chabrol e Rohmer e de Truchaud como nas entrevistas compiladas, encontramos farto material referente a choques entre produtores e cineastas, pressões a que estes acabam cedendo ou resistindo, a obras em que as marcas da produção são indeléveis, obscurecendo a expressão do autor e a manifestação da matriz. A questão é tão conhecida que dispenso as exemplificações. O nível em que o método crítico absorve razoavelmente bem a atuação dos produtores é o do enredo e do roteiro, já que estes não valem em si, mas são considerados pretextos para alcançar significações outras, e que é geralmente possível uma certa intervenção do cineasta no sentido de torcer a trama de modo favorável à expressão de sua temática. Mas no nível da *mise en scène* a intervenção dos produtores é inassimilável. Percebendo as tensões entre as exigências da produção e "a vontade criadora", para *Chantagem e confissão,* primeiro filme falado britânico, Hitchcock procura dosar "concessões" e "mensagem". Os críticos generalizam: "Como será sempre o caso, o roteiro é *concessão* e a *mise en scène, mensagem".* A habilidade de Hitchcock chega ao que Chabrol e Rohmer vão chamar de "receita" ou "dosagem": como ele não pode livrar-se dos produtores, sem os quais não filmaria, Hitchcock teria encontrado um equilíbrio suficientemente satisfatório para os produtores, deixando ampla margem para sua expressão, a qual não fica com plena liberdade de manifestação, mas é também satisfatória para o autor. Se os filmes não ficam sendo plenamente de autor, também não são de produtor, sem deixar de ser de um e de outro. De *Agonia de amor* não se pode dizer que não seja um filme de Hitchcock, pois nele "reencontramos essa tentação da queda que já era tema de *Decadência*, de *Entre a lei e o coração*, de *Interlúdio*". No entanto, *Agonia de amor* parece-se muito com *Rebecca* "na medida em que um filme de produtor se parece com outro filme de produtor". Que dois filmes se pareçam, não é mau – isso já o sabemos – desde que a semelhança provenha da expressão do autor, mas é péssimo se ela for fruto das formas de produção. Nicholas Ray não teria chegado a tal dosagem, espécie de acordo de cavalheiros. Truchaud dá uma visão mais romântica da relação desse cineasta com a produção: "Destino de Nicholas Ray, do artista em luta contra a máquina, Hollywood. Concepções diametralmente opostas, as do criador e as do comércio. Ray sempre foi obrigado a compor com o que lhe propunham, com Hollywood [...] E é, ironia da sorte, quando é mais atormentado pelos produtores, mais atraiçoado, que o gênio de Ray jorra de seus próprios ferimentos. Destino maldito que não deixa de lembrar o de outro grande poeta, Jean Vigo [...]". Aqui Truchaud generaliza as dramáticas relações de Ray com a produção, tornando-o uma metáfora do artista que só cria quando apunhalado pelo mundo. Raros os cineastas que não têm de se queixar de seus produtores. Fellini é um deles: "Tive sorte porque sempre consegui fazer o filme que desejei, da maneira que quis e com o mínimo indispensável de atritos e desacordos". Mas talvez não seja bem assim:

> Encontro-me, assim, na obrigação de enfrentar a produção a fim de salvaguardar o que pertence a mim e não mais ao filme. Este se transformou agora numa operação financeira que a produção defende com todas suas garras; e o próprio filme

presta-se a essa defesa. Quanto a mim, fico do lado de cá para defender o magma originário que o viu nascer [...].

Há aqui uma nuança interessante: enquanto nas interpretações de Chabrol e Rohmer e de Truchaud o filme e o cineasta ficam grudados um ao outro, na visão de Fellini há um momento, ainda durante a produção, em que o filme se torna um produto comercial, e o que Fellini resguarda não é esse produto, mas a potencialidade de sua criação, a potencialidade de fazer outros filmes. E como a Fellini não falta humor, ele vai identificar outro problema nas relações com os produtores: "Sempre tive aborrecimentos com os produtores [o que contradiz outras afirmações]. Após os meus primeiros sucessos, queriam que eu refizesse sempre o mesmo filme", afirmação no mínimo graciosa por parte de quem disse ter a impressão de ter sempre rodado o mesmo filme, como vimos anteriormente. Só que esses mesmos filmes são diferentes. O mesmo filme de produtor é uma fórmula comercial e a fixação de um modo de produção (elenco, estúdio, papel do diretor etc.). O mesmo filme de autor é a manifestação da matriz. Aqui, o que os produtores pediriam a Fellini é a sedimentação, a estratificação de sua expressão de autor, ou seja, que a forma do autor vire, em consequência do sucesso comercial, uma fórmula de produtor. A essa estratificação eu chamaria de imagem de marca, a qual não seria senão a repetição mecânica dos traços característicos do autor. Os textos críticos sobre autores cinematográficos estão cheios de pequenas observações que são indícios da existência, ou do perigo, dessa imagem de marca, nem sempre consequência das pressões da produção, mas às vezes da própria redundância em que essa concepção de autoria acaba fechando o cineasta. Grazzini diz a Fellini: "Há quem diga que você vive hoje de seu mito e faz pouco para renovar sua criatividade". Sem ceder à sugestão do entrevistador, Fellini qualifica sua produção de "masturbação agradável" e "daria saltos mortais de contentamento se alguém me obrigasse a um filme do tipo O conde de Montecristo". A mesma coisa com Hitchcock. Ainda na Inglaterra, jornais especializados escrevem: "elemento publicitário, o nome de Hitchcock".

De uma determinada marcação de atores, Chabrol e Rohmer dizem que é "puro Hitchcock". *"Assassinato* nos oferece um instante Hitchcock". Fala-se no "Hitchcock *touch"* a respeito de *Rebecca.* Em *O terceiro tiro,* comenta-se o "dedo de Hitchcock". Do mito ao dedo de Hitchcock, tudo isso nos sugere a possibilidade de uma estagnação. A imagem de marca é a caricatura da unidade e da matriz, perigo que espreita autores que se entregam aos produtores, a seu sucesso, a seu envelhecimento e a suas dificuldades de renovação. A matriz coagula-se. Se essa coagulação for fruto do sucesso, temos uma fórmula comercial como outra qualquer. Chabrol afirmou a respeito da Nouvelle Vague: "Fomos promovidos como uma marca de sabonete".

Voltando a Fellini, talvez suas relações com os produtores não tenham tido a suavidade com que se compraz em descrever. Fala-se de seus acessos de furor diante dos produtores, típicos de uma "criança mimada". Quem fala é Maurice Drouzy, que, para analisar alguns filmes de Buñuel, parte de uma premissa totalmente diferente da de Chabrol e Rohmer ou de Truchaud. Os filmes não são fruto da mente criadora de Buñuel, que teria vencido mais ou menos brilhantemente os obstáculos que lhe interpuseram os produtores. Na concepção desse crítico, que não é o caso de detalhar aqui, os filmes não resultam de um autor que tem como inimigo o produtor, mas são fruto de um quadro de produção que envolve tanto o diretor quanto o produtor, e conservam as marcas dessa relação de produção. Por outro lado, na concepção da política, o produtor é um mal necessário, mas é um mal, e é exterior à criação. Hitchcock pode chegar a uma "dosagem", isto é, uma acomodação, concessões que não o prejudiquem demais no cômputo geral dos filmes e satisfaçam seus produtores, permitindo-lhe repor suas condições de produção. Em momento algum o filme é visto como resultado de uma conjuntura que envolve diretor e produtor. Aceitar a perspectiva de Drouzy é negar a política, é desvincular o filme do autor, é fazer do autor e sua matriz apenas elementos, determinantes sem dúvida, mas elementos de uma conjuntura que os ultrapassa. Um setor do público, dos cineastas e dos críticos está imbuído dessa concepção do cinema de autor, e é com naturalidade que vinculamos filme e autor, deixando ao produtor o papel de quem facultou exteriormente a criação dos autores, proporcionando-lhes dificuldades ou facilidades. Mas trata-se apenas de uma concepção de cinema e de um método crítico. Não é uma evidência nem uma constatação.

Outro fator que pode prejudicar a unidade do autor e a expressão da matriz é o público. Na medida em que, não aceitando bem os filmes do autor, prejudica suas condições de produção, e também porque, se recusado ou mal aceito pelo público, o cineasta pode sentir sua obra inútil, devido à falta de comunicação. Nunca, ou bem raramente, o autor vivencia uma relação harmoniosa com o público. Um público formado pela televisão, que com um golpe de polegar corta a palavra a alguém ou a imagem que não interessa, é, para Fellini, "um espectador tirano, déspota absoluto, que faz aquilo que quer e está convencido sempre de que ele é que devia ser o diretor, o montador das imagens que está vendo. Como será possível ao cinema tentar seduzir ainda um espectador assim?". Em geral, Renoir sente que o público não está preparado para seus filmes. "Há sempre uma defasagem entre o meu trabalho e a opinião pública." Por achar que, se fizesse os filmes exatamente como tem vontade, o público ficaria desorientado, Renoir acaba não fazendo aquilo que realmente tem vontade, "não se solta". A relação com o público limita a potencialidade de expressão do autor. A saída vislumbrada por Renoir para remediar esse relacionamento problemático é típica do cinema de autor: pequenos públicos em muitos países, ao invés de um grande público num único país. Não seria essa evidentemente uma solução para Hitchcock, que trabalha num quadro de produção diferente do de Renoir. Mas para Hitchcock também, contrariamente ao que se poderia esperar, a relação com o público, tal como apresentada por Chabrol e Rohmer, é de total desencontro. *Juno e o pavão*, que, como vimos, "não é um filme de Hitchcock", teve imenso sucesso. Outro filme bem recebido foi *Jogo sujo,* apesar de "indigno de seu autor". *Ricos e estranhos,* bem como *Sob o signo de Capricórnio,* esses hitchcockianos, não foram compreendidos pelo público, o que deixou o cineasta "enjoado" e "o impediu provavelmente de prosseguir numa via que, no entanto, ele sabia ser fecunda". *Os 39 degraus,* filme hitchcockiano, teve um sucesso "triunfante", mas sucesso onde entrava "uma parte de mal-entendido". Em *Agente secreto,* Hitchcock coloca-se ao alcance do público, e o resultado não é dos melhores – é um filme de Hitchcock amado por aqueles que não amam Hitchcock. O fracasso de *Sob o signo de Capricórnio* o levou a fazer marcha a ré. E assim por diante. *O marido era o culpado* é o fruto desse mau relacionamento com o público, pois neste filme Hitchcock "inventou para si próprio uma segunda personalidade que correspondia precisamente à ideia que faziam dele", mas que evidentemente não é ele.

Público e produtores são, assim, fatores que prejudicam a integridade do autor, sua evolução, sua unidade, a plena expressão e desenvolvimento da matriz, mas fatores assimiláveis pela política por serem fatores exteriores. A situação complica-se quando tais fatores se tornam internos, digamos, às contradições do autor. Alguns cineastas dão declarações que facilitam a tarefa dos críticos na sua busca da unidade do autor, da matriz, da coerência interna da obra e do sistema de redundância. Rossellini reconhece que os cineastas são levados a tratar outros assuntos, que o interesse se desloca, que é preciso caminhar noutras vias, mas compensa essas afirmações dizendo: "Acho que sou muito coerente. Julgo ser o mesmo ser humano que vê as coisas da mesma maneira". Embora falando de um de seus filmes e não do conjunto da obra, Bresson reforça o tema da unidade:

> O risco de faltar unidade ao filme era grande. Felizmente conheço os perigos da dispersão que espiam um filme [...] tinha um grande medo de não encontrar a unidade, sabia que essa unidade seria muito difícil de encontrar [...] é pela forma que podemos encontrar a unidade.

Outros diretores, ao contrário, reagem contra uma unidade que sentem como uma ameaça. Por exemplo, Dreyer:

> É muito perigoso limitarmo-nos a uma certa forma, a um certo estilo. Um crítico dinamarquês disse-me um dia: "Tenho a

impressão de que há pelo menos seis de seus filmes que são completamente diferentes uns dos outros pelo estilo". Isso comoveu-me, pois foi uma coisa que sempre tentei fazer: encontrar um estilo que seja válido só para um filme, para um ambiente, uma ação, um personagem, um tema. *O vampiro, O martírio de Joana d'Arc, Dias de ira*, *Gertrud* são filmes completamente diferentes uns dos outros, no sentido em que cada um tem seu estilo.

E os críticos são às vezes levados a observar que a obra de um cineasta não obedece apenas a normas de unidade e homogeneidade. Assim, entrevistando Antonioni, Godard faz a seguinte observação a respeito de *O deserto vermelho*: "Há, pois, nesse ponto, uma ruptura com seus filmes precedentes". A ruptura fica limitada a "esse ponto". E outros realizadores, mais sem cerimônia, declaram pura e simplesmente: "Reivindico o direito de me contradizer". Trata-se de Fellini, evidentemente, ou seja, aquele que dizia ter a impressão de fazer sempre o mesmo filme. Como a unidade é princípio de base da noção de autor no quadro da política, os críticos terão grande dificuldade em lidar com contradições, o trítono da política dos autores. Já vimos que, a respeito de Hitchcock, Chabrol e Rohmer falaram em "marcar passo", em filme "indigno" de seu autor etc., tantas observações que não sabemos exatamente o que significam, o que implicam, o que escondem, mas que sem dúvida revelam o desejo de descartar o que perturba a limpidez da trajetória do autor no caminho de sua descoberta da matriz una. Eis dois trechos do ensaio que, a meu ver, revelam a dificuldade de lidar com contradições de Hitchcock, que os ensaístas não podem ignorar nem considerar indignas do cineasta. Observam que em *O homem errado* estão presentes os "estilos mais diversos", mas, mal feita a observação, recuperam-na no sentido da unidade: "Os estilos mais diversos fazem neste filme o mais feliz dos casamentos, e sua utilização sucessiva não quebra de forma alguma sua perfeita homogeneidade". Há casos, porém, em que é impossível passar por cima da diversidade para cantar as glórias da homogeneidade. Sabe-se que Hitchcock usou em *Festim diabólico* planos de longa duração, princípio retomado, com menos radicalidade, em *Sob o signo de Capricórnio*. Ora, anteriormente ele defendera a montagem curta. Chabrol e Rohmer:

> Num texto de 1938, Hitchcock opunha-se a essas longas tomadas de que se tornaria o campeão dez anos mais tarde. Poderíamos criticá-lo por essas reviravoltas se ele se satisfizesse em obedecer à moda, mas, em realidade, o mais das vezes, ele cria. Verdade aquém de 1940, erro depois. Se ele se engana, então o cinema inteiro engana-se com ele.

Um dado curioso dessa citação é que a palavra *reviravolta* está no plural. Ora, trata-se de apenas uma reviravolta, e o ensaio não se refere a nenhuma outra. Como interpretar esse plural? Mascara outras reviravoltas sobre as quais os ensaístas preferiram silenciar, ou seria apenas um efeito de estilo? De qualquer modo, o trecho me parece revelador da perturbação dos críticos: simplesmente não há espaço no sistema para uma ruptura. Introduz-se o conceito de moda que nada tem a ver com o método crítico da política, conceito esse com o qual lidam apenas uma vez em todo seu estudo: aqui. Desculpa-se o autor por criar a moda em vez de segui-la, mas não se considera que o fato de criá-la possa contribuir para a expressão da matriz e a coerência do autor. E eles encerram esse parágrafo, que é o fim de seu comentário sobre *Festim diabólico,* dando a volta por cima com uma frase de teor apocalíptico de algum efeito quando lida pela primeira vez, mas que, à segunda leitura, aparece desprovida de maior sentido: o que quer dizer que o cinema se engana? Nesse estudo sobre Hitchcock, ou a contradição é eliminada, ou é reduzida com efeitos de estilo. Truchaud enquadra-se plenamente no método da política, mas faz um esforço para lidar com as contradições. De *Paixão de bravo,* ele afirma ser um filme "que resume os filmes anteriores" e "anuncia os seguintes". Estamos aí plenamente dentro das concepções da política. E acrescenta: "Fim de uma *mise en scène* despojada em preto e branco, substituída [nos filmes posteriores] por uma *mise en scène* flamejante de cores quentes". A ruptura é afirmada, mas ela é meramente afirmada. Por que *Paixão de bravo* é o último filme despojado, já que tematicamente ele se enquadra perfeitamente na trajetória em busca da expressão da matriz, resumindo os filmes anteriores e anunciando os seguintes? Isso não é comentado. Mas, pelo menos, o reconhecimento da existência de ruptura não é minimizado por um artifício de estilo. E, no decorrer de seu texto, Truchaud se referirá à "renovação da temática de Ray", a sua evolução, a uma "inovação capital", deixará entrever meandros nessa "longa marcha" que é a trajetória de Ray ao dizer de determinado filme que ele volta a "um problema que se pensava resolvido". Apesar disso, as noções de ruptura e de contradição não são integradas ao conceito de autor, nada altera o princípio da frase já citada: "Desde o primeiro filme, tudo está dito", e outras do mesmo teor. Simplesmente, Truchaud dá mostras de que contradições e rupturas não podem ser ignoradas. E para deixar claro que não as ignora, embora não saiba o que fazer com elas, ele abre seu segundo capítulo com uma citação categórica, sem mencionar o autor, mas que sabemos ser do poeta americano Walt Whitman: "Do I contradict myself? Very well then, I contradict myself".[9]

---

[9] Em português: "Eu me contradigo? Muito bem, então, eu me contradigo". Não é por acaso que Truchaud usa Whitman na epígrafe; o último diálogo de Leith em *Amargo triunfo* é uma paráfrase do verso de Whitman: "I contradict myself! I always contradict myself!" [Eu me contradigo! Eu sempre me contradigo!]. B. Eisenschitz, cujo *Roman américain: les vies de Nicholas Ray* é uma biografia de Ray mais profissional que pessoal, aplica-lhe algumas poucas vezes o qualificativo de autor, mas *en passant*; no entanto, alguns dos temas autorais estão presentes, particularmente o das constantes. Assim fala-se em "formas obsessionais"; o tema amoroso de *Johnny Guitar* era "o próprio tecido das relações do casal em *Amarga esperança, No silêncio da noite* ou *Cinzas que queimam*"; pode-se ver em *High Green Wall* "o prolongamento dos filmes precedentes". Eisenschitz parece notar as constantes, sem lhes dar particular importância e sem tirar conclusões, colocando as divergências no mesmo pé de importância: o partido de *Fora das grades* é inverso ao de *Johnny Guitar*; em vários aspectos *Juventude transviada* se opõe a *High Green Wall*. Quanto a Ray, parece que não apreciava as constantes: Rohmer publicara uma crítica comentando que os heróis de Ray tinham "um certo ar de família"; Ray lhe respondeu: "Agradeço sua crítica [...] mas James Dean não se parece com Sterling Hayden, nem Natalie Wood com Joan Crawford".

POUCOS cineastas se debateram de forma tão tensa – sem o *fair play* do "very well, then" – entre a diversidade, a contradição e a unidade como Eisenstein. Saio do âmbito da política, pois Eisenstein não era bem-visto no olimpo, para abordar dois textos que tocam nessa questão. São "Faz vinte anos" e "A unidade", textos inacabados, datados de 1944. Limito-me a resenhar trechos desses textos, o que me parece suficiente para ressaltar a tensão em que se debatia Eisenstein. Dialogando imaginariamente, no primeiro texto, com o crítico russo Vissarion Belínski (1811-1848), que afirmava, em 1842, ser a tarefa da crítica contemporânea a observação da "ideia preponderante" do poeta, "o pensamento dominante de toda sua vida", Eisenstein retruca que, sem querer resolver a questão, sua obra não apresenta uma tal ideia dominante. Sua obra é a diversidade. Exemplifica com *O encouraçado Potemkin* e *Ivan, o terrível,* filmes incompatíveis pelo seu tema. Aqui o coletivo e a massa, ali o indivíduo, o monarca absoluto, e vai enumerando as oposições. Longe de se poder falar num tema do autor, único e recorrente, só se pode ver na sua obra "o caos inimaginável de uma temática espalhada de modo perfeitamente aleatório". Procurar a "unidade temática" nessa "miscelânea temática" seria fruto de uma "obsessão maníaca". Essa obra é "um conglomerado manifestamente sem compatibilidade nem medida comum – isso é visível até para o olhar menos preparado". Ao que os críticos da política poderiam responder que só é visível justamente pelo olhar menos preparado, pois o mais preparado não se deteria nos temas mais imediatos e aparentes dos diversos filmes.

Em "A unidade", redigido aproximadamente na mesma época que o texto anterior, a questão coloca-se de modo bastante diverso, para não dizer oposto. Eisenstein manifesta uma profunda estima por Bach e Zola, porque suas obras "revelam ser variações sem freio sobre alguma coisa como uma linha da ordem da ideia, da tese, ou do conteúdo emocional". E é isso que agora, retomando os mesmos exemplos do texto anterior, Eisenstein vê na sua própria obra. Os seus filmes são como "as máscaras variáveis de um só e mesmo rosto". Se ele se examinasse de fora, diria de si próprio: "Este autor parece ter abordado de uma vez por todas uma única ideia, um único tema, um único assunto, [a sua obra] é sempre e em toda parte a mesma coisa". É "a realização da unidade". Transcrevo a conclusão (de um texto inacabado) na íntegra:

> Começar por dizer que [...] tanto nos filmes do autor [o próprio Eisenstein] tomados isoladamente quanto no conjunto de seu *opus* há um traço de composição que atravessa o todo, e que lhe é próprio desde as primeiras manifestações dos rudimentos daquilo que mais tarde crescerá numa concepção da arte – a repetitividade. Tal repetitividade é o equivalente estrutural, ou, se se preferir, o intérprete do conceito de obsessão (nos casos positivos) ou de "ideia fixa" (nos casos patológicos) ou do simples automatismo, enquanto estágio primitivo de qualquer funcionamento [...].

―

A matriz existe realmente? Ela é um filme? Apesar de, conforme Chabrol e Rohmer, a matriz hitchcockiana manifestar-se plenamente num filme como *O homem errado,* podemos responder à segunda pergunta: não. A matriz não é um filme. Pode manifestar-se num filme, até com todo seu esplendor, mas ela não é esse filme, não coincide com ele. A matriz é sempre uma virtualidade. O último parágrafo do ensaio de Truchaud parece-me revelador. Ray (e seus personagens), cuja "sensibilidade doentia" leva à "obsessão da pureza e ideia fixa do mal", tem fascínio por Arthur Rimbaud. Truchaud então se questiona pondo um ponto final a seu estudo:

> Realizará ele um dia esta *Vida de Rimbaud* que o obceca desde sempre? Seria este o filme ideal, acordo total entre o artista e o personagem, acordo por demais perfeito a ponto de parecer que cabe a nós, com os elementos de que dispomos, imaginá-lo. Um filme que não existirá provavelmente nunca, projeto mítico [...] que refletiria plenamente a conduta de vida do autor. Acordo plenamente realizado entre o homem e o criador, "autor" de filmes, alcançando finalmente a obra por excelência.

Truchaud vai direto ao âmago da questão: justamente, essa obra por excelência não existe nem existirá, porque não pode existir, essa obra só poderia ser um filme concreto em que a matriz se manifestasse plenamente.

É desse método crítico e dessa concepção de autor que Drouzy disse ser "matizada de platonismo". De fato, a matriz, a ideia-mãe, aparece como uma abstração que não se concretiza nunca, mas projeta-se com maior ou menor nitidez sobre realizações concretas. O nível das aparências, isto é, cada filme particular, é um meio pelo qual podemos ter acesso à ideia, e este é o trabalho do crítico: remontar das aparências à ideia, como é o trabalho do cineasta cuja busca consiste em, por intermédio de realizações concretas particulares, se não alcançar a ideia, pelo menos conhecê-la e atingir sua máxima projeção sobre uma realização concreta, momento em que se dá o fenômeno da alegoria ou parábola. E, enquanto as realizações concretas são múltiplas e necessariamente múltiplas, a ideia é una, primeiro porque o autor não alcança a plena projeção potencial da ideia imediatamente, e sim ao cabo de uma busca, e segundo porque a ideia só é perceptível nas realizações concretas pela sua recorrência. Esse mecanismo é estrutural na política dos autores. Sem ele, a política, tal como foi praticada pelos *Cahiers du Cinéma,* simplesmente desmorona. A política lida com um além, além das aparências, além das obras concretas. A presença desse além expressa-se claramente no seguinte trecho do livro de Chabrol e Rohmer, referente a *Quando fala o coração:*

> A arte de Hitchcock [...] consiste em nos fazer participar, pela fascinação que exerce sobre cada um de nós qualquer figura depurada, quase geométrica, da vertigem vivida pelos personagens e, além da vertigem, em nos fazer descobrir a profundidade de uma ideia moral. A corrente que vai do símbolo à ideia passa sempre pelo condensador da emoção.

Afirmações de teor semelhante encontram-se no estudo de Truchaud:

> A história dos primeiros filmes de Ray [...] ainda é, em certos momentos, melodramática, mas a intenção de Ray consiste em nos fazer compreender que, além da forma primeira da história, a juventude revoltada contra a sociedade, devemos ver os protestos da juventude contra o mundo em geral, o cosmos e a vida [...] a *mise en scène* despoja as aparências e revela o essencial.

Ideia semelhante em Fellini: "O que quero mostrar atrás da epiderme das coisas e das pessoas, dizem-me que é o irreal. Chamam a isso de gosto pelo mistério. Aceitaria de bom grado essa palavra se se quisesse escrevê-la com M maiúsculo". Ou então nesta frase lapidar de Godard: "A imagem é apenas o complemento da ideia que a motiva".

Usemos a frase de Godard para afirmar que a matriz é um além, mas igualmente um aquém. Além, pois é ela que tentamos alcançar para lá das realizações concretas. Mas aquém, porque é ela que as motiva. Nem o cineasta nem o crítico o sabem, mas já está presente/oculta, enformando realizações que, no início da curva, ainda não conseguem dar-lhe plena expressão, mas que, com a decantação, permitirão percebê-la.

Essa colocação explica, paradoxalmente, a valorização e desvalorização das aparências, dos filmes concretos. Estes são desvalorizados pois nunca são um fim em si, somente um meio para alcançar a ideia. E são valorizados enquanto único meio de acesso a ela e única possibilidade de sua manifestação. Verificamos a existência de uma atitude de desvalorização quando transcrevemos comentários sobre roteiros e enredos considerados frágeis pelos críticos. Outro elemento sistematicamente desvalorizado é a técnica, o que é compreensível, pois nesse sistema ela só pode ser um instrumento a serviço de outra coisa, sem valor nem significação própria. Dos entrevistados que se referem ao assunto, apenas Hitchcock não a desvaloriza e demonstra apreciar o "requinte técnico de *Um corpo que cai*", bem como seu então "melhor trabalho técnico", *Festim diabólico*. Mas quando vista como um fim em si, a técnica torna-se negativa. Chabrol e Rohmer anotam esta crítica feita a Hitchcock: "Depois de

Suspeita se dirá: 'Ele mostra suas limitações; é um virtuose sem profundidade, um técnico, não um autor verdadeiro'". Ou então a técnica é subordinada a outros valores. "O progresso técnico mata uma espécie de qualidade humana em cada um de nós" (Renoir). "O que me interessa – e isso vem antes da técnica – é reproduzir os sentimentos das personagens dos meus filmes" (Dreyer). "Não gosto de cinema, salvo quando filmo: então, é preciso saber não ser tímido com a câmera, violentá-la, forçá-la até os últimos redutos, porque ela é um vil mecanismo. O que conta é a poesia" (Welles).

> Fico completamente louco de raiva ao ver que uma câmera pode excitar alguém. É de uma estupidez inaudita! [...] A técnica é necessária, mas não se fala nisso. É algo que deve tornar-se natural, mas que não deve fazer com que se excitem perante ela. "Vejam esta câmera, olhem para esta câmera!" Não me interessa olhá-la (Rossellini).

Fellini critica esses grandes espetáculos de produção norte-americana que se reduzem a uma "girândola pirotécnica de truques sensacionais", "o ideal seria, como no caso de *2001, uma odisseia no espaço,* de Kubrick, que essas extraordinárias equipes de técnicos estivessem a serviço de uma ideia, de um sentimento, da fantasia de um autor". Em poucas palavras: "Toda técnica remete a uma metafísica", afirma Bazin, retomando uma frase de Sartre referente à técnica do romance. A técnica só importa enquanto não ela, enquanto remete a algo que a ultrapassa, sem o que não se justifica.

Uma atitude de valorização encontra-se na importância dada à *mise en scène.* Esse é outro conceito fundamental da política, e também carece de definição mais precisa. Pelas análises de filmes publicadas pelos críticos dos *Cahiers,* pode-se dizer que, mais que uma *colocação em cena,* uma encenação, trata-se de uma *colocação em imagem*; pelos textos, depreende-se que ela envolve os elementos que contribuem para a elaboração dos planos (quadros, movimentos de câmera, iluminação, marcação e direção dos atores, aproveitamento da cenografia e dos objetos de cena etc.), mais do que, embora sem excluir, a montagem, a música, os ruídos e os diálogos. Os Jovens Turcos não são os primeiros a valorizar a *mise en scène*. Na primeira metade dos anos 1940, o precursor Marcel L'Herbier declarava em cursos no Institut des Hautes Études Cinématographiques que uma peça de teatro existe independentemente de sua encenação: uma vez que pode ser lida, a obra existe. Não é o caso do cinema: sem filme, por mais que haja roteiro, não há obra.

> A *mise en scène* de teatro não é senão a roupagem exterior, as vestes da peça, que constitui, ela, a entidade física, viva e ativa de onde vai sair e se desenvolver [...] toda a cerimônia do espetáculo. A *mise en film* não está aí para vestir o corpo do espetáculo da tela, ela está aí para criá-lo, cortando e recortando fragmentos de vida no drama fenomenal que ela tem como missão ordenar e registrar.

Pode-se distinguir a peça da *mise en pièce,* não se pode diferenciar o filme da *mise en film*. Tal valoração da *mise en scène...* cinematográfica – apesar da tese de L'Herbier, o vocabulário cinematográfico ficou com a expressão teatral – se tornará um dos pilares da política. Nem por isso, L'Herbier e depois os Jovens Turcos disseram precisamente o que é, no cinema, essa *mise en scène*.

ANDREW Sarris adota a expressão francesa *mise en scène,* cuja vagueza – não menor que a de *autor* – lhe cria algum problema. Vai tentar cercar o conceito mais de perto, por exemplo em seus comentários sobre Preminger:

> Ler toda sorte de profundidades pungentes na inescrutável urbanidade de Preminger pareceria a última das imbecilidades, e, no entanto, há momentos em seus filmes em que a evidência da tela não é condizente com as mais profundas intuições que possamos ter a respeito do diretor como homem. É nesses momentos que sentimos que os poderes mágicos da *mise en scène* ultrapassam o que o diretor pôs num filme.

Ele faz mais uma tentativa quando define sua terceira premissa, pois, como vimos, a *mise en scène* vincula-se ao "*interior meaning*", mas

> ela não é exatamente a visão de mundo que um diretor projeta nem exatamente sua atitude em relação à vida. É ambígua, em qualquer acepção literária da palavra, porque uma parte é enraizada na substância do cinema e não pode ser expressa em termos não cinematográficos [...] Arriscarei dizer que penso que ela é como um *élan* da alma?.

Apavorado com sua própria afirmação, Sarris acrescenta imediatamente: "Para não parecer excessivamente místico, deixem-me acrescentar logo que o que entendo por 'alma' é apenas essa impalpável diferença entre uma personalidade e outra, todas as outras coisas sendo iguais". A mística fica por conta dos franceses:

> A arte do cinema é a arte de uma atitude, o estilo de um gesto. Não é tanto o *quê* mas o *como*. O *quê* é algum aspecto da realidade mecanicamente registrado pela câmera. O *como* é o que os críticos franceses chamam de modo um tanto místico de *mise en scène*.

A política valoriza a *mise en scène* porque é através dela que o cinema pode distanciar-se da literatura. Quanto mais expressiva a *mise en scène,* menos necessários serão os recursos advindos do romance. Mas também – e, a meu ver, essencialmente – por ser a aparência a matéria concreta cinematográfica que permitirá o acesso à ideia. Examinemos a análise de um plano de *Chantagem e confissão* feita por Chabrol e Rohmer:

> Carrascos e vítimas alternam-se de sequência em sequência: o carrasco torna-se a vítima, a vítima, o carrasco. Numa mesma cena, às vezes num mesmo plano, as posições morais dos protagonistas se invertem, por exemplo na curta

discussão entre o chantagista e o detetive: o segundo está à direita, a seguir, quando o detetive, para salvar a noiva, propõe por sua vez um negócio bastante ignóbil ao chantagista, coloca-se à esquerda do quadro. O lugar dos personagens expressa aqui suas relações.

Reencontramos nesse trecho a ideia da "troca", da "culpabilidade intercambiável" a que se aludiu anteriormente. E é em função dela que a *mise en scène* é analisada. Esta é boa porque a ideia se projeta sobre ela e a molda, e boa porque nos permite entender a ideia através dela. A *mise en scène* não é aqui ressaltada pela sua plasticidade ou qualquer valor intrínseco, mas pela sua transcendência. Aproveito essa citação para, mais uma vez, insistir sobre a noção de unidade e coerência interna: é o mesmo princípio que rege as relações entre os personagens no nível do enredo bem como a marcação dos atores, princípio este que se reencontra de sequência em sequência, isto é, no nível das grandes unidades dramáticas do filme (unidade, aqui, no sentido semiológico), bem como dos pequenos grupos de planos (cena), ou até de um só plano. Assim, a pequena unidade (no caso o plano descrito) reflete a obra no seu conjunto, e este é a expansão da pequena unidade. Em Truchaud, a mesma forma de valorização: "Em *Amarga esperança* [a *mise en scène*] expressava as ideias. Formulava a ideia de tragédia pelo uso do preto e do branco; a ideia de fatalidade e de destino pela qualidade de falta de ar e do aprisionamento das imagens".

Mas apesar da extrema importância da *mise en scène* na concepção da política, sua análise ocupa um lugar bastante restrito, tanto no *Hitchcock* como no *Nicholas Ray*, como em geral nos textos críticos produzidos pelos Jovens Turcos. Um lugar restrito tanto no volume do texto quanto no papel que lhe é reservado na descoberta e formulação da matriz. Esta provém quase exclusivamente da análise dos enredos, das situações dramáticas, dos personagens e suas relações, isto é, de uma análise temática. Esse fato deve-se provavelmente a que a análise da *mise en scène* era na época uma prática rara, sem tradição, sem instrumental, enquanto a análise temática tinha no mínimo uma tradição e um instrumental proveniente da literatura e do teatro. Mas acredito que a pouca participação da *mise en scène* nas análises de filmes provém também da precariedade conceitual da expressão. Assim, apesar de ter sido a *mise en scène* uma bandeira de luta dos Jovens Turcos, o método crítico da política foi sobretudo temático, e é bem raro encontrar um texto como "O cinema e seu duplo", em que Godard analisa *O homem errado* dando de fato importância de primeiro plano à *mise en scène.* Nesse sentido, Godard é consequente com a desvalorização do enredo e com sua afirmação de que o cinema não é apenas uma arte da narração, conforme sua "defesa e ilustração da decupagem clássica". Desse ponto de vista, é certamente revelador que encontremos em vários textos de Godard, ao lado das inevitáveis referências ao olimpo literário, diversas alusões a pintores, o que não ocorre nos outros críticos. Se tivesse seguido o método de Godard em "O cinema e seu duplo", apesar de muito incipiente, a carreira crítica da política poderia ter sido diversa.

Outra coisa que se deve dizer a respeito da *mise en scène* nesses textos é que também nela uma certa debilidade pode ser tolerada. "É estudando plano por plano um filme como *Pavor nos bastidores* que se poderia talvez captar os segredos formais de Hitchcock. Por ser o menos homogêneo, o menos perfeito dos grandes filmes de nosso cineasta, ele nos maravilha ainda mais." Ideia semelhante em Truchaud: "Este filme alinha-se entre os mais reveladores, mas não é um dos mais logrados". Não é raro encontrar críticos que valorizam obras menores, pois nelas os procedimentos do autor seriam mais imediatamente perceptíveis que nas obras melhor logradas e mais complexas. Mas poderemos nos perguntar aí também se não há um efeito da ideia conforme a qual a fraqueza das aparências é tolerável desde que nos possibilite o acesso à matriz. Eu iria ainda mais longe e perguntaria se a aparência não deve ser necessariamente marcada por uma relativa debilidade, na medida em que, por melhor que nos remeta à ideia, ela nunca é a ideia, apenas uma de suas manifestações. Donde provém, provavelmente, esse gosto manifestado com certa insistência por Truchaud por obras marcadas por certa imperfeição. Preparado às pressas, *Sangue ardente* "apresenta a desordem e o 'sentimento da incompletude' característicos das obras-primas"; "Belezas inumeráveis fazem de [*Quem foi Jesse James*] um dos melhores filmes de Ray e um dos mais acabados pelo seu próprio inacabamento e pela sua confusão. Sua desordem gera a harmonia, e de seu inacabamento surge a obra-prima". Sugiro que esse paradoxo – desordem/harmonia, inacabamento/obra-prima – possa apresentar-se, parcialmente pelo menos, na ideia de que a manifestação da matriz nunca pode ser perfeita, e que a sensação de inacabado engrandece a manifestação concreta, pois nos faz perceber que em si não é nada e só vale por nos remeter à matriz.

Estamos em pleno terreno religioso, o que já podíamos sentir desde o início destas considerações sobre a aparência e a matriz. Em texto de 1952, Godard remete a um artigo de Maurice Schérer que exterioriza seu prazer em ver em *Amor à terra,* filme americano de Renoir, "um homem que ama sua mulher e acredita em Deus". Schérer complementa afirmando que a originalidade dos melhores filmes dos últimos dez anos deve muito pouco ao uso de novas técnicas. Os melhores filmes recentes, tais como *As damas do Bois de Boulogne* (Bresson), *Sob o signo de Capricórnio* (Hitchcock), *Francisco, arauto de Deus* (Rossellini) – três grandes do olimpo –, revelam uma espiritualidade que "proclama a retumbante vingança de uma arte que, relegada outrora ao nível do folhetim, parece se espantar agora de tirar o melhor de sua inspiração da crença na *alma"* (grifos do autor). Nesse mesmo texto, Godard afirma claramente ser o cinema "a arte mais religiosa, já que situa o homem diante da essência das coisas e mostra a alma no corpo". Essa frase, em que encontramos uma relação análoga à aparência/matriz, não deve ser tomada num sentido alegórico, e poderia orientar uma interpretação do filme *Eu vos saúdo, Maria.* Fellini faz uma afirmação não tão distante da de Godard. Considerando-se religioso por natureza, diz: "E ainda que, desde criança, não tivesse me sentido fascinado por este sentimento místico [...] creio que o ofício que tenho e exerço [o de realizar filmes] me teria naturalmente conduzido na direção de um sentimento religioso". Entre os Jovens Turcos, só Godard, que eu saiba, para fazer uma afirmação tão categórica, o que não impede que nos escritos dos outros encontremos um sentimento religioso cristão bastante marcante. Esse é o motivo pelo qual Hitchcock é um astro de primeira grandeza no olimpo dos autores. A escolha de Hitchcock deve-se em grande parte à "transferência da culpabilidade" e à "culpabilidade intercambiável". O universo hitchcockiano, tal como interpretado por Chabrol e Rohmer, está cheio de culpa e é na culpa – nessa culpabilidade difusa que pesa sobre cada um de nós e que é transferível – que se encontra o essencial do sentimento religioso. Chabrol e Rohmer citam um texto de Jacques Rivette a respeito de *Sob o signo de Capricórnio*: "O assunto secreto desse drama é a confissão, a libertação do segredo tomada na sua dupla acepção: no sentido psicanalítico [...] como no sentido religioso; e a confissão dos pecados equivale aqui a sua redenção". Embora católico praticante, Hitchcock não é, conforme seus comentaristas, místico nem militante, "e no entanto não há um só filme de Hitchcock que não seja de alguma forma marcado pela ideia ou pela simbólica cristã". O que *A tortura do silêncio* nos apresenta é um milagre, "tanto um milagre da Graça quanto da vontade". A graça, a salvação, a remissão do pecado, a culpabilidade são motivos centrais de *A tortura do silêncio*. O falso culpado de *O homem errado* "não é senão um falso inocente, como todos os seus irmãos terrestres desde a Queda". Nesse filme Hitchcock apresenta o extraordinário sob sua forma privilegiada, plena, que é a própria forma do milagre, como já ocorria em filmes como *Um condenado à morte escapou*, *Romance na Itália* ou *Grilhões do passado,* que são todos filmes de autores do olimpo: Bresson, Rossellini, Welles. As noções de culpabilidade e salvação ecoam também, embora menos intensamente, no texto de Truchaud. Após lembrar no início do ensaio que Ray já foi chamado o "cineasta do crepúsculo da alma", comenta que um dos personagens de *Paixão de bravo* "encontra finalmente a salvação, na e pela morte". Sobre *Jornada tétrica:* "Neste mundo da natureza surgem, intimamente ligados, beleza e malefícios, fascinação e horror, ternura e crueldade, este mundo realmente remete àquele dos Tempos da Criação, onde tudo se misturava, indissoluvelmente. Pureza e inocência mesclam-se ao mal e à culpabilidade". Fellini não escapa à culpabilidade: "As raízes onde nasceram Gelsomina e Zampanò [personagens de *A estrada da vida*] e sua história pertencem a uma zona profunda e obscura, constelada de sentimentos de culpa [...]". Em *Os filmes de minha vida*, Truffaut vê sua iniciativa cinematográfica e seu amor pelo cinema vinculados, por motivos biográficos, à culpabilidade. Truffaut criança e adolescente teve que ver seus duzentos primeiros filmes fazendo gazeta: "Eu pagava portanto esse intenso prazer [de ir ao cinema] com fortes dores de barriga, o estômago apertado, o medo na cabeça, invadido por um sentimento de culpa que só podia reforçar as emoções provocadas pelo espetáculo".

Mas parece-me que o aspecto religioso da política nunca foi devidamente analisado, pelo menos nos meios franceses. É verdade que *Positif* publica, em 1962, um monumental panfleto intitulado "As delícias da ambiguidade – Elogio de André Bazin" que desanca o conservadorismo religioso do redator-chefe dos *Cahiers,* tratado de *cura.* Ataca-se também o platonismo de Bazin: assim como a aviação seria a concretização de uma ideia que existia na alma do homem desde que contemplava pássaros ("o velho mito de Ícaro teve que esperar o motor a explosão para descer do céu platônico" – Bazin), o cinema é a materialização de uma ideia que lhe preexistia toda pronta na cabeça do homem. O virulento ataque respinga em outros membros da "Sagrada Família", entre os quais Rohmer, Chabrol e Godard. Mas nesse longo ensaio o autor nunca aborda especificamente a política dos autores, que nem é citada. Em 1983, na entrevista que serve de introdução a uma antologia de Rohmer, Jean Narboni comenta: "O senhor e seus amigos da Nouvelle Vague são tidos como aqueles que promoveram a ideia de *mise en scène.* Mas posições políticas, religiosas até, éticas, pareciam igualmente determinar seu sistema de valores". Rohmer responde: "Sim, de fato. É difícil falar disso. Poderia até dizer que é a parte mais ultrapassada do que escrevemos". E o assunto morre aí.

Tenho impressão de que o caráter religioso, cristão, da política dos autores, apesar de lhe ser, a meu ver, inerente, nunca foi tão ressaltado como pelo crítico norte-americano John Hess em artigos publicados em *Jump Cut*. Empenhado em apresentar a *Nouvelle Vague* como um movimento conservador que tinha como função afastar a realidade social do cinema, Hess identifica no *personalismo* de Emmanuel Mounier a ideologia religiosa que informou os Jovens Turcos. André Bazin, seu mestre, era vinculado ao personalismo, bem como outra figura que a história esqueceu em benefício de Bazin, mas cujas ideias tiveram algum peso na década de 1950, o padre jesuíta Amédée Ayfre, também personalista. Cristianismo bastante aberto, o personalismo – retomo essa condensação de J. Hess – considerava que o homem vive num estado que resulta de sua queda num mundo corrompido, mas, por mais desesperada que pareça sua situação, ele tem a possibilidade de libertar-se dela, desde que enfrente seu destino e se volte para os outros e para Deus. A presença da culpabilidade nos escritos dos críticos dos *Cahiers* e, em particular, a interpretação que Chabrol e Rohmer fazem de Hitchcock, com a "transferência da culpabilidade" como relação com os outros, parece harmonizar-se com o personalismo de Mounier. Mas, em nenhum dos textos franceses estudados para este trabalho, Mounier é citado. Curiosamente, é na "Carta a um crítico marxista", de Fellini, que lemos: "Para mim, *A estrada da vida* tenta realizar a experiência que um filósofo, Emmanuel Mounier, considera capital e primordial para compreender qualquer situação social: a experiência comunitária entre dois seres humanos". E Fellini conclui, em resposta a um jesuíta que o questionava sobre o teor religioso de sua obra, dizendo que "Cabíria leva em seu coração o segredo de uma graça que ela descobriu. Não tentemos definir a natureza dessa graça; é mais delicado deixar a Cabíria a alegria de nos dizer se finalmente esta graça é seu encontro com Deus".

O autor, em última instância, revela Deus, e não será essa a função última do cinema? As obras dos grandes autores não são filmes, mas se identificam com o próprio cinema. Já tivemos acima um exemplo desse tipo de colocação a respeito de Hitchcock: "se ele se engana então o cinema inteiro se engana". Temos outros: "cada plano, cada imagem [de Nicholas Ray] respira o cinema e nos faz compreender o que é o cinema". Hitchcock "é cinema qualquer coisa que faça". A obra do autor identifica-se com o cinema, é o cinema, cria o cinema. O romantismo não está longe: "O artista tornou-se um Deus criador", escreve o alemão Herder.[10] Um passo a mais e o autor cinematográfico torna-se o Criador. Godard dá esse passo, ao concluir uma nota sobre *Rio sagrado*, de Renoir, anunciando um artigo sobre esse filme: "Num próximo número provarei por que *Rio sagrado* é a criação do mundo". O autor virou Deus.

o autor seria mesmo uma abstração?

Em "Domínio francês – anos 1950" Jean-Claude Bernardet discorre sobre o conceito de "autor" na versão da política dos autores, atento à qualidade "divina" que os Jovens Turcos dos *Cahiers du Cinéma* reconheceram nos diretores de sua predileção. Bernardet estuda alguns ensaios emblemáticos dessa fortuna crítica e aborda os procedimentos discursivos desse ideário que viria, rapidamente, a se transformar em ideologia; analisa os termos do debate

Francis Vogner dos Reis

[10] Citado por Tzvetan Todorov: *Teorias do símbolo*.

e o modo como nele se forjaram os critérios da concepção de autor da política, numa perspectiva crítica coloca-a sob desconfiança. Sua análise não é feita segundo princípios de credo político ou sob os auspícios de uma teoria qualquer (ao menos não explicitamente) como muitos já fizeram, mas se aplica a esmiuçar os textos de uma fração exemplar dessa produção ensaística, apontando nela sua tautologia e seu limite como proposição metodológica. Bernardet não dissimula a desconfiança de toda aquela argumentação que vê como tendenciosa e idealista. Quando escreve "o universo da autoria aparece como universo da mesmice: o autor repete incessantemente o primeiro filme, depurando seus temas, até a máxima depuração da matriz, a qual já estava prevista desde o início", deixa bem clara sua ressalva ao caráter obsedante desses escritos, quando não recusa seu essencialismo: "A matriz não está latente apenas no primeiro filme, a obra já está embutida no sujeito desde o início de sua vida [...] Obra e autor formam uma única unidade coesa". A crítica à metafísica do autor é o ponto nevrálgico do texto de Bernardet e ele a faz com uma flagrante ironia no que diz respeito à carolice de alguns críticos e suas afirmações arbitrárias que preservariam o autor, sujeito transcendente, à revelia do filme, objeto imanente.

Se por um lado é possível concordar com o juízo que ele direciona aos textos que escolheu para analisar, por outro é evidente o gesto parcial de destacar na política dos autores aquilo que interessa para sua desconstrução e o apontamento de sua caduquice e mistificação. A caricatura da política dos autores é hiperbólica a ponto de torná-la ridícula como um todo. A recusa é generalizada. Existe uma discordância de fundo e de forma, uma divergência fundamental. Os textos de Bernardet desde os anos 1960 sempre se preocuparam em responder a suas circunstâncias – sua verdade é o "aqui e agora" – porque, para o crítico, o cinema lhe interessa sobretudo como objeto vivenciado no mundo do ser social, ou seja, na sua contingência *socialmente histórica*. Talvez por isso haja uma recusa de base e ele critique energicamente o debate francês do autor no cinema. Essa recusa, na temperatura em que é feita e com os argumentos que lhe são próprios, cria uma espécie de espantalho da política dos autores. O texto de Bernardet é estratégico ao colocar em crise a política dos autores, mas ao mesmo tempo ele parece optar por criticar um aspecto demasiadamente parcial dessa discussão.

É fato que o pensamento metafísico operou na produção dos *Cahiers du Cinéma* nos anos 1950, não só na política dos autores dos Jovens Turcos, como também na teoria de André Bazin, que não era partidário da convicção autorista de seus jovens redatores. Os críticos que criaram e defenderam a política dos autores buscaram discutir os filmes à luz de uma teleologia, como se o cinema viesse finalmente responder mais radicalmente ao desejo mimético presente na história da arte, superando-o e descobrindo outros aspectos a partir do cinematógrafo – que teria mudado radicalmente a relação da arte com sua matéria. Por isso, o que em parte fundamenta a produção dos críticos que integram a equipe da política dos autores é essa compreensão da arte, neste caso a europeia e norte-americana, que tem uma origem metafísica. Porém, seu conteúdo sensível, e isso é importante dizer, está atrelado a uma dialética entre mito e historicidade. Não por acaso o cinema norte-americano clássico é objeto predileto desses críticos cinéfilos, justamente porque está inserido nessa dialética.

Conjuntamente a esse aspecto genealógico, esses críticos jogam no campo de seu tempo, construindo uma base modernista para a revista em que o pensamento (Sartre, Malraux, Kraus), a pintura (Matisse, Picasso), a música (pós-tonal, Stravinsky) e o romance (Balzac, o romance norte-americano) são referências enviesadas, teóricas e formais. Um ensaio exemplar e programático nesse sentido é "Carta sobre Rossellini",[11] de Jacques Rivette, empreendimento de grande fôlego (poético, inclusive) sobre *Romance na Itália*, de Roberto Rossellini. O ensaio defendia Rossellini num momento em que

---

11 Jacques Rivette, "Lettre sur Rossellini". *Cahiers du Cinéma*, n. 46, abr. 1955, p. 14-24.

parte da crítica o havia abandonado e passou a detratá-lo. Rivette identifica o cinema do diretor dentro da história das artes e de uma noção de moderno que ele relaciona ao temperamento pictórico de Matisse ("uma liberdade vigiada, construída, em que a arquitetura primeira se dissipa no esboço"). Sua forma ensaística e sinuosa abordava um filme que também experimentava "ensaio metafísico, confissão, diário de bordo e diário íntimo". "Carta sobre Rossellini" anunciava, num estilo vibrante e fragmentado, esse cinema moderno do qual a Nouvelle Vague seria um desdobramento.

Jacques Rivette é, entre os críticos dos *Cahiers*, um dos que mais procuraram comprovar seus argumentos por meio da análise de procedimentos cinematográficos, ainda que seja ele quem tenha lançado o axioma tautológico "a evidência é a marca do gênio de Howard Hawks". Seu ensaio "Da abjeção" é a descrição e o juízo crítico e moral de um *travelling* de Gillo Pontecorvo no filme *Kapò: uma história do Holocausto*, que implica um assunto (os campos de concentração) e sua representação:

> O homem que decide, nesse momento, fazer um *travelling* de aproximação para enquadrar o cadáver em *contreplongée*, tomando o cuidado de inscrever exatamente a mão levantada no enquadramento final, esse homem não tem direito a nada além do mais profundo desprezo.

Nesse texto Rivette usa o termo "autor", mas qualificando-o como "mal necessário", pois esse homem (o autor) é o diretor, o responsável pelas escolhas formais-morais, no tom, na ênfase e na nuance, ou seja, na construção de um ponto de vista.

Tanto em "Carta a Rossellini" quanto em "Da abjeção", Rivette opta intransigentemente por uma noção específica de modernidade do cinema, em que a *mise en scène* é o critério central, e o diretor, o responsável por sua orquestração. Em "Da abjeção", Rivette identifica um impostor (Pontecorvo), que aparentemente não se interroga, ou se interroga pouco, sobre as imagens que realiza. Um homem que se diz de esquerda e que negocia com o intolerável seria desprezível. Esse não é um texto da política dos autores que faz a defesa ou exaltação de algum cineasta autor, mas que problematiza a responsabilidade do diretor pelas imagens que realiza, implica um procedimento: "Mostrar certas coisas e, ao mesmo tempo e pela mesma operação, mostrá-las por um certo viés; esses dois atos são rigorosamente indissociáveis". Ser um autor não seria só ser um artista com uma assinatura, mas ter uma política, ou seja, adotar um ponto de vista.

Poderíamos discutir os vícios que esse ensaio estimulou nos estudos de cinema (o tabu moral de uma noção particular de representação), mas isso seria mais um problema da apropriação acadêmica dessas ideias que do texto em si. O fato é que a figura do autor, sem a política, foi integrada à cultura corrente (da grande indústria de Hollywood ao mercado médio de filmes de autor) e se tornou ideologia, com todos os achaques de uma ideologia, sendo dois dos piores a naturalização anticrítica desse ideário e a vulgarização de seus pressupostos mais interessantes.[12] A crítica à política dos autores foi feita – talvez não tenha sido entendida, mas certamente sobrevive em círculos teóricos nas universidades. Ela dá demasiado destaque ao termo autor e muito pouco à política, talvez porque a política é muito rapidamente identificada com credo ideológico. Nesse aspecto é preciso ressaltar que a recusa da política dos autores e da cultura cinéfila ao gosto dos estudos culturais, da semiologia e de um certo engajamento que se quer à esquerda em muitos casos se faz como um gesto eminentemente teórico. Em sua maior parte, essas trincheiras se legitimam com retóricas calcadas em preconceitos estéticos, equívocos políticos ou, como nos casos mais comuns, enveredam por uma objetividade social cheia de pressupostos. Não raro, esse

---

[12] Alguns dos pressupostos mais interessantes propunham uma genealogia dos estilos, a análise do filme como sistema complexo e um postulado estético de que o sentido emana do filme como resultado de sua beleza e não o contrário.

tipo de atitude intelectual pode se fazer alheia ao empirismo, uma espécie de inversão complementar do gesto mais voluntarioso da política dos autores – que seria o do juízo submetido ao gosto.

Reduzir conceitos vitais e criadores sobre a vida, o mundo, os problemas humanos e políticos a termos secos, sintéticos, de história, sociologia ou qualquer outra ciência que pertença a uma ordem diferente incorre no risco de perder o sentido daquilo que só pode ser dito (mostrado ou sentido) por meio do filme, de seu experimento formal e da experiência estimulada em quem o vê. Não fazemos aqui uma defesa de que os sentidos de um filme se reduzem a uma fenomenologia conveniente. A crítica não se faz só com afetos, mas, por outro lado, também não pode prescindir de um envolvimento mais intenso que a mera atenção intelectual.

Por mais que *O autor no cinema* trate de questões de uma tradição francófila e dela faça um bom apanhado, Bernardet interessou-se em entender suas implicações no Brasil e, eventualmente, seus problemas visando uma intervenção consequente no debate local. "Domínio francês – anos 1950" é um levantamento problematizado do debate francês que deu origem à concepção hegemônica de autor cinematográfico. Sua perspectiva é dirigida ao público brasileiro e de certa forma é complementar ao capítulo posterior: "Domínio brasileiro – anos 1950 e 1960".

Se no texto de *O autor no cinema* Bernardet também acabava respondendo a seus alunos – que desejavam ser autores antes de serem cineastas – e lançava uma provocação à crítica acomodada (e colonizada) que reproduzia automaticamente meia dúzia de critérios autoristas, é importante, por outro lado, afirmar também aos críticos displicentes, aos estudantes e aos espectadores menos curiosos que os filmes fazem parte de uma história de formas e que essa história (ou histórias) constitui uma relação dinâmica do passado com o presente. Sabemos que numa escola de cinema, por exemplo, a cinefilia, o conhecimento do que foi feito no passado e a capacidade de relacionar esse passado com o presente não é algo muito cultivado por alguns alunos e mesmo por alguns mestres.

É aqui que entra a contribuição deste texto, como diálogo com o texto original e atualização da questão, levando-se em consideração os quase trinta anos de escrita e lançamento de *O autor no cinema*, que foi realizado numa época com contexto e demandas particulares. Nos tempos que correm, se alguns impasses relacionados à ideologia da política dos autores ainda persistem, a discussão, no entanto, está sob outra esfera de influências e nos apresenta novos problemas.

Então, uma defesa da autoria?

A autoria hoje ainda interessa como critério de distinção? Ou melhor: o critério de distinção ainda é importante? A coerência estilística e temática configura um valor em si? Ou a autoria como critério de juízo e via de análise seria uma fraude tomada como verdade? O fato é que uma resposta categórica a essas perguntas já se ensaiou nas abordagens dos estudos culturais e na inteligência crítica anticinéfila. No entanto, a autoria ainda tem um peso e uma função, pois continua sendo um modo de acesso às obras. Por isso aqui faremos uma abordagem não da política dos autores dos anos 1950, não do autor como ente iluminado no exercício de suas virtudes visionárias, mas da autoria como critério crítico de distinção e da possibilidade de apontar um acesso ao universo dos filmes que talvez só seja possível por meio das noções de obra e autor.

Diante de tudo isso, os autores ainda seriam importantes ou bastaria escolher filmes aleatoriamente? Ainda é importante voltar-se para os bons filmes? Esse é o ponto mais polêmico da defesa do autor. Éric Rohmer, uma das vítimas de Jean-Claude Bernardet, disse em entrevista aos *Cahiers du Cinéma* em 1967 que, na política dos autores, a defesa do gosto (ou seja: dos bons e dos maiores cineastas segundo o crivo do escriba) era o valor primordial, já que teoricamente eram todos herdeiros de Bazin. A contribuição dos Jovens Turcos ao cinema teriam sido as noções de valor a partir dos cineastas que representavam para eles uma ideia geral do cinema. "De nossa parte, nós só tivemos gostos [...] nós impusemos certos cineastas que seguem sendo importantes e continuarão sendo." E é justamente no critério de gosto, transformado em valor primordial, que parece se erigir a política dos autores no que ela tem de mais sólido e ao mesmo tempo mais controverso. O teoricismo, por sua vez, não precisa, necessariamente, dos bons diretores e dos autores. É possível nesse caso amparar-se nos filmes maus ou medíocres que se limitam a oferecer subsídios para pesquisa e formulação de ideias.

Entre as defesas da autoria, uma das mais interessantes é "Narrativa contra o mundo", publicada no número 50 da revista *Traffic*, em 2004, e escrita pelo crítico norte-americano Tag Gallagher. Nela Gallagher expõe sua diferença com o universo acadêmico norte-americano. Segundo ele, a partir dos anos 1970 o cinema foi o campo de discussão que se restringiu aos domínios especialistas. Teoricamente, as várias versões de antiautorismo (da sociologia, da semiologia, dos estudos culturais) se cristalizaram com mais força nas universidades do que o autorismo, porque são (ou foram) campos prolíficos da pesquisa científica que tomaram o cinema como objeto principal ou ilustrativo e se afastaram mais radicalmente de uma filosofia do sujeito. Para o crítico, a autoria teria implicações intelectuais práticas, nos estudos de cinema, a partir de um princípio empírico, na fruição dos filmes. O calcanhar de Aquiles dos acadêmicos seria a hegemonia das ideias que abdicam da experiência. Para Gallagher, deixou-se de ver os filmes para "lê-los".

> Não existe nenhum meio de ler um filme; nós vemos imagens e ouvimos sons, nós participamos de intensas ações físicas. A leitura é diferente. A ingestão do cinema e da música é estética, física, e possui uma característica fugidia que, em contrapartida, nunca é um problema na leitura [...] Todavia, "ler" os filmes ficou na moda há trinta anos, quando a semiótica declarou que toda coisa é signo significando alguma coisa que ela mesmo não é. Tudo, assim definido, adquiria fragilidade. Perdeu-se na definição o concreto dos sentimentos,

das imagens e dos sons (e dos fotogramas). Para compensar, a semiologia virou-se para os gêneros, as convenções e as ideologias, para os sistemas de signos, para a "linguagem".

Sua posição é radical. Na linha de Benedetto Croce, Gallagher argumenta que um signo representa uma coisa que não ele mesmo, mas que a arte, sua força poética, só representa a si própria. Os signos referem-se à "linguagem empobrecida da convenção", a linguagem da ciência. Gallagher dá o exemplo da *Pietà* de Michelangelo e escreve que é preciso "fazer a experiência da *Pietà* de Michelangelo como se fosse o único objeto de seu gênero antes de poder arriscar comparações". Ele se ampara na relação entre experiência e ciência, na necessidade de o empírico anteceder a prerrogativa científica. Esse é o coração de seus argumentos em favor da análise de uma obra. Mas seu ponto mais polêmico é outro, e diz respeito à essência do autorismo. Gallagher fala do amor pelos filmes como ponto de partida da relação do crítico com seus objetos de preferência. Que tipo de argumento é esse que parte do pressuposto da necessidade de amar um filme? Para os estudos científicos é coisa suspeitíssima, para dizer o mínimo. Mistificação e narcisismo. Como o amor pode ser um princípio da atividade crítica?

Jean Douchet, uma das penas mais entusiasmadas dos *Cahiers du Cinéma*, escreveu o artigo "A arte de amar" em 1961, ainda sob os efeitos da política dos autores, e fez do amor a prerrogativa essencial da crítica de cinema. A crítica como uma arte de amar, "fruto de uma paixão que não se deixa devorar por si mesma, mas aspira ao controle de uma vigilante lucidez. Ela (a arte de amar) consiste numa pesquisa incansável da harmonia no interior da dupla paixão-lucidez". Douchet propôs não um amor cego, mas um amor observante, ativo, empenhado no conhecimento do objeto amado. Gallagher não está longe dessa dinâmica. Se o amor é uma experiência de intensidade, o que guia a atividade reflexiva é o prazer, o gosto. O juízo do gosto.

Assim como para Douchet, o gosto é também o ponto de partida de Gallagher em "Narrativa contra o mundo".

O reconhecimento de um autor viria da experiência de gozo com sua obra. O crítico descreve que veio ao autorismo pela porta de trás, ou seja: descobriu que a maior parte dos filmes que amava eram assinados por John Ford. O autorismo, então, seria uma via de entrada para o mundo de uma obra.

> O que me impressionou quando eu vi o Partenon, o que nenhuma imagem dele tinha me levado a esperar, foi a experiência direta de sentir um pouco daquilo que era ser ateniense nos tempos de Péricles. Fazia eu a experiência de um gênero – a arte grega daquele período – ou de uma pessoa, Calícrates e Íctino, os arquitetos? De uma pessoa, sem dúvida nenhuma. A "arte grega" nunca existiu de outra forma a não ser como teoria, a não ser como sensibilidade em gregos particulares ("autores") [...] Alguns de nós fazem a experiência de semelhantes sensibilidades com um livro, uma pintura, o Partenon, uma ópera ou um filme; outros não [...] Existem numerosas objeções ao autorismo (que consiste em preferir Calícrates à "arte grega") e todas são válidas, na medida em que elas começam por definir o autorismo em função das próprias objeções. Mas não basta subir na cadeira e proclamar para as massas pagantes que os autores, como as pessoas, não existem porque nós não podemos defini-los cientificamente ou porque tal ou tal professor nunca se interessou por eles. Se você puder entrar num museu e reconhecer um Van Gogh antes de ter lido a placa, você é um autorista. Entretanto o autorismo incomoda os universitários, porque ele diz respeito à experiência, não à teoria, não a alguma coisa que se possa colocar num manual – a não ser por suas manifestações.

Sua insistência no que a autoria viabiliza não é preciosismo afetivo, mas a indicação de um caminho analítico que se permita uma experiência do filme, de uma imersão no mundo que ele apresenta em suas formas, no seu ritmo, numa emoção particular, cauteloso com teorias predeterminadas que muitas vezes não teriam muito a ver com o fato estético. Para Gallagher a recusa e a caricatura do "autorismo" nos meios universitários norte-americanos, mais precisamente na linha dos estudos culturais e na semiologia, é uma plataforma cientificista antiempírica sujeita a erros que não se limitam à má interpretação circunstancial, mas que às vezes estimulam todo um constructo teórico erigido sobre o equívoco.

> André Bazin sugeriu um dia que a montagem é invisível no cinema hollywoodiano, e durante décadas houve pessoas supondo que elas não deveriam prestar atenção na montagem, e que consequentemente a ignoravam. Certamente não era essa a intenção de Bazin. Mas sugestões que se perdem na fumaça de um café parisiense têm uma certa forma de reaparecer gravadas no mármore das universidades anglo-americanas. Se partimos de posições teóricas, toda esperança de experiência é diminuída, como se abordássemos a música com a firme intenção de negligenciar o ritmo. Existem tantas definições de autorismo quanto autores. "As pessoas enganam-se quando comparam um realizador a um autor. Se ele é um criador, é mais como um arquiteto", disse John Ford. Um filme tem tantos autores quanto há pessoas que nele deixam marca: atores, fotógrafos, decoradores, produtores, roteiristas. Considerar o diretor como autor é útil pela riqueza da experiência que daí pode resultar – o mundo do filme.

Tag Gallagher escreveu *John Ford: The Man and his Films* e *The Adventures of Roberto Rossellini: His Life and Films*, duas empresas monumentais, que conjugam biografia, pesquisa histórica e análise exaustiva das obras de dois autores centrais do século XX. Além de crítico, Gallagher é um historiador bastante desconfiado dos atalhos conceituais e das generalizações teóricas que tentam definir períodos artísticos, escolas estéticas e estilos. Para entender a forma de um filme ele recorre com muita acuidade às condições históricas e econômicas, relaciona-se com as teorias e os conceitos (ele as considera úteis, apesar de tudo), mas prefere o particular à generalização, a experiência singular de um filme às definições mais abrangentes. Sua interpretação parte das articulações internas de um filme e relaciona-as com o assunto em questão. É como se ele retomasse o caminho do pensamento e do movimento de sua estética. Existe, evidentemente, um caráter transcendental, platônico: a ideia que se plasma em forma, em representação, logo seu juízo se orienta para o sentido abstrato daquilo que é visível.

O que "Narrativa contra o mundo" faz é confrontar os estudos de cinema que se alojaram em teorias efetivamente fundadas na narrativa – daí seu título. Gallagher solicita por meio do autorismo uma ciência que não se aparte da arte, uma teoria que não se divorcie da experiência. É o empirismo norte-americano encontrando o autorismo. Ele considera que a teoria e a semiologia investem no aspecto prosa do cinema, não na sua poesia, e que quando notamos similaridades entre os faroestes nós consideramos sua prosa, não sua poesia. Gallagher conclui em seguida que "há necessidade dos dois", a prosa e a poesia. A exigência da necessária relação entre crítica e hermenêutica, poesia e ciência, revela uma insuspeita influência romântica (Friedrich Schlegel, Novalis) e o juízo fundado no gosto, mas com uma flexibilidade que tenta demonstrar e qualificar sua experiência. Diferentemente, por exemplo, da tautologia rivettiana em Howard Hawks, em que a evidência é uma constatação que só afirma a si própria ("O que é, é").

Gallagher escreveu dois livros e uma série de ensaios sobre seus cineastas de predileção como Fritz Lang, Samuel Fuller, Kenji Mizoguchi, Max Ophuls, Otto Preminger, Jean Renoir, Abel Ferrara, Pedro Costa, Danièle Huillet & Jean-Marie Straub, e, claro, Ford e Rossellini. O plano, a composição, o movimento no interior do quadro, assim como a fábula e a trama, compõem um mundo. Ele não é um catalogador de procedimentos que tenta provar um padrão recorrente numa cinematografia, como David Bordwell, mas sua obsessão é fazer uma cartografia das imagens dos filmes de um autor.

Hoje, Gallagher encontrou nos videoensaios um instrumento ideal para seus intentos. Um dos mais célebres é aquele no qual ele faz uma análise de uma sequência de *Mogambo*, de John Ford, em que Grace Kelly se encontra com uma pantera na savana africana e é resgatada por Clark Gable. Ele disseca a cena, repete os planos, os congela relacionando o movimento dos personagens em fragmentos de uma sequência em que ele justapõe, analisa o ritmo, as composições e a heterogeneidade entre os registros natural e de estúdio, evoca Kuleshov para indicar a relação entre planos e seus efeitos e delineia o movimento da natureza entre Eros e Tânatos. O videoensaio é breve, mas pródigo em inteligência, análise e observação (detalhista), além de ser uma desmistificação da montagem invisível de Bazin. Ele repete o procedimento analítico com outros filmes de John Ford em outros vídeos, como faz também com Ophuls e Rossellini. A coerência, no entanto, não é repetição, mas a identificação de elementos variáveis – similares ou não – que compõem um universo, ou, como ele prefere, um mundo.

Exemplo breve, mas significativo encontramos em "Lacrimae rerum materializado", ensaio sobre alguns filmes da dupla Danièle Huillet e Jean-Marie Straub. O próprio título indica a transformação de uma figura poética em matéria. No trecho que destacamos é analisada uma sequência de *Crônica de Anna Magdalena Bach* que descreve a materialização do amor de Anna por Johann.

> Na primeira tomada acima, Bach está lendo. O que poderia ser mais natural do que mostrar para quem ele está lendo? Este corte para Anna é o ângulo inverso típico de Hollywood (da esquerda para a direita), que em boa forma barroca é então imitado (plano #3) no movimento contrário de Anna (da direita para a esquerda) através da tela. Essa mudança de movimento "materializa" o amor de Anna por Bach com coreografia – porque o movimento dela responde à mudança de ângulo da câmera (do plano #1 para #2), como uma linha de música respondendo a outra.

A descrição do movimento evoca a música de Bach (abstrata e ao mesmo tempo matemática): simetria, senso de ordem, equilíbrio entre as partes, que se contrastam e complementam numa organização lógica. Essa visão de composição arquitetônica é de Bach, mas é também um traço determinante na obra de Huillet & Straub. Ou seja: o autorismo como campo vasto de relação, fruição e crítica. Aspectos mais amplos de uma obra podem ajudar a iluminar um filme e vice-versa.

Tag Gallagher acredita que só os autores podem nos dar uma percepção do fenômeno cinematográfico para além do que foi chamado de "convenções formais". Para ele, a ideia de "convenções formais" é um dos grandes embustes do pensamento cinematográfico. Sua tarefa é olhar criticamente para as obras compreendendo suas recorrências, rupturas ou descontinuidades, e assim faz um trabalho que antes de ser cronológico é sobretudo arqueológico. Vemos aí como os filmes são testemunhos exemplares de homens e mulheres que viveram numa época e se exprimiram de uma maneira ou de outra, criaram técnicas e desenvolveram estilos.

O valor do autorismo estaria menos num cânone e na aplicação de seu clássico conjunto de conceitos e critérios (esses são mutáveis, voláteis, relativizáveis), e mais na compreensão do cinema como um modo de expressão com suas próprias mediações e uma semântica própria. É isso que Gallagher tenta não perder de vista.

É preciso destruir o que restou da política dos autores?

Nas suas publicações dos anos 1990 e 2000, Noël Burch está próximo de Jean-Claude Bernardet no que diz respeito à compreensão da política dos autores, só que de maneira muito mais violenta, porque seu viés ideológico é enfático e sua rejeição ao ambiente intelectual francês, ao neoformalismo e ao viés "místico" e "moral" dos *Cahiers du Cinéma* constitui para ele verdadeiramente um programa: Burch pode mudar de trincheira teórica, mas seu combate à estética burguesa e à reificação da indústria do cinema norte-americano é um parâmetro incontornável e quase doutrinário. Burch é um materialista atento às formas plasmadas da realidade social nos filmes e, nas últimas décadas, aproximou-se dos estudos culturais (em especial a teoria feminista), aplicando-se a um exercício crítico mais abertamente sociológico que, segundo ele, diferente da crítica e da academia francesas, não negligencia as relações de classe no jogo de forças latente no cinema, tanto no interior dos filmes quanto em todo seu aparato técnico e econômico.

Burch escreveu uma série de livros nos últimos anos com interesse específico numa análise marxista do cinema, tanto em seu instrumental teórico quanto na abordagem de seus temas e objetos. Todos eles seguem inéditos no Brasil. Em *Revoir Hollywood* (Rever Hollywood), Burch reúne textos influenciados pela teoria feminista e pelos estudos culturais, que fazem uma revisão do cinema norte-americano clássico sob uma ótica distinta daquela que se consagrou na hegemonia da política dos autores. Em *Les Communistes de Hollywood: Autre chose que des martyrs*, em parceria com Thom Andersen, Burch trabalha com a contribuição dos comunistas que integraram a lista negra do macarthismo em filmes de Hollywood. Mais uma tentativa de reconfigurar a discussão sobre o cinema norte-americano numa abordagem que pende aberta e claramente (alguns dirão "anacronicamente"[13]) à esquerda marxista e à teoria feminista.

O fato é que Noël Burch, residente em Paris desde os anos 1950, sempre foi um crítico ferrenho da política dos autores e da Nouvelle Vague. Em 1959 ele escreveu o artigo "Qu'est-ce que la Nouvelle Vague?",[14] em que explica o movimento ao leitor acadêmico norte-americano. É um texto curioso, que revela uma rejeição levemente ideológica numa abordagem social e econômica do fenômeno. Sua argumentação é valorosa como documento histórico

---

13 Em "Cinéphilie et politique", Burch cita dois textos, "Ciné-mémoire. Ciné-bazar?" (*Cahiers du Cinéma*, n. 463, 1993) e a crítica de seu livro *Revoir Hollywood* (*Cahiers du Cinéma*, n. 510, 1997), que confirmariam a divergência da crítica francesa na tradição dos *Cahiers du Cinéma* com ele, considerado anacrônico politicamente.

14 *Film Quarterly*, vol. 13, n. 2 (inverno 1959), p. 16-30.

(uma oposição imediata cheia de prerrogativas), curiosa enquanto método (sua perspectiva é social e econômica), mas incipiente do ponto de vista crítico. No texto se faz sentir uma intriga paroquial, já que escreveu de dentro do ambiente cinéfilo parisiense.

Ao mesmo tempo que constrói sua plataforma como crítico desconfiado da Nouvelle Vague, ele reprova os primeiros filmes de François Truffaut, Claude Chabrol, Éric Rohmer, Jean-Luc Godard e Jacques Rivette, com um ranço bem norte-americano, a partir do argumento de não serem profissionais o bastante (começaram a dirigir sem experiência de *set*), dando importância cabal às deficiências técnicas (seriam filmes amadores, não profissionais), além de falar não só da economia dos filmes, mas do dinheiro dos diretores como Chabrol, burgueses de origem. Sobressai no texto um dado fundamental: os alvos de suas críticas são, sobretudo, os filmes realizados pelos Jovens Turcos, ainda que tenha com eles alguma condescendência ao indicar um valor autêntico e geracional nos primeiros longas de Truffaut e Chabrol. Contra os Jovens Turcos, ele elogia os filmes de Louis Malle (um cineasta acadêmico), ressalta que ele não escreveu nos *Cahiers du Cinéma*, que estudou cinema no Idhec (não era um autodidata como os Jovens Turcos), logo "é um diretor inteligente". Seu argumento é típico do pragmatismo (ou eficiência) técnico-artesanal da ideologia do cinema norte-americano que ele tanto recusaria posteriormente e revela um senso de hierarquia das obras (*A morte num beijo*, de Robert Aldrich, seria uma "obra-prima menor"), visão sisuda da grande arte, admirador de "assuntos profundos" e admiração pelo cinema de Luchino Visconti. Critérios diferentes daqueles da política dos autores.

Seu livro mais interessante e belicoso chama-se *De la beauté des latrines – Pour une poétique matérialiste du cinéma populaire* (Da beleza das latrinas: por uma poética materialista do cinema popular). O título diz bem a que veio: faz uma apreciação da poética do cinema popular do ponto de vista materialista. Estilo direto e pontiagudo, inteligente e violento na crítica ao patrimônio francês da cinefilia. Burch tenta destruir os mitos da cinefilia, ataca seu misticismo, sua indiferença ao substrato social dos filmes, a recusa do significado em nome de uma poética formal de interpretação livre, aberta e subjetiva. Sua artilharia pesada concentra-se principalmente nos artigos "Cinéphilie et politique" e "Cinéphilie et masculinité". Burch retorna às ideias da crítica de esquerda do pós-Segunda Guerra, defendendo que o significado está mais no texto que no subtexto. Ele cita Pierre Kast como referência exemplar:

> Meu primeiro mentor, Pierre Kast, um antigo integrante da Resistência, repetia sem cessar que um filme "está primeiro num roteiro", que o cinema "não era uma arte gráfica" (p. 69).

Para Burch, a doxa cinéfila prega a procura do sentido em outras coisas que não o roteiro, desse modo interditando a busca do significado do filme. De fato, os *Cahiers du Cinéma* na versão dos Jovens Turcos tentaram se desembaraçar do roteiro e investir no estudo da encenação, no filme menos como literatura (ou panfleto) e mais como arte visual, já que, obviamente, é feito de imagens que muitas vezes escapam ao sentido pré-determinado num roteiro. Para François Truffaut, por exemplo, o "cinema francês de qualidade", o cinema de roteirista, poderia ser muito bem uma ilustração de (maus) roteiros, esquemáticos ideologicamente e neutros na questão de um ponto de vista mais livre e pessoal. Essa visão dos Jovens Turcos era herdeira do vanguardismo francês (Louis Delluc), atento ao conteúdo inconsciente expresso na imagem, como também da fenomenologia de André Bazin, que concebia o cinema como uma questão de ontologia, não de linguagem.

Burch insurge-se contra o legado do autorismo francês reativando a velha bandeira da esquerda cinéfila, só que com mais sofisticação, atribuindo valor especial ao conteúdo político e às forças sociais tensionadas no enredo dos filmes. Para Burch a política dos autores sequestrou o cinema popular indevidamente, dando a algumas obras uma leitura equivocada e superestimando suas qualidades. Segundo Burch, um certo tipo de valorização intelectual do cinema norte-americano começa com os surrealistas, mais precisamente com Louis Delluc, que tinha uma atitude condescendente para com o enredo claro, e assim "demonstra um desprezo elitista para com os destinatários reais dos filmes populares [...] exibindo seu 'gosto sofisticado'". Burch acusa a leitura cinéfila de certos "artefatos populares" de ser uma leitura superficial.

Parte dos artigos de Noël Burch em *De la beauté des latrines* podem ser vistos de duas maneiras: um acerto de contas com a cinefilia de um ponto de vista político (algo que na verdade ele tem feito desde a década de 1970), mas também uma insistência em seus predicados ideológicos pessoais, que no seu discurso parecem marcar seu território de intelectual solitário, de pregador, de voz que clama no deserto e à qual poucos dão ouvidos. A guerra dele contra a cinefilia é também uma guerra simbólica contra os Estados Unidos e contra o conservadorismo dândi francês e formalista, que fez a defesa do autor cinematográfico numa cinematografia (a hollywoodiana) imersa numa ideologia espúria, imperialista, belicista, misógina, de elogio da dinâmica capitalista tornada hábito social e prática política, devidamente representados e mitificados. A função propagandística desses filmes norte-americanos seria ignorada solenemente pelo dandismo surrealista e o autorismo rebelde de direita, que viu arte onde só havia persuasão ideológica em forma de fascínio, cotejando as formas populares e pervertendo-as. Onde a política dos autores vê arte, ele vê o poder do capital em ação. Sua crítica visa ao filme como fenômeno social, mas numa análise um tanto passional.

> Ao denunciar essa hegemonia cinefílica, acredito que estou lutando, onde quer que eu esteja, contra esse desengajamento sociopolítico, esse pessimismo cultural impulsionado por um novo estrato de intelectuais de mídia. Em muitos disfarces, esse cinismo é desiludido e, sem dúvida, o adversário mais difícil de professores, pesquisadores e

> criadores que continuam a considerar a análise materialista dos fenômenos sociais relevantes – e o filme é, sem dúvida, um fenômeno social, não só em si mesmo, mas como um lugar de intercâmbio, para jovens estudantes, jovens leitores (p. 76).

Essa cruzada do crítico contra o pensamento forjado na política dos autores e no pós-estruturalismo das universidades francesas – onde ele atua – e na abstração de uma parte da crítica é um necessário deslocamento à esquerda, que tende a reativar a discussão do cinema dentro do processo cultural por meio de uma vigilante consciência social e política. Para tanto, Burch desconstrói o legado da cinefilia e a ideia particularista de política "dos autores", pois a política, na verdade, estaria no mundo e nos filmes, certamente polarizada entre dominadores e dominados: embate de classes, embate entre os sexos, entre concepções de mundo, entre o conservadorismo da ordem instituída e a rebeldia dos que se insurgem contra os simulacros erigidos pela força do capital. A abordagem mística da política dos autores teria suplantado e desvalorizado a manifestação do social nos filmes, tornando tola e trivial a solicitação de qualquer ressonância com a realidade. A forma e sua transcendência na cinefilia clássica seriam a prova cabal da existência do autor e de sua autonomia diante do sistema, ideia que Burch reprova.

> A cinefilia, acredito, pode acomodar tais asserções, desde que a noção de "substância" evoque nada além da relação entre argila e modelagem. Que a substância seja destinada, em suma, a desaparecer em forma e transcendência é a prova suprema da existência do autor autônomo (p. 73).

Burch tenta desestabilizar os paradigmas da história do cinema que foi contada do ponto de vista da geração cinéfila dos *Cahiers du Cinéma*. Para ele, o tipo de centralidade dada ao cinema norte-americano e à hierarquia de autores sugerida pelos críticos franceses era uma arbitrariedade, pelo motivo de que eles não conheciam todos os filmes realizados em alguns períodos históricos e criaram um cânone segundo o gosto individual ou do grupo, arbitrariamente. Um exemplo pequeno, mas significativo, é quando tenta desbancar D. W. Griffith. Ele escreve que a Vitagraph fazia filmes mais sutis, melhores, mais humanos e mais charmosos que os que Griffith realizava na Biograph no mesmo período. Ele não diz quais, mas marca seu terreno.

> Passei muito tempo apreciando alguns autores de Hollywood, repelindo uma "americanidade" de superfície à qual minha vida de expatriado me causava alergia. Para apreciar e estudar na medida adequada a estatura de Hitchcock, Lang e Vidor, tive que esperar as trilhas propostas por Tania Modleski e Robin Wood, respectivamente, por Reynold Humphries, Linda Williams e Robert Lang. E, no entanto, na busca de *insights* sobre seu trabalho (o de Howard Hawks) para as necessidades das minhas aulas, entendi melhor de onde eu venho e minha profunda aversão à cultura dominante do meu país natal (p. 239). [...] O culto a Griffith, juntamente com o a Howard Hawks, por exemplo, é, sem dúvida, prova da habilidade maravilhosa dos cinéfilos de ignorar o significado óbvio dos filmes, e repetir uma doxa de geração em geração (p. 75).

A sua ojeriza aos Estados Unidos é parte do motivo de seu exílio na França, onde, ao contrário do que se poderia imaginar, se vê na solidão intelectual, pois, para Burch, a crítica e a universidade lançaram-se à omissão política com seu discurso teórico-formal a partir da década de 1980. Intelectualmente, no entanto, ele se vê bem acompanhado pela teoria anglo-americana, ainda que reprove o desinteresse de algumas feministas pelas questões de classe.

Existe um lado puritano de Burch que é bem norte-americano. Sua observância radical de uma compreensão ortodoxa da ação e reflexão política é de uma rigidez e inadmissibilidade do contraditório que é exemplar. Se o princípio de uma certa cinefilia é o prazer, para ele a questão é, principalmente, a verdade evidente das coisas e sua eficácia. A ética e a literalidade da letra na contramão da mística dos Jovens Turcos e seus epígonos. Ao adotar com intransigência o marxismo como ferramenta de estudo e princípio inalienável de seus critérios de juízo, aparentemente ele prefere recusar as contradições como um mal a ser denunciado do que assumir que um filme é atravessado pelo jogo de forças da sociedade que talvez não se enquadra em suas determinações de correção e clareza ideológica. Seu árduo rigorismo de feição protestante possui uma fé política inabalável. A clareza do discurso o atrai como bom norte-americano que confia na eficiência da ideia, na economia dos meios, do pragmatismo lógico. Podemos dizer o mesmo de Tag Gallagher, guardadas as devidas diferenças (um é acadêmico e o outro, não) e inconciliáveis divergências (um é marxista e o outro, não). Gallagher, na sua abordagem esteta que exige objetividade histórica de seus objetos, ampara-se com ênfase lapidar na análise imanente das formas. Ele não desperdiça um plano, não ignora um lance de montagem, sabe que um tipo de perspectiva pictórica busca dizer efetivamente alguma coisa em termos morais, simbólicos ou sociais, questiona o teoricismo de vocação abstrata dos franceses, incluindo André Bazin. Por mais que os textos de Burch e Gallagher sejam diferentes e fundamentalmente convictos em pontos praticamente opostos – um é ideólogo e o outro é autorista –, não há em seus textos construções textuais de beleza abstrata e poética de evocação do sublime, como encontramos em Rohmer, Rivette ou Douchet. São eficientes e acreditam na beleza da objetividade, porque ela é moral (honesta intelectualmente) e formal (expressa uma ideia que se constitui em ação). Recusam a ambiguidade sem lastro da pós-modernidade e o simulacro. Preocupados sempre em fundamentar seus juízos, escrevem textos antitautológicos por excelência.

Burch não rejeita a autoria em si, mas sim a política dos autores porque ela se tornou, ao mesmo tempo, um entrave para a expressão política no cinema e um dos sintomas mais reveladores de um *modus* reconciliado da intelectualidade francesa no campo do pensamento sobre o cinema. Ele identifica nessa nova cinefilia uma reconciliação com a ordem das coisas e um atrelamento ao pensamento do "fim das utopias", que consistiu no retorno simultâneo da arte pela arte. Burch é um monumento contra a política dos autores. Sua ideologia é um funil extremamente restritivo. Os valores que defende não são necessariamente criativos e afirmativos, mas a soma das contribuições teóricas contra esse legado que ele identifica como o mal a ser combatido.

Apesar disso, Burch tem seus cineastas de preferência, que não diferem tanto do cânone da política dos autores, e ele é mais interessante – mais potente, vigoroso e exuberante – quando fala deles do que quando emite seus autos de fé: Fritz Lang ("que, afinal, estava conectado com Brecht"), Josef von Sternberg ("semelhante ao modernismo de um Diaghilev"), Alfred Hitchcock, King Vidor, alguns filmes *noirs*, que para ele fazem parte de um modernismo realista que "vai de Manet e Zola através do caráter dialético, analítico, objetivamente crítico de sua polissemia". Essa é sua defesa de uma modernidade do cinema e, se existe um autor, ele está subordinado a ela (suas citações a Manet e Zola comprovam), o que implica necessariamente lançar um olhar crítico sobre a sociedade. Essa é sua política, que não é "dos autores", mas que ao mesmo tempo não pode prescindir dos cineastas.

A política desaparece, o autor permanece. Então, uma (não) política dos impostores?

Começamos pelo foco inicial do incêndio: a política dos autores. Sua fortuna crítica é tão variada quanto complexa. Não podemos dizer que Jacques Rivette e Luc Moullet são como Éric Rohmer e Jean Douchet. O que eles teriam em comum seria a política dos autores como princípio e a *mise en scène* como um postulado estético, mas que, ao mesmo tempo, não era uma doxa fechada. Jacques Rivette possuía já nos anos 1950 uma didática argumentativa em que seus critérios tinham claras variações caso a caso. No seu ensaio "Santa Cecília", sobre *Bom dia, tristeza*, de Otto Preminger, ele começa com o chiste "Otto Preminger autor, se é que isso existe". Depois parte para a análise de seu artesanato cinematográfico ("imperfeito") e faz a defesa da *mise en scène* como arte visual que, diferentemente da pintura, tem como matéria o real, portanto algo a ser domado e que extrapola o cálculo formal. "A arte da *mise en scène* seria, em primeiro lugar, uma arte de construir ou modular o espaço e o tempo desejados: proporções perfeitas do quadro, arabescos das atitudes e o papel de Jean Seberg, tudo nos conduz a retomar em tom menor a afirmação final de Bernanos: tudo é graça." Um ponto de vista materialista pode repreender o texto por chegar à conclusão da "graça", mas há nele uma dialética efusiva entre o cálculo e a circunstância, entre a forma e seu inacabamento, entre a ideia e sua forma. O próprio Rivette posteriormente, em entrevista a Hélène Frappat,[15] declara que o critério de julgamento da *mise en scène* é demasiadamente impreciso porque não se pode apreender seu sentido. A *mise en scène* permitia dar nome ao mistério, mas não defini-lo, porque, obviamente, nem todos os diretores a faziam do mesmo jeito.

Voltar a essas questões é exaustivo. A começar por uma constatação simples: essa batalha do autor (a de provar que ele existe) foi vencida em outras artes. Alguém diria que Elmore Leonard é menos autor que William Faulkner porque escreve livros policiais? Claro que não, porque se sabe diferenciar duas poéticas do romance. Mas o cinema resiste a isso desde seus primórdios. Por ser uma arte coletiva e de indústria, é como se não existisse nela uma vocação para a autoria e seus diretores não tivessem procuração para se afirmarem autores. Depois de todos esses anos é mais fácil emplacar que Ingmar Bergman, Michelangelo Antonioni e Andrei Tarkovski são mais autores do que Howard Hawks, Jacques Tourneur e Raoul

---

[15] Hélène Frappat e Jacques Rivette, "Entretiens: Jacques Rivette avec Hélène Frappat". *La Lettre du Cinéma*, n. 10, 1999.

Walsh. Então, sob esse aspecto, a política dos autores não triunfou tão soberanamente.

Segundo ponto: como toda política, o dissenso. A defesa dos autores nos anos 1960 a que nos referimos não era uma teoria, era, não esqueçamos, uma política, e como política o dissenso era sua plataforma: "Esses diretores aqui representam o cinema que consideramos na contra-mão daqueles que cristalizam valores estéticos velhos e mais ou menos consensuais". A política dos autores era a constatação feliz (e sem contradições) do homem triunfando sobre a máquina. Eram autores não por causa de Hollywood, mas apesar de Hollywood. Já tardiamente, em 1978, Louis Skorecki escreveu em "Contra a nova cinefilia"[16] algo esclarecedor: "Não existe nenhum grande cineasta americano que não tenha, a seu modo, revelado o inverso (cúmplice ou denunciador) do sistema e suas estruturas. E não é por acaso que os filmes sociais de Ford se assemelham como duas gotas de água aos mais belos filmes socialistas da Rússia soviética. Um grande cineasta engaja-se sempre (e em todos os sentidos da palavra)".

Mas como ação tática a política dos autores fez a distinção entre os impostores e os grandes cineastas. Defendeu alguns cineastas contrapondo-os a outros. O critério do específico cinematográfico impôs-se (*mise en scène*) contra outros que eram extrafilme (de ordem ideológica, política, literária, calcados num padrão de qualidade) e refletiam uma certa conciliação perceptiva e formal. Era preciso reconfigurar os valores sob uma noção muito singular de moderno. A política dos autores foi gesto de vanguarda de críticos que queriam ser cineastas e identificavam suas paixões e seus modelos (os filmes e os autores), aqueles que seriam fiadores de sua revolução jacobina.

Podemos até não acreditar na política dos autores como doxa intransigente e fechada, mas sem dúvida sabemos que o autor é provavelmente quem seria responsável pelo estilo do filme, por transformar um assunto (ou uma

---

[16] Louis Skorecki, "Contre la nouvelle cinéphilie". *Cahiers du Cinéma*, n. 293, out. 1978, p. 31-52.

moral) em forma. Ora, mas então, qualquer um pode ser autor? Aparentemente, sim. Mas esse direito à autoria amplo, geral e irrestrito não coaduna com a solicitação de autoria da política dos autores.

Terceiro ponto: permanece o autor, abandona-se sua política. O "cinema de autor" hoje pode ser um mar de redundância e de distinção esnobe, mas vulgar. Vemos como Hollywood aspira a alguma dignidade ao criar seus autores de proveta com etiqueta de *art* (Christopher Nolan, por exemplo) para afirmar que existe cinema arrojado na sua linha de montagem. Também os festivais europeus estão sempre à caça dos autores. Convenhamos que emplacar Xavier Dolan como autor de prestígio é um feito e tanto. Esses cineastas, Dolan e Nolan, são dois engodos tomados como grandes artistas. São representantes de um *status quo* cinematográfico – cada um na sua seara – em que os efeitos de superfície e os truques de persuasão do espectador dizem respeito somente a si próprios. Seus afetos funcionam um pouco como aqueles estimulados pela publicidade, em que a imagem contém um significado codificado, por isso faz sucesso com grande parte do público e da imprensa especializada. Eles dão o que se espera. São autores? São assim considerados. O autor, portanto, está vivíssimo, ele é antes de *existir*. Um deus, como disse Bernardet?

Porque, por mais que o autor tenha morrido como conceito idealista, ele hoje se erige redivivo no cinema contemporâneo. O que podemos dizer é que, mais de trinta anos para cá, o autorismo foi revestido de um cinismo que reside, sobretudo, no tipo de defesa que se faz da autoria. Por que cinismo? Porque a ideia de autor, antes de apresentar possibilidades críticas (como foi com a política ou o anti-humanismo), as neutraliza. O autor virou uma *commodity* do cinema contemporâneo. A grande indústria e os festivais europeus (Cannes à frente) decidem quem são os autores da vez, e, claro, chancelados por uma crítica pouco interessada, pouco interessante e que coloca poucos problemas para si própria. As revistas *Cahiers du Cinéma* e *Les Inrocks* se limitam a fazer a crítica de rotina dos festivais e do circuito. Suas listas de melhores do ano pouco ultrapassam o cardápio de Cannes, e não parece claro o que, de fato, defendem em termos de critérios e ideias. Qual ideia defendem? Quais autores? Contra qual cinema se insurgem? Como disse Jean-Luc Godard, os autores ficaram, mas suprimiu-se a política que consistia em dizer que nem todos são autores.

o gosto, o amor pela obra e o crítico

Jean-Claude Bernardet (2017)

Em banca de doutorado, Jacques Derrida disse ao candidato que ele tinha demonstrado que *Polyeucte*, tragédia de Corneille, era construída em espiral. Mas que não tinha demonstrado que era uma boa peça.

No início dos anos 1960, quando eu tinha uma coluna diária no *Última Hora*, uma amiga disse-me que meus melhores artigos eram sobre filmes ruins.

O crítico (pelo menos eu) que escreve sobre um filme que ele ama, que o levou a uma intensa emoção, que o transformou a ponto de sentir que tem um antes e um depois, esse crítico nunca fica satisfeito com seu texto sobre a obra. O texto nunca alcança a obra. Nem a emoção. Há uma vontade de ir além desse texto redutor, mas a obra sempre fica além. Se o crítico não se contiver, o texto corre o risco de se tornar opinativo, adjetivado.

Mas nessa limitação manifesta-se outro problema. Num livro que para mim foi formador, *A realidade figurativa*, Pierre Francastel defende a ideia de *pensamento plástico*, irredutível à linguagem verbal, assim como o pensamento musical é irredutível ao verbal. O verbal pode se aproximar dessas obras, contribuir para sua compreensão e enriquecer a emoção do observador/ouvinte, mas o verbal nunca dá plenamente conta da obra, não se apropria dela.

O mesmo ocorre com os filmes.

domínio brasileiro – anos 1950 e 1960

Jean-Claude Bernardet

EM 1949, a questão da autoria cinematográfica está lançada no Brasil. A revista *A cena muda* publica um artigo com um ponto de interrogação de página inteira, intitulado "Qual é o autor de um filme?".[1] O articulista é Henri Agel, e a revista obteve o texto pela agência SFI, divulgando assim discussões que se desenvolviam na França. Agel cita Pierre Leprohon, que se opõe à ideia de que o autor do roteiro seja o do filme: "Um filme é feito para ser visto, como um livro é feito para ser lido [...] O autor só pode ser aquele que faz as imagens". Tomando apoio em André Bazin, Agel é favorável a essa posição: "É o realizador que é o autor da obra que vemos na tela", e isso graças ao "estilo do *metteur en scène*". Conclui com Jean Renoir: "A era dos produtores está terminada, a dos realizadores chega a seu fim. Entramos na era dos autores do filme". Renoir, Cocteau, Clouzot etc. são autores, como foram – o conceito tem valor retrospectivo – Chaplin, Méliès, Stroheim, Eisenstein e outros.

A questão está lançada, mas não pega nenhum reflexo das posições avançadas por Agel nos artigos produzidos pelos articulistas da revista, entre os quais Alex Viany e

---

[1] *A cena muda*, Rio de Janeiro, n. 40, 4 out. 1949.

Antônio Moniz Vianna. Poucas semanas depois, o próprio Leon Eliachar, editor da revista, embora reconhecendo que uma história "poderá ou não transformar-se numa obra de arte", que "um grande tema pode ser desperdiçado diante das câmeras, como um tema banal ser valorizado", afirma em artigo intitulado "Cinema-arte": "Dedico grande parte de minha atenção ao argumento de um filme. Talvez mesmo seja a coisa principal de um filme, em torno do qual giram todas as outras coisas. O argumento de um filme não deixa de ser sua essência, sua razão de ser, e tudo mais age em sua função. O filme existe, verdadeiramente, por causa da história".

É difícil entender por que *A cena muda* divulgou o artigo de Agel, pois parece-me evidente que não corresponde a preocupações dos críticos cinematográficos da época. Talvez tenha sido publicado simplesmente porque proposto pela agência de que a revista adquiriu também outras matérias. Se a revista tivesse realmente se proposto a lançar uma discussão em torno da autoria cinematográfica, não teria publicado Agel, cujo texto não ultrapassa o nível da divulgação banal, mas, por exemplo, o manifesto de Astruc, ou artigos e pronunciamentos de Renoir ou L'Herbier, que estavam mergulhados na polêmica.

A questão não interessa aos críticos, e acredito que tampouco interessa aos cineastas. Nas mesas-redondas e nos congressos sobre cinema brasileiro ocorridos em São Paulo e no Rio de Janeiro entre 1951 e 1953 – conforme estudo de José Inácio de Melo Souza[2] –, em momento algum a questão da autoria é levantada. Das diversas comunicações de Alex Viany referentes ao argumentista e ao roteirista, não consta a palavra *autor,* e os congressos consagram a expressão *escritor de cinema.*

Quem se arriscar a rastrear a palavra autor nos textos sobre cinema escritos no Brasil no início dos anos 1950 poderá ficar decepcionado. Luiz Carlos Bresser-Pereira dedica duas crônicas a questões de vocabulário cinematográfico. Na primeira (1953) a palavra autor não é citada, na segunda (1954)

---

[2] José Inácio de Melo Souza: "Congressos, patriotas e ilusões: subsídios para uma história dos congressos de cinema", 1981, datil., 183 p.

a palavra comparece e designa "quem escreve a história do filme". É com esse sentido que em geral os críticos fazem uso da palavra, e mais raramente como sinônimo de *diretor, realizador* ou *cineasta*. O que não implica que esses críticos menosprezem o diretor, ao contrário. "Não fosse, porém, Minelli o diretor que demonstrou ser e, embora ótimo, o roteiro de *O papai da noiva* não daria a fita que deu, tantos exemplos temos de péssimas fitas orientadas por excelentes roteiros", escreve Almeida Sales (1950).

> Teríamos provavelmente uma fitazinha, não fosse a direção de [William] Wyler, mas não se pode negar ao *script* de [Howard] Koch unidade dramática e análise psicológica. É ao diretor, porém, que se deve atribuir 90% do valor da fita. As poucas qualidades possivelmente positivas do roteiro desapareceriam, se fosse outro o diretor,

escreve Bresser-Pereira (1953), que, em outra oportunidade, afirma ser o diretor "o verdadeiro criador da obra cinematográfica, enquanto arte" (1954). Essas duas citações, entre dezenas de outras possíveis, mostram como os críticos brasileiros atribuem ao diretor o papel decisivo na realização de um filme. Raros são os que não fazem dele a peça-chave do filme, como determinado crítico que fala dessa "trindade cinematograficamente indivisível: produtor-escritor-diretor". A importância atribuída ao diretor é imensa, mas não suficiente para se falar em autoria, embora crie um terreno propício para o desenvolvimento desse tema.

A ausência de emprego mais específico da palavra autor impede que o tema da autoria possa ser rapidamente significado nos textos críticos: as palavras fetiches faltam. Mas isso implica que os críticos se desinteressam totalmente da questão? Sem dúvida, a resposta tem que ser afirmativa em relação a alguns, por exemplo a redação da *Revista de Cinema*, de Belo Horizonte. Particularmente dedicada a uma revisão do método crítico nos primeiros anos 1950, a *Revista* constituiu um dos mais importantes focos de reflexão crítica no Brasil, voltada para o neorrealismo e os teóricos italianos. Silviano Santiago escreve em 1955:

Até perto de um ano o conhecimento cinematográfico no Brasil (crítico principalmente) tinha total influência francesa – em menor escala, inglesa; desta época em diante o aparecimento de revistas e livros especializados italianos ocasionou uma reviravolta de pensamento. Ou em outras: o que era francês é, agora, italiano

– e soviético, poderia ele acrescentar. "Somente na União Soviética, sob a vigilância protetora dos teóricos do marxismo-leninismo, a crítica [cinematográfica] foi capaz de acompanhar o progresso da sétima arte […]", escreve Salvyano Cavalcanti de Paiva em 1954. É evidente que essa formação ideológica não levava a *Revista* a se preocupar com a autoria, mas ela constitui uma exceção – a maioria da crítica cinematográfica brasileira, sobretudo na primeira metade dos anos 1950, sem chegar a levantar a questão da autoria, dá ao diretor uma valorização que o encaminhará para a autoria.

No entanto, um dos documentos que talvez mais comprovem quanto a política dos autores demorou para penetrar no âmbito brasileiro e como não se aclimatou plenamente – a não ser em alguns críticos que estudaremos a seguir – é o catálogo *História do cinema francês, 1895-1959,* editado pela Cinemateca Brasileira em 1959. Apesar de José Sanz colocar René Clair "entre os grandes autores de filmes" e afirmar que *Por ternura também se mata* "é o reencontro de um autor com o povo de sua amada Paris", pode-se dizer que o autor e sua problemática não são objeto de reflexão e preocupação dos responsáveis pelos vinte capítulos da publicação. Assim, Fernando Ferreira emprega o termo autor uma vez a respeito de Abel Gance sem lhe dar nenhum destaque; o mesmo fazem Antônio Moniz Vianna com Marcel L'Herbier e Nelson Dantas com Cocteau. Ora, trata-se justamente de Gance, L'Herbier e Cocteau, trata-se do cinema francês, que vivia intensamente essa problemática, e já estamos no fim da década. No entanto, dos vinte capítulos, dezessete são consagrados a diretores, o que é significativo: a política não se implantou como problemática, mas ao diretor se atribui papel de destaque, o que se pode verificar em afirmações como a de Moniz Vianna sobre Max Ophuls: "A verdade é que nunca prevaleceu senão o estilo do diretor [...] Todos os elementos mais característicos do estilo do diretor e que culminaram no delírio de *Lola Montès* [...]." Podemos tentar investigar em outra direção, por exemplo na produção crítica de Rubem Biáfora, que exalta o papel do diretor:

> A quem responsabilizar por esse resultado muito razoável, quase bom? A direção, apenas? Os autores do entrecho? O roteirista? O cenógrafo? O fotógrafo? Os intérpretes? O músico? É claro que ao diretor Byron Haskin *Estranha fascinação* deve, provavelmente, a maior percentagem de suas qualidades.
>
> Objetivamente, o roteirista é quem deveria resolver o que deve ser ou não aproveitado e melhorado na história que está adaptando ao cinema: na prática isso é resolvido pelo produtor, pois é, geralmente, quem manda e opina sobre o espírito e as proporções em que deseja a obra; em tese, porém, todas essas coisas deveriam ser atribuições do diretor.

Essas citações dão ideia da importância conferida ao diretor, que merece um atributo que não se aplica aos outros responsáveis por um filme: Edmund Goulding é qualificado de "diretor de personalidade"; de John Brahm, diz-se que não encontrou "nenhuma possibilidade de realizar qualquer coisa mais de acordo com sua personalidade"; "Howard é realmente um diretor que sabe o que é cinema e que tem personalidade". O papel atribuído ao diretor e a insistência em sua personalidade poderiam encaminhar-nos para uma ideia de autoria. No entanto, tudo indica que o pensamento de Biáfora segue outra trilha, assinalada pela expressão "um diretor que sabe o que é cinema". O que vem a ser? Encontramos um esboço de resposta em textos do próprio Biáfora. *O bandido* "foi realizado com uma surpreendente e acertada noção do que seja cinema", enquanto *"Roma, cidade aberta* nada tinha a ver com aquela coisa chamada cinema e [...] portanto, em absoluto podia ser considerado um grande filme, uma obra de arte"; o diretor Ernest B. Schoedsack tem "uma mentalidade bastante fora das reais exigências da sétima arte"; tudo que Cocteau concebeu em *A bela e a fera* "é inapelavelmente algo muito diverso daquilo a que na verdade se pode dar o nome de cinema". Essas citações, que poderiam multiplicar-se, deixam entender que para o crítico existe um valor de cinema em si, um ideal, o qual está acima do diretor e faz com que determinados filmes enquadrados nesse ideal tenham valor cinematográfico, o que não acontece com os que ficam fora dele. Esse ideal encontra-se sobretudo no "grande cinema nascido com a República de Weimar" e no que se consideram suas influências sobre o "germanizado cinema americano". Em função disso pode-se comentar *Mazurka* dizendo que "quando um filme germânico passa para a história do cinema, podemos estar certos que de fato é um filme de cinema".[3]

Tudo indica que esse conceito de cinema se vincula a um ideal humanista:

> essa parte humana [de *Crime submarino*] existe assim grande e lograda unicamente porque o filme é isto, apenas isto: autêntico cinema. Ora, ao falar em cinema, em grande cinema, só podemos estar nos referindo àquele cinema e àquela grandeza que são conseguidos através da plástica e do ritmo, através de uma maneira pessoal de encarar e tratar todos os elementos, através de uma concepção de vida que seja ampla, serena, generosa, artisticamente honesta, através de uma inteligência e capacidade para fazer as enquadraturas, as durações para *jogar* as sequências.

E *O morro dos ventos uivantes* é "de uma pureza, uma funcionalidade tão singulares que seu ritmo de ficção e sua essência humana – duas coisas que, em cinema, quase não podem existir uma sem a outra – atingem um significado que se acaba tornando misterioso tão grande é".

Esse ideal, que combina procedimentos de linguagem cinematográfica com valores humanistas, leva Biáfora a uma postura normativa: "*Tarzan e as sereias* resulta na única película da série onde existe um certo sentido do que *deve*

---

3 Talvez seja essa a origem da qualificação do *O bandido da luz vermelha* como *filme de cinema* nos letreiros iniciais do filme. Também *Mercadores de intrigas*, de Ray Enright, é considerado um *filme de cinema* por Biáfora.

ser o verdadeiro espetáculo cinematográfico, do que *deve* ser um filme de aventuras na selva, do que *deve* ser uma obra deste gênero" (grifos meus).

O que ocorre com o diretor que não se adequar ao *deve*? Apesar de ter realizado um bom filme com *Estranha fascinação,* Haskin

> *erra* algumas vezes em algumas coisas. Exemplo: depois que Kay e Frankie logram passar pelo guarda na ponte, Haskin *deveria* ter feito o automóvel percorrer um pouco mais de estrada, jamais chegando tão automaticamente à casa de Douglas, o que quebrou o "suspense". Esse é um erro que, mesmo constando do roteiro, ele *devia* ter corrigido quando lhe viu o resultado. [...] O indiscutível é que este *Nas garras da fatalidade* é o tipo do filme realizado por quem não sabe fazer a coisa [...] tudo é errado, fora de lugar, inorgânico. No meio de tanta procura, tanta pretensão, não há uma sequência que dure o que deveria durar, ou que seja o que *deveria* ser para que o espectador a pudesse sentir devidamente (grifos meus).

É em função dessas mesmas afirmações que se poderá falar do "teor anticinematográfico" de *O boulevard do crime.*

Biáfora articula o trabalho do diretor com o produtor ou o estúdio. E encontramos então as dissensões conhecidas: William A. Wellman poderia ter sido "completamente anulado pela impiedosa engrenagem do cinema-indústria". *Passaporte para o céu* é elogiado por ter sido "produzido fora da engrenagem industrial". *O gênio do mal,* filme norte-americano independente, produzido por exibidor, torna-se "digno de atenção" por "possuir uma feição diferente de não produtor do habitual cinema hollywoodiano".

> Em Hollywood, verdadeiros diretores de cinema [...] devido ao controle exercido pela indústria, são obrigados a sufocar sua capacidade criadora e a aplicar somente uma mínima parte do mundo de conhecimento cinematográfico que realmente possuem. Quando seus filmes não são as obras-primas que eles podem realizar a qualquer momento, tal fato nunca se dá porque falharam em qualquer um dos mil elementos que

compõem uma direção, mas sim, *quase sempre*, tais inconsistências ou debilidades já estavam *impostas* pelo plano de produção devidamente aprovado pelo estúdio e pelo produtor e ao qual é quase impossível fugir.

Essa visão negativa da indústria não impede que produtor e estúdio possam ser preciosos aliados do diretor. Por exemplo, a respeito de *Romance carioca*: "No tocante aos *auxílios* dos elementos *técnico-artísticos* do estúdio – dos quais aliás era lícito esperar o maior coeficiente das possíveis qualidades do filme – pode-se dizer que são sempre os mais efetivos que poderiam caber nas circunstâncias". Tais *auxílios técnico-artísticos* podem não estar isentos de pressões por parte do produtor, mas nem por isso são prejudiciais, como se pode verificar no seguinte comentário sobre um dos filmes mais prezados pelo crítico em toda a história do cinema:

> Mas tudo nos leva a crer que estamos diante de um daqueles fatos que somente de raro sucedem, de um desses casos excepcionais nos quais a relação de forças entre o lado negativo (aqui o produtor, a rotina, o círculo vicioso da indústria etc.) e o lado positivo (as possibilidades por demais exuberantes do assunto, a imperiosa e a custo contida necessidade de William Wyler de fazer cinema, o talento dos roteiristas, músicos, cenógrafos, *cameramen,* montadores, a sensibilidade e o valor dos intérpretes) acaba dando a medida certa para um resultado singular, para um resultado que só pode ser o surgimento espontâneo de uma verdadeira obra de arte. E tão isso é verdade que, possivelmente, caso seus realizadores tivessem tido uma liberdade maior de criação, as circunstâncias e contingências já não engrenassem com o mesmo acerto. E então poderia o cinema ter ganho mais um outro filme como tantos que ele já tem, ou seja, um filme apenas repleto de recursos de forma, um filme de marcadíssimo tratamento. Mas, jamais, teria logrado uma obra como *O morro dos ventos uivantes.*

Finalmente, o produtor pode se tornar o responsável positivo pelo filme:

> parece-nos [que] *Cidade nua*, mais do que do diretor, é filme concretizado à feição de Mark Hellinger, norte-americano típico, jornalista multiforme, escritor, teatrólogo, repórter, roteirista, correspondente de guerra, antigo produtor da Warner e, ultimamente, produtor independente, responsável por *Os assassinos,* de Siodmak, por *Brutalidade,* também de Dassin, e por esta fita [...] Aliás películas nos moldes desta têm sido sempre mais de seu produtor que dos diretores.

Faltou mencionar o sempre elogiado Val Lewton, do qual falaremos adiante. Tanto os caracteres positivos dos produtores e da indústria como os negativos remetem sem dúvida ao diretor; no entanto eles são aferidos por possibilitarem ou dificultarem a concretização desse ideal – o cinema – superior tanto aos produtores como aos diretores. Tal me parece ser o pensamento básico de Rubem Biáfora. Esse valor superior possibilita-lhe erguer o diretor na medida em que, em seus filmes, concretiza esse ideal, essa norma acima e independente dos diretores, dos produtores e dos filmes. Isso não direciona o pensamento de Biáfora para a autoria, pelo menos no sentido proposto pela crítica francesa.

B. J. DUARTE

A julgar pela quantidade de referências a críticos franceses, a André Bazin e aos *Cahiers du Cinéma,* temos em B. J. Duarte um crítico muito mais próximo do pensamento francês que Biáfora. Não é, porém, o que revelam seus textos. O termo autor comparece em seus textos com moderada frequência e praticamente nunca com destaque. Assim pode-se dizer que "Pietro Germi nunca foi propriamente um criador. Será talvez um hábil adaptador, certamente um bom aproveitador de fórmulas e de estilos, quaisquer que sejam [...] [em *O ferroviário* apropria-se] seu autor das normas consagradas do melodrama [...]" (1958).

Como já vimos, a não valorização do autor não impede que se destaque o diretor: "O diretor do filme, eu não o conhecia – Blake Edwards. É preciso agora atentar para ele.

Hienas do pano verde é fita sem muita profundidade, de fato. Mas com que talento está ela dirigida" (1957).

O destaque conferido ao diretor nunca leva B. J. Duarte a uma sacralização, o que, aliás, parece caracterizar a postura desse crítico constantemente cioso em manter distância em relação ao filme ou cineasta que comenta, pelo menos quando esses são estrangeiros. Avaliemos pelo seguinte texto sobre o admirado Lang:

> O grande Fritz Lang, envelhecido, decadente, sem mais força para rebelar-se, talvez por necessidade de manter a existência, a viver-se uma só vez, aceita o que se lhe põe às mãos, limitando-se a transformar isso em imagens, a cozinhar o material em água morna, sem mais aquele calor, que fazia de suas fitas um trecho ardente da própria realidade. *[Suplício de uma alma]* foi feita realmente assim, em água morna, com a displicência, o desânimo e a consciência pesada de quem está realizando obra de rotina apenas para justificar um ordenado de fome, ao fim de uma quinzena. O argumento do filme, entretanto, tinha suas pretensões – um libelo contra a pena de morte –, tema, como se vê, muito próprio para enternecer e entusiasmar o Fritz Lang de outros tempos, o homem que criava peças arrepiantes de verismo, como aquela *Fúria* [...] (1957).

O destaque ao diretor tampouco lhe atribui exclusividade alguma na realização de um filme. Vejamos esta interessante formulação:

> O que me interessa [...] é a forma inteligente por que seus produtores realizaram essa película de autores e de atores. Em verdade, *Vidas separadas* é uma peça em que seus vários autores – Terence Rattigan, primeiramente, autor do argumento e coautor do roteiro, John Gay, o outro roteirista, e Delbert Mann, diretor da fita e seu autor-mor, por conseguinte – desejaram [...] uma película de grandes atores realizada por grandes autores [...] (1959).

O que não impede que de vez em quando, mas raramente, a política dos autores ecoe em textos de B. J. Duarte, por exemplo nesta crônica anunciando a estreia de *A morte passou perto*, de Kubrick, "jovem diretor do cinema norte-americano, muito em evidência atualmente":

> a coragem de seu autor em apresentar certos problemas humanos [...] Por ser, pois, assinada por Stanley Kubrick é que *A morte passou por perto* deve ser uma película importante [...] [ele] não só concebeu o argumento do filme como escreveu seu roteiro, dirigiu a fita, iluminou sua fotografia, montou e editou a peça, encarregou-se, portanto, dos setores mais importantes da criação cinematográfica, tornando sua película uma obra personalíssima, coisa rara no sistema de produção norte-americano [...] [esse] autor inegavelmente [é] uma das grandes esperanças na renovação humana do cinema norte-americano [...] (1958).[4]

Essa formulação – conforme a qual uma película deve ser importante por ser assinada por determinado diretor – é inusual em B. J. Duarte, mais afeito a comentários como os que lemos sobre *Suplício de uma alma*, os quais não aproximam seu autor da política.

Em outros críticos que, como Rubem Biáfora ou B. J. Duarte, começaram a escrever nos anos 1940 e desenvolveram a parte provavelmente mais densa de sua produção na década de 1950, podemos encontrar conceitos mais próximos da crítica francesa da época.

ANTÔNIO MONIZ VIANNA

É o caso de Antônio Moniz Vianna, cujos textos citam inúmeros críticos estrangeiros, com clara predominância dos franceses, em particular dos *Cahiers du Cinéma*. Nem sempre Moniz Vianna concorda, principalmente quando os franceses fazem oposição a John Ford; de qualquer modo, não

---

[4] As citações de B. J. Duarte foram extraídas de textos publicados na *Folha da Noite* e na *Folha Ilustrada*.

resta dúvida de que acompanhava a produção crítica francesa. Quando, em fins de 1949, Moniz Vianna tece fartos elogios a *O boulevard do crime* e fala do "mundo" de Marcel Carné, seu vocabulário deixa perceber que gira numa órbita propícia para aceitar a ideia de autoria. Em realidade, essa ideia não norteia as crônicas que, nessa época, escreve para sua coluna "Clássicos do Cinema", na revista *A cena muda*. Aliás, Moniz Vianna pediu-me mais de uma vez para não dar muita atenção a esse momento de sua produção, que julga pouco "crítico". Embora esses *clássicos* sejam principalmente produções da indústria norte-americana, Moniz Vianna valoriza o papel do diretor, a quem tende a atribuir as qualidades de um filme, sem que por isso se possa inferir a ideia de autor. O diretor orquestra a equipe técnica:

> A influência [do diretor John] Brahm sobre a qualidade e o estilo da fotografia, impondo suas ideias ao *cameraman*, determinando-lhe o ângulo e a iluminação que lhe parecem mais adequados, é incontestável [...] Além do *décor* [cenografia], Brahm usa o som de maneira expressionista (1949).

Fala-se na "verdadeira personalidade artística" de Brahm, e nota-se uma preocupação com algo como a coerência interna do conjunto da produção: "nem *A moeda trágica* nem *Singapura* parecem provir do mesmo homem que nos deu *Concerto macabro*".

Aliás, apesar da valorização do produtor Val Lewton e da marca deixada por ele no conjunto de sua produção, os elogios pela qualidade de *A morta-viva* recaem sobre o diretor Jacques Tourneur, o que não é dizer pouco. Outra indicação fornecida pelos "Clássicos do Cinema" é o uso relativamente frequente do termo *estilo*. Já nos deparamos com um "estilo da fotografia", poderemos encontrar um "estilo expressionista", mas muitas vezes a palavra aplica-se a um diretor: "o verdadeiro estilo livatkiano", ou "Milestone, num tema assim adaptado a seu estilo, realiza uma obra admirável".

Na sua produção no *Correio da Manhã,* de que Moniz Vianna me forneceu uma amostragem dos anos 1950 e 1960, o termo autor não é frequente e poderá designar os "autores da história", os argumentistas e/ou roteiristas. Tampouco se fala em política dos autores. No entanto, muitos de seus temas estão presentes, como se pode verificar no comentário de *O sol brilha na imensidade,* que data de 1952: "Ford não se limita a retomar um tema que já havia explorado, como reitera a fidelidade do artista a si próprio. E, ainda que se repetindo, se renova".

Temos um exemplo dessa fidelidade: em *Crepúsculo de uma raça,* uma personagem feminina oferece "outra fordiana oportunidade para Elizabeth Allen (quase outra Mary Kate em *O aventureiro do Pacífico),* agora mais na linha em que Joanne Dru, admirável Denver (*Caravana de bravos*), retransmitiu em outro tom a humanidade da antológica Dallas vivida (em *No tempo das diligências)* por Claire Trevor".

O personagem é apresentado como uma constante modulada por várias atrizes. Essa permanência de Ford será afirmada reiteradamente por Moniz Vianna, sobrevoando a diversidade fordiana: em *Marcha de heróis* (1959) – "o historiador se revela em Ford através de muitas fisionomias, e se muda a expressão na face, nunca muda o espírito, isso que faz o homem e o artista".

Essa concepção de cineasta e artista apoia-se em grande parte na noção de estilo. *Marcha de heróis* "retira sua importância do fato de ser o estilo fordiano em toda a linha". Mas, na documentação que possuo, é num artigo datado de 1963 sobre *Gunga Din* (1939), de George Stevens, que Moniz Vianna explicita mais claramente sua noção de estilo. O filme

> surpreenderá, entretanto, aos que limitam aos títulos mais consagrados – como *Um lugar ao sol* e, acima de todos, *Os brutos também amam* – o conhecimento da obra de George Stevens. Não há qualquer aproximação: o estilo do cineasta é marcado preferencialmente no ritmo da narrativa, lento sem a obrigação da austeridade, e *trabalhado* na inter-relação (ou intercomunicação) da imagem através das mais longas fusões do cinema. Mesmo na comédia [...] não se afasta Stevens desse ritmo que o identifica até no eventual insucesso, do qual *O diário de Anne Frank* e mais ainda *Assim caminha a humanidade*

são exemplos. Todos os filmes citados foram feitos depois que Stevens sedimentou seu estilo – o que ocorreu não muito longe de *Gunga Din*, ou já em 1941, com *Serenata prateada*. Mas, também com a obra anterior de Stevens, um Stevens indiferenciado artisticamente [...] é tão estranha sua presença [de *Gunga Din*] na filmografia do cineasta quanto os dois musicais de Fred Astaire [...] que Stevens, sem luz própria, realizou [...] [em *Gunga Din*] é outro Stevens, de furiosa agilidade, do corte direto e fulminante – numa narrativa sem fusões.

Paira uma dúvida: Moniz Vianna informa tratar-se de uma reprise em versão provavelmente reduzida do filme de 1939. Como essa indicação não está assumida no comentário, torna-se difícil identificar a origem dessa "furiosa agilidade". Por outro lado, o artigo não esconde seus esforços para encontrar uma ordem no conjunto dos filmes de Stevens. De qualquer forma, o texto fornece dados sobre o que Moniz Vianna entende por estilo: identifica o cineasta; consiste em procedimentos de linguagem, e não faz referência à temática; é uma elaboração ou "sedimentação", a qual se opõe à indiferenciação artística e depende de "luz própria"; mesmo sedimentado, o estilo não é garantia de sucesso, embora o texto não especifique se o insucesso de *O diário de Anne Frank* e *Assim caminha a humanidade* é comercial ou artístico, mas a segunda hipótese é mais provável.

Apesar da valoração do estilo como identificação do cineasta, Moniz Vianna tem também outra concepção de estilo, mais modesta. Em 1963, dirá de *Escravas do medo,* cujo roteiro é difícil elogiar, tratar-se acima de tudo de

> um exercício de estilo. Um exercício feito com verdadeira volúpia e concentrado num tripé – fotografia (movimento de câmera, claro-escuro), *décor* e *montage* [...] O enquadramento sempre burilado tem muitos momentos com os quais, somando-se a colocação da câmera ao *décor,* chega-se a uma imagem viva e surpreendente a cada passo ou em cada curva – como são capazes de criar aqueles diretores que não se esqueceram da validez e da modernidade de *Cidadão Kane*.

A importância atribuída por Moniz Vianna ao estilo e a preocupação com a homogeneidade da obra do cineasta não exclui variações na obra. Comentando *Sabrina* (1955), Moniz Vianna diz que nesse filme o estilo de Billy Wilder não se "despersonalizou":

> Não são muitos, nos quadros atuais do cinema, os diretores capazes de abordar, com o mesmo êxito e na mesma altura estilística, a comédia e o drama. Mais que Wyler ou Huston, Wilder exibe esse ecletismo, ao passar de temas tão patéticos como o de *Crepúsculo dos deuses,* ou tão contundentes, como o de *A montanha dos sete abutres,* à luminosa irreverência de *Sabrina.*

O mesmo pode ser dito do próprio Ford, sem que isso prejudique sua fidelidade a si mesmo. Escreve Moniz Vianna a respeito de *Depois do vendaval* (1952):

> Um grande estilista, mas de um estilo cuja essência é a simplicidade, ele se adapta a qualquer gênero – e, em quase todos, já obteve os mais expressivos resultados. Não é [...] apenas o cantor inexcedível das epopeias do velho e selvagem oeste. As provas de seu ecletismo são inúmeras – e se encontram em *Vinhas da ira* ou em *A mocidade de Lincoln.*

Essa multiplicidade eclética na coerência estilística não abre as portas para qualquer coisa. *Os desajustados,* por exemplo, "resultou em grave ruptura na estilística hustoniana".

Essa noção de estilo, que identifica um cineasta, também não exclui a influência provinda de outros cineastas ou filmes. Em mais de um texto, Moniz Vianna é claro a esse respeito. Em *Sabrina,* por exemplo, sente-se a influência de Lubitsch a ponto de Wilder merecer "o título de sucessor legítimo de Lubitsch", sem que por isso se despersonalize seu estilo. Da mesma forma, Moniz Vianna observa que, em *A morte passou perto,*

> a influência dos *clássicos* do gênero (*thriller*) que Kubrick felizmente tem é invariavelmente bem dosada. [Assim como] a Milestone [...] deve *Morte sem glória* [de Robert Aldrich] a influência que se percebe em várias de suas cenas – e que, ao contrário de

significar qualquer sinal de subserviência estilística, valoriza a obra de um diretor relativamente novo e que se aconchega aos mestres que o antecederam, numa demonstração de respeito que é o que o leva a nivelar-se a eles – ou quase [...]. A sombra de Milestone, transfigurada no talento de Aldrich [...].

No entanto, os conceitos de *ecletismo* e *influência* não resolvem todos os problemas que o crítico se coloca diante da diversidade dos filmes de um cineasta e, como muitos outros críticos, Moniz Vianna vê-se na obrigação de fazer algumas contorções para manter coerência e homogeneidade. Ele parece optar por duas saídas. Uma é a afirmação peremptória de que não há quebra de coerência: *Azar de um valente* (1950), uma das raras comédias do cineasta, "é dirigido com destreza por John Ford: o velho cineasta, mudando bruscamente de método e de estilo, nem de leve se mostra desorientado".

A outra saída: *O homem errado* é

> um dos filmes mais inteligentes de Hitchcock, não importando a posição *anômala* que ocupa, quanto às intenções e ao objetivo de sua obra. *Anômalo* como *Um barco e nove destinos* e *Sob o signo de Capricórnio.* O melhor entre os *anômalos* – e filme tão bom quanto os melhores entre os ensaios hitchcockianos mais legítimos" (grifo meu).

O texto torna-se mais angustiado quando o crítico se defronta com uma mediocridade que não pode negar, e mais ainda quando o filme é assinado por um de seus cineastas mais prezados: *A paixão de uma vida*

> não é uma obra-prima. É, porém, um filme muito bonito [...] que serve a Ford, entre outras coisas, para nova demonstração de que não há assunto capaz de evadir-se ao domínio do verdadeiro artista. Sem sombra de dúvida, nenhum cineasta poderia extrair mais – ou tanto – de uma história cujo objetivo é [...] reverenciar a tradição da Academia Militar de West Point, e que Ford só deve ter-se resolvido a levar à tela porque lhe concedia o *elemento irlandês,* o mais caro e mais constante

> em sua obra [...] Se o *script,* feito por Edward Hope, nem sempre tem a devida solidez dramática, nem por isso Ford se exime de dar, num filme em que seu estilo é soberano, uma visão sentimental e irlandesa, por isso mesmo inédita, da Academia Militar dos Estados Unidos.

O estilo acaba salvando o filme e... o crítico.

Embora o estilo seja noção de peso na produção crítica de Moniz Vianna, há outro conceito que lhe é superior: a personalidade.

> Mais do que o estilo do cineasta, é a personalidade de Hitchcock que está em *O terceiro tiro.* Se este é seu melhor filme ou se *Sombra de uma dúvida* e *Pacto sinistro* são superiores, não é isso que deve preocupar o observador. A obra mais pessoal nem sempre é a melhor de um autor – mas sempre está entre as mais importantes [...] Se em outros filmes, para não dizer todos (de *Rebecca* a *O homem que sabia demais*), mostrou uma habilidade insuperável em conciliar a arte e a indústria, Hitchcock, em *O terceiro tiro,* separa as duas coisas, segurando com mão firme a primeira, e como se quisesse provar que seu talento, ao contrário do de tantos outros diretores consagrados, não se modifica de acordo com as circunstâncias – é sempre o mesmo, tanto no êxito de bilheteria como na experiência que até enfrenta o risco de um insucesso financeiro.

Essa personalidade que se manifesta no estilo e seu ecletismo coerente tem um modelo:

> como o escritor de novelas, o cineasta concebe em casa suas obras; o estúdio, como a tipografia, seria apenas a oficina impressora e o diretor se posta ali sem outro intuito que o de preservar sua concepção de alterações ou erros que outros possam introduzir. Se é ele próprio que altera esse trecho ou aquele enquadramento, ainda assim o caso não muda de figura: o escritor também pode, se quiser, operar qualquer modificação em sua obra, não importando que esteja em pleno trabalho de impressão.

Moniz Vianna apoia tal afirmação em René Clair, e repete essa analogia, por exemplo citando Hitchcock: "Quando entro no estúdio para iniciar a filmagem, meu filme já está pronto; como o manuscrito de um livro, precisa apenas ser impresso [ou referindo-se a Welles: a câmera para o cineasta é] o mesmo que a máquina de escrever para o escritor".

E voltamos a um *leitmotiv* sempre presente na crítica humanisticamente preocupada com o diretor e o autor, suas dissensões com os produtores e a indústria.

> Contratado por acidente [como diretor de *A marca da maldade*], Orson Welles não desperdiçou a oportunidade. Como diretor, roteirista e intérprete de *A marca da maldade*, fez um filme admirável, que redimiria Hollywood de muitos de seus equívocos se os *big shots* do estúdio não tivessem querido *corrigir o montage* do cineasta [...] Mas, ao contrário de Stroheim e do que sucedeu a Max Ophuls com *Lola Montès*, nenhum dos outros seis foi desfigurado pelos *monteurs* de segunda mão. Nisso Welles tem sido feliz. É provável que algumas de suas melhores ideias não tenham sobrevivido a essa afirmação de autoridade da *indústria* [...] A personalidade do artista é tão forte, tão dominadora, que a única maneira de obscurecê-la seria, talvez, tirar tudo da ordem ou não montar nada do que ele dirigiu [...] *A marca da maldade* é o oitavo filme a revelar que Orson Welles sabe a diferença entre arte e indústria, e ainda teima em querer colocar o cinema na primeira categoria, a mais lícita, sem ignorar (embora o lamente) a necessidade de um *background* industrial [...].

Embora esses comentários de Moniz Vianna se coadunem com os de outros críticos, parece que ele está antes disposto a celebrar as vitórias contra a indústria que a lamentar os fracassos. Dois textos sobre filmes de Robert Aldrich de 1956 sugerem esse gosto de vitória sobre a indústria:

> *Folhas mortas* é o sétimo filme de Aldrich – e uma decepção, não tanto pelo que fez Aldrich, mas pelo que foi obrigado a fazer: um melodrama encomendado. [...] Aldrich é também um dos cineastas mais surpreendentes de Hollywood – pelo

estilo, sempre a revelar a inquietude que conduz tantas vezes à criação legítima, e pela posição em que já se colocou, a salvo das injunções que, com maior frequência, atrasam ou diminuem a evolução de um cineasta, a elas escapando tanto por sua personalidade irrefreável, como pelo fato de, em pouco tempo, ter conseguido organizar uma pequena companhia independente.

Nos anos 1960, diversos textos de Moniz Vianna mostrarão uma aproximação mais clara da ideologia da política dos autores, mas também assinalarão movimentos de distanciamento. Tratando de determinados filmes ou cineastas, esses textos apresentam uma espécie de balanço sobre a questão e não excluem uma certa reflexão teórica. Um deles concerne a *O grito,* que assinala "o instante de ruptura temática e estilística" de Antonioni, impelindo-o "no rumo de um cinema mais pessoal". O filme *"prefigura* os filmes da trilogia", "não só *predetermina* o novo Antonioni da trilogia [...], mas vem a ser mais que um filme-síntese". O Antonioni de *O grito* é "superior ao que mais tarde obteria a consagração definitiva", pois está "mais interessado no indivíduo do que na projeção de seus problemas num plano geral onde alguma tese talvez possa assomar [...] toda a obra parece exprimir tudo que o personagem central sente ou experimenta".

Moniz Vianna elogia o cinema mais "pessoal" do diretor, mas é de se notar que o que se valoriza aqui não é tanto a expressão da subjetividade do cineasta quanto a do personagem. Em outro texto, no entanto, *Terra do sonho distante* é

> um grande filme, o maior de um grande artista, senão a obra que confere a Kazan [...] dimensões equivalentes às de um Bergman, um Antonioni ou, mais ainda, de um Fellini [...] o filme é o mais pessoal de Kazan, o mais íntimo, obra que sai das emoções exclusivas, da memória reconstituída em termos (isto o mais significativo) do cinema mais alto, precisamente aquele nível de cinema que só os que agem assim, quase confessionalmente, conseguem alcançar [...] As obras anteriores de Kazan, com raras exceções, foram pessoais na medida em que refletiam as múltiplas formas de emoção

e pensamento de um artista em cujo estilo, inteligência e talento exemplarmente se combinam e reagem. Era o estilo, ou era o estilista. Agora é também o homem Elia [...].

Aqui temos o elogio do *íntimo* do cineasta.

Já quase no final da década, em artigo intitulado "Dupla personalidade – variações, I", que parece não ter tido continuação, Moniz Vianna experimenta um balanço da questão. Cito longamente:

> Quem é o autor do filme? Antiga, já acadêmica, a discussão deve ser evitada, fixando-se apenas alguns pontos fundamentais. Cada filme tem aspectos particulares e inextensíveis a outro filme no que diz respeito a sua autoria. A ideia geral e simplificadora reconhece o diretor como autor principal, quando não o único; e, para ser o único, não é imprescindível que tenha engendrado a história (como habitualmente o fazem Fellini, Antonioni ou Bergman), pois não vem a ser menos nítida a autoria de filmes daqueles diretores (Ford, Hitchcock, Renoir) que se baseiam – ou apenas se inspiram? – em obras preexistentes, mas sabem filtrá-las através de sua personalidade dominante. A partir do ato inicial que preside à escolha ou aceitação do assunto já está em marcha o processo inconsciente da auto--observação a que [Sigmund] Freud fez referência. Da palavra à imagem é transfigurador o trânsito. O cineasta substitui inevitavelmente o autor original mesmo nos casos em que parece solidarizar-se com ele. E mais do que a trama ou a cronologia dos incidentes, têm significação os detalhes de cada situação, o timbre conferido a um episódio, o ritmo que é capaz de dar à mesma história nova palpitação; e tem importância diagnóstica tanto o que é omitido como o que é realçado pela câmera. Com frequência, são mais reveladores os indícios mais tênues. Nem sempre a verdadeira autoria é discernível. Muitos filmes têm vários autores no mesmo plano. Geralmente, um deles é o produtor – se este é um interventor compulsivo como Hughes e Goldwyn; ou, em caso mais expressivo e menos comum, se tem o ímpeto criador de um Val Lewton ou a habilidade do primeiro Stanley Kramer. Mas também pode ser um ator de extraordinária e irreprimível presença (Orson Welles, John Wayne,

Laurence Olivier, Cary Grant). E ainda: o montador (de quem, em última instância, o ritmo depende e que, sobretudo no cinema americano, pode agir à revelia do diretor) e até o romancista ou teatrólogo, se é rigorosamente fiel, servil, à adaptação. É aconselhável distinguir essa soma de interferências, que caracteriza o caso de autoria múltipla ou coletiva (e não raro é impessoal a obra resultante) [...] *(Filme cultura,* 1967).

Esse texto e seu ritmo, a exposição um tanto professoral dos argumentos sugerem que o assunto está cansado. Ainda nesse artigo, Moniz Vianna lança um tema – hoje amplamente abordado – que poderia orientar a discussão num outro rumo:

> Ainda a registrar: a personalidade absorvente do gênero. Alguns dos gêneros tradicionais do cinema se mostram capazes de abafar e até suprimir a autodeterminação do diretor. Assim têm agido, impondo a muitos sua filosofia ou suas leis, o melodrama de gângsteres e o *western* – e o último, especialmente, poderia suscitar a investigação da possível existência de um inconsciente coletivo próprio do cinema.

Tais colocações indicam uma mudança de posição por parte de Moniz Vianna, pois ele já se tinha defrontado com a questão do gênero e a tinha recusado. Encarar o gênero poderia tê-lo ajudado a analisar diferentemente as comentadas variações de John Ford, por exemplo. Vimos, em artigo de 1963, como o crítico tem dificuldade para situar *Gunga Din* no conjunto da obra de Stevens devido às diferenças estilísticas em relação aos outros filmes do cineasta. No entanto, nesse mesmo texto, Moniz Vianna afirma que o filme acabou impondo-se "como um verdadeiro clássico do cinema de aventura"; insiste dizendo que, apesar de estranha a presença desse filme na filmografia do cineasta, ele é um clássico. Mais ainda: "Em *Gunga Din*, pode-se localizar, de certo modo, o início do método mais tarde estendido a vários tipos de aventuras", e os diretores que depois optaram por essa nova "fórmula" salvaram *"scripts* do cansaço do gênero". Essas citações indicam que deve ser difícil estudar o filme e seu estilo sem referir-se ao gênero. No entanto, na crítica de *Gunga Din,* Moniz Vianna não propõe nenhuma articulação entre o gênero e os problemas estilísticos levantados. O motivo parece claro: o quadro de referências do crítico é a autoria numa perspectiva humanista; a autoria tem que ser colocada num nível superior ao gênero e não ser relativizada por ele. É o autor que usa e domina o gênero, não o contrário. Assim, em texto sobre Welles, ele descarta a questão com uma penada:

> O que importa sempre não é o gênero – é o gênio.

A integração, em 1967, do gênero na discussão sobre autoria – mesmo que para negá-lo – indica uma mudança de referencial. Nem por isso a ideologia da crítica de Moniz Vianna se transforma. O elogio feito a Fellini em 1969 retoma temas tradicionais da política dos autores, tais como as constâncias temáticas, repetições que podem ser interpretadas como

> sonhos recorrentes [...] são constantes, ou fidelidades, que acabam libertando o cineasta do assunto que, não raro, lhe é imposto (pelo produtor ou pelas circunstâncias); porque, condicionantes de um estilo, a fidelidade ou o pensamento, sempre soberano, embebe a obra e, por esse caminho, um artista pode ser um artista sempre – o que é diferente de ser sempre o mesmo.

FRANCISCO LUIZ DE ALMEIDA SALES[5]

Almeida Sales raramente teorizou seu pensamento, de forma que seu método crítico deve ser induzido dos comentários de filmes; mas no conjunto de suas crônicas dos anos 1950 e alguns raros textos teóricos podemos perceber que, se seu método não estava plenamente apoiado na ideia de

---

[5] Os comentários a seguir apoiam-se grandemente em críticas reunidas na antologia de Almeida Sales, *Cinema e verdade: Marilyn, Buñuol oto. por um escritor de cinema*, São Paulo: Companhia das Letras/Cinemateca Brasileira, 1988.

autoria, estava próximo. Almeida Sales prefere atribuir a palavra autor ao argumentista e/ou roteirista, e mais raramente ao diretor – isso no início da década de 1950, no decorrer da qual se opera um sensível deslocamento que associa mais frequentemente o termo autor a diretor. Mas mesmo no início da década o autor está presente. Poderá valorizar-se também a "obra do produtor", como se dá com Arthur Freed e suas "obras-primas", qualificando-se *Cantando na chuva* de "filme magistral", ficando os diretores em posição nitidamente inferior à do produtor. Mas essa não é a tônica dos escritos de Almeida Sales. Ao contrário, mesmo que não trabalhe diretamente a temática, sua produção está implicitamente impregnada da ideia do autor. Em texto de 1950, escreve: "Vamos ao cinema para encher uma noite ou uma tarde e, quando a película nos impressiona, falamos dela aos amigos, chegamos mesmo a recomendá-la, mas pouco depois não nos lembramos mais do que vimos, seu próprio nome é esquecido e o nome ou os nomes de seus autores, se foram percebidos, por mero acaso, na ocasião, desaparecem da nossa memória".

Apesar de não ficar claro quem é (são) o autor (os autores), no mesmo texto o crítico acrescenta:

> O cenarista, isto é, o homem que elaborou por escrito o conjunto das várias cenas do filme, seria o único criador do filme. Ora, o cenarista não é o único criador, o cenarista é colaborador, colaborador destacado, mas sempre e apenas colaborado".

Almeida Sales concluirá adiante que "o diretor é, pois, o elemento determinante do filme". Não obstante, mais abaixo, considera a montagem o processo essencial da arte cinematográfica; graças a ela, estamos "diante de um processo criador, e o responsável por este processo é o diretor", daí poder-se considerar que o criador do filme não é o diretor, mas o montador, ou o diretor enquanto montador.

Destacar a importância da montagem é usual na época. Alex Viany (1949) comenta *Festim diabólico:* "Sou bastante ortodoxo, porém, para continuar acreditando no corte como elemento básico do cinema". Se, para Salvyano Cavalcanti de

Paiva (1949), "o diretor é o homem-cérebro, o elemento humano em última análise responsável pelo filme", e se "o diretor cinematográfico precisa ser um artista na mais pura acepção da palavra", ele não deixa de afirmar que "a montagem é a própria essência da arte cinematográfica. A partir do momento em que o cineasta ou realizador *imagina* a obra até a edição final da mesma, há montagem". A mesma associação encontramos em Bresser-Pereira (1954) quando afirma que a montagem

> é tarefa do diretor, que a realiza na *découpage,* na filmagem e na própria montagem [...] A montagem em sentido lato é a base do filme, é o que há de mais importante na arte cinematográfica [...] A montagem está para o cinema como o estilo para a literatura.

A palavra estilo – correlata à de autor nas posições francesas e que, na citação acima, parece ser entendida como própria da literatura – é outro termo recorrente na literatura cinematográfica da época e significa pouco mais que modo, maneira, jeito, toque. Não é palavra precisa, e dela fazem-se usos diversos. Almeida Sales, por exemplo, fala (1952) em "preeminência de uma mesma temática e a insistência num certo estilo de direção" na "obra" de Figueiroa; dele e de Fernandez, diz que não criaram seu cinema pois assimilaram, "exclusivamente, a técnica e o estilo estrangeiro". A palavra *estilo* tem outras aplicações: "unidade de estilo" da cenografia (1952), "o estilo da fita é o da tragédia" (1953), "Laughton é um ator de velho estilo interpretativo" (1956). Pode-se falar também em estilo da narração. Em 1961, Almeida Sales solicita do cinema no Brasil "uma tomada de posição em função de uma problemática social e humana brasileira, um estilo de criação que decorra dessa problemática e exprima a nossa forma própria de ver e sentir a realidade".

A dispersão do termo – distante do uso praticado pela crítica francesa dos anos 1950, que o atribui ao diretor, melhor dito, ao autor – não faz da palavra um fetiche, o que dificulta a coagulação da temática. Assim mesmo, e particularmente em Almeida Sales, o uso mais frequente remete ao diretor. É, aliás, nesse sentido que, salvo engano, a palavra estilo faz sua entrada nos escritos de Almeida Sales, em artigo de 1943 – e era provavelmente arrojado, nessa época da imprensa brasileira, aplicar a palavra estilo a cinema. O artigo intitula-se "O estilo de Julien Duvivier, diretor de *Seis destinos*", e lemos que o uso "teleológico" que Duvivier faz da "perspectiva" "parece caracterizar principalmente o [seu] estilo como diretor". A aplicação da palavra a um diretor será reencontrada inúmeras vezes, quando, por exemplo, se diz (1954) que George Stevens é "um dos melhores diretores estilistas de Hollywood".[6] Aplicada ao diretor, a palavra encorpa-se: em *Grilhões do passado,* Orson Welles prova que "sua forma é estilo, isto é, maneira de ser autenticamente ele mesmo e exprimir sua relação com as coisas e o mundo" (1958); assim procedendo, Welles cria "de dentro para fora".

Também *Estranho encontro* será visto como um filme realizado "de dentro para fora" (1958). No entanto, aquilo a que se pode aplicar a palavra estilo nem sempre é visto de modo favorável por Almeida Sales, que ataca sistematicamente os "exercícios de estilo". Comentando *O saci,* ressalta a sobriedade narrativa do diretor:

> Precisávamos disso, de diretores capazes de domínio sobre o impulso sedutor de fazer da linguagem narrativa uma oportunidade para complicações formais arbitrárias, não exigidas pela melhor exposição do tema. Não que não seja legítima a linha dos diretores estilistas, mas o perigo, de que temos exemplos, é o estilo por si mesmo, proposto à narração como mero adorno, enfeite rebarbativo, não reclamado pela economia da ação fílmica e usado aqui e ali, sem continuidade, como típico fricote (1953).[7]

---

[6] Lembro os problemas que Moniz Vianna se colocou diante desse estilo de Stevens.

[7] Por ocasião da publicação no Brasil de *Quem faz o cinema?*, de Gore Vidal (São Paulo: Companhia das Letras, 1987), a *Folha de S.Paulo* publicou um "Folhetim" (27.3.1987) intitulado: "Afinal, quem faz o cinema?". Essa edição contém o artigo "Geopolítica do cinema de autor", de João Carlos Rodrigues, que classifica os cineastas em três categorias: autores, estilistas e artesãos, e usa a expressão "cineastas-estilistas". Apesar de essa classificação não ter tido vigência nos anos 1950, ela pode encontrar sua origem em textos como esse de Almeida Sales, onde lemos a expressão "diretores estilistas".

Isso não impedirá uma relativa valorização das "pesquisas de estilo" de Cecil B. DeMille, aceitas no quadro do cinema a que se propunha o cineasta, a saber, "o próprio cinema como processo industrial". É verdade que, embora dificilmente DeMille possa entrar no olimpo dos autores, viveu "o seu cinema, com uma fidelidade e uma obstinação que lhe conferem um indiscutível valor criador", sendo que "a sua obsessão era a presença da divindade na história", assim "a sua obra vale como um todo". Também os "exercícios de estilo" de Stevens em *Os brutos também amam* serão bem vistos por serem "uma de suas aventuras de tratamento estilístico de cinema". Mas, basicamente, para Almeida Sales o estilo não deve existir em si: "Antes do estilo [...] parece-nos fundamental, em cinema, o domínio da técnica" (1953), diz ele de *Agulha no palheiro*, afirmando ainda que essas exigências de eficiência na economia narrativa são de "primeiro grau" e "constituem a base para a existência de uma fita", são "exigências liminares de artesanato", "são o denominador comum de qualquer narração cinematográfica. Depois disso pode vir o que se quiser: o estilo, a marca do temperamento".

Baseado no argumento de que o estilo deve existir em função da narração do filme e de sua temática, Almeida Sales ataca violentamente *A estrada da vida,* de Fellini, que "precisaria ter sido dirigido por um diretor cujo *estilo,* cuja *maneira* não seriam, evidentemente, os de Fellini" (1956). Mas é justamente a propósito de Fellini que ele modifica seu conceito de estilo, que deixa de ser dependente de um conteúdo:

> Esta personalização do cinema, que o transforma em criação individual, não é comum na história desta arte do nosso tempo. Seu condicionamento industrial e comercial não só dificulta, mas quase torna impossível a submissão de seu processo criador a este propósito de identificação com os problemas do autor [...] A personalização do cinema se exprimiu sempre muito mais pelo formal do que pelo conteúdo [...] Não podendo confessar-se, o diretor de cinema se apossava dos filmes pela imposição do estilo e em vez, pois, de comunicar seus próprios problemas, dava tratamento pessoal aos problemas alheios.

Almeida Sales está escrevendo sobre *A doce vida* e já estamos em 1961. Nos anos 1960, a influência da revista *Cahiers du Cinéma,* que Almeida Sales cita várias vezes, consolidou-se, e outros fenômenos, que veremos a seguir, ocorreram no contexto brasileiro, de forma que a política se firma nos escritos dele. Mais tarde, em 1965, a concepção de Almeida Sales do estilo como dependente da narração o levará a uma surpreendente reflexão. De Buñuel, "autor" que "só se explica pelo conjunto da obra", ele dirá:

> Aliás, a forma em Buñuel está a serviço da comunicação de suas ideias. Por isso não se pode falar de um estilo de Buñuel, mas sim de sua visão do mundo. Nunca teve interesse crítico estudar um possível estilo formal buñuelesco. Nada mais enxuto, linear, simples, direto que sua técnica narrativa.

Já encontramos o termo "unidade" a respeito de estilo: é palavra-chave nos textos de Almeida Sales, como, aliás, na crítica da época, obcecada por ela; é bom insistir um pouco nessa "unidade". Bresser-Pereira, por exemplo, escreve que William Wyler abordou os mais diversos temas, "guardou, no entanto, em todos eles, unidade de estilo e de conteúdo" (1953); ou Ronald Monteiro:

> *O teto* não apresenta solução de continuidade na obra de De Sica; quando muito, evolução natural de um pensamento, e persiste como unidade componente de uma obra pessoal e rica que, a ser aceita ou recusada, deverá sê-lo em bloco, graças a sua unidade, certificado evidente da identificação com seu autor (1960).

Unidade, porém, pode não se aplicar a uma obra entendida como conjunto de filmes. *Tico-tico no fubá* – diz Almeida Sales – atinge, em relação aos filmes anteriores da Vera Cruz, "melhor unidade de interpretação dos atores e melhor e mais orgânica concatenação do assunto" (1952). Prossegue: "No que se refere à interpretação, nunca o nosso cinema conseguiu reunir grupo mais homogêneo e melhor dotado [...]".

Unidade e *homogeneidade,* no caso, são sinônimos.

É com esse sentido que a palavra comparece mais frequentemente nos textos de Almeida Sales, que critica severamente *O terceiro homem* em parte pela sua "total ausência de estilo e unidade na direção dos atores", enquanto determinado filme de Naruse é "admirável" pelo seu "estilo narrativo", seu "tema único" e sua "unidade" (1960). Mais tarde (1965), Almeida Sales teorizará seu conceito de unidade: "A unidade da obra de um artista não está no tema, nem sequer na escritura [palavra usada pela primeira vez por Almeida Sales], nem mesmo no estilo. Estará, certamente, na sua posição em face da realidade [...] Há unidade na obra de Visconti? A resposta afirmativa me parece óbvia".

No entanto, o mesmo Almeida Sales também afirmará que, por não ter ele optado "por um gênero único e, mesmo, por um estilo exclusivo", a obra de Visconti "se ressente da falta de unidade". Parece-me que Jacques do Prado Brandão, comentando *Crimes da alma* (1950), de Antonioni, dá o peso que mais frequentemente recebe a palavra "unidade" nesse período: "Falta [...] no filme, no entanto, essa unidade que faz do objeto uma obra de arte", tornando-o um "exercício de estilo e composição", o que, aqui como em Almeida Sales, é considerado negativo. No I Congresso Paulista do Cinema Brasileiro, José Ortiz Monteiro apresenta tese valorizando a "unidade objetiva de forma e conteúdo [...] fundamental e válida para todas as coisas [também] no domínio das belas-artes e do cinema" (1952), assinalando assim o embasamento ideológico que sustenta o termo para os críticos da época, inclusive Almeida Sales.

Podemos escolher Hitchcock para entender como Almeida Sales comportou-se em relação à política dos *Cahiers* e a François Truffaut. Desde 1943, Almeida Sales considera que, ao lado de Welles, Ford e outros, Hitchcock "figura entre os maiores diretores americanos" e faz "arte dentro de um espírito de pesquisa e de criação". Aqui não se trata da autoria, mas da polêmica cinema mudo *versus* sonoro, pois esses diretores dão mais importância à imagem que ao som. Para Almeida Sales, entretanto, já nessa época o estilo de Hitchcock distingue-se menos por uma característica formal do que por "uma constância de assunto", sendo que tal constância é sua competência em realizar *thrillers*, isto é, trata-se basicamente de uma questão de gênero. *Janela indiscreta* é "um dos mais perfeitos exemplares da criação hitchcockiana", "e há ainda uma característica especial desta fita [unidade, coerência e organicidade da história] que a torna superior a outras criações do mesmo diretor".

Esse, no entanto, nem sempre é o tom dos escritos de Almeida Sales sobre Hitchcock. Almeida Sales reconhece, por exemplo, que *Tortura do silêncio* tem um tema poderoso (a inviolabilidade da confissão religiosa), mas este é usado como simples expediente para um filme policial; o "estilo hitchcockiano" é "tão eficiente que chega a disfarçar as imperfeições da trama sobre as quais se exerce, revestindo de unidade aparente suas fitas" (1953). Hitchcock não tem unidade real. O enredo de *Disque M para matar*, *thriller* superficial e uma das fitas mais fracas de Hitchcock, não tem "outro interesse que o de uma boa urdidura" (1955). Almeida Sales não é o único crítico a ter opiniões negativas sobre Hitchcock. Bresser-Pereira, por exemplo, arrasa *Janela indiscreta* (1955), que é um filme "medíocre, não obstante todo o talento de seu autor". Com *Um corpo que cai*, o tom de Almeida Sales muda:

> é uma obra de ourivesaria cinematográfica, onde o formal da trama ganha preeminência sobre o tema e dá-lhe seu relevo marcante [...] Com esta obra de inteligência e refinamento criador, Hitchcock demonstra que continua na posse de seus mais poderosos recursos e prossegue na explicitação, pelo cinema, de problemas humanos, aos quais seu inconfundível estilo confere uma sedução dominadora.

Esse artigo foi precedido por outro, "O mestre Hitchcock" (1959), que valoriza o cineasta, cuja obra é "incompreendida". Mais uma vez cito longamente:

> Um grupo de críticos dos *Cahiers du Cinéma* resolveu fazer *volta-face* nessa insistência em amesquinhar, com fórmulas estereotipadas, a obra vasta de Hitchcock e levou a sério a análise de seus filmes. A conclusão desse balanço [dos

Cahiers] foi espantosa. Hitchcock é o autor de uma das obras mais graves do cinema [...] Um dos grandes acontecimentos críticos do cinema dos últimos anos é essa insólita revelação da significação oculta da obra hitchcockiana [...] As intrigas o mais das vezes banais de seus filmes é que impediram que se visse a profundidade de sua obra.

Almeida Sales alinha-se claramente à política dos autores e vai sustentar essa posição. O comentário sobre *Intriga internacional* (1959), que o crítico não parece apreciar muito, é no entanto intitulado: "Brilhante fita de Alfred Hitchcock", com a restrição de que frequentemente os títulos são da responsabilidade dos editores e não dos articulistas. Nesse texto reaparece o tema da unidade:

> De novo Hitchcock retoma o motivo do herói inocente que, de uma hora para outra, se vê envolvido numa teia de intrigas e de perigo. E de novo extrai seus efeitos maiores de *suspense* ao fazer o protagonista ir percebendo – e o espectador também – que um perigo maior (a morte, talvez) está prestes a lançar suas garras sobre ele [...] Quase todas as fitas do diretor inglês evoluem em torno dessa temática.

Em artigos dos anos 1960, Almeida Sales manifesta-se claramente favorável à ideologia dos *Cahiers* e tende a dar a suas posições uma formulação, se não mais teórica, em todo caso mais geral. Vendo assim, parece que Almeida Sales e Moniz Vianna imprimiram a sua produção um ritmo semelhante, pois este último também tende a se explicitar mais teoricamente em textos da década de 1960. Um desses textos de Almeida Sales intitula-se "Em louvor de Person" (1965):

> Felizmente o que importa hoje é realizar um filme como se escreve um livro ou se pinta um quadro. Esta liberdade de criação em face do cinema tem seus pioneiros, e ocorrem-nos logo os nomes de Chaplin, de Stroheim, de Eisenstein, de Cocteau, e evocamos obras do vanguardismo francês e do expressionismo alemão. Mas, hoje, as linhas mais vivas do cinema moderno são marcadas, de maneira sistemática, pelo

signo da autoria. O cinema, arte cara, criação de fábrica, pôde emancipar-se em alto grau das imposições predominantes da indústria, e um Antonioni, um Fellini, um Buñuel e tantos outros inserem nos filmes suas preocupações, modelam-nas com seu estilo pessoal, e o peso maciço da produção dobra--se, docilmente, à sensibilidade de seu autor.

Assim, *São Paulo Sociedade Anônima* é qualificada de "primeira obra de autor no plano do cinema urbano paulista" e de "depoimento pessoal", "marcado pela autenticidade da visão pessoal". Essa personalização da obra não é uma descoberta dos anos 1960. Ela frequenta o ideário de Almeida Sales há tempo, a ponto de, em 1950, por ocasião de seu primeiro texto sobre *Caiçara,* ele tê-la usado como critério de estruturação da história do cinema brasileiro. Este oscilaria entre a indústria "empírica e mal assentada" e a "criação individual" ou "criação pessoal", de que o maior exemplo é *Limite,* "obra individual [...] obra de um homem, fruto de paixão e sacrifício", traço também característico do trabalho de Cavalcanti na *avant-garde* francesa: "Fazer da fita uma obra tão pessoal quanto a pintura ou a poesia".

É de se observar que, nessa valorização do estilo e da autoria, Almeida Sales não retoma um dos elementos fundamentais da política dos autores, o da prefiguração, que ele mesmo já tinha abordado em dois textos: o *Sangue de um poeta,* de Cocteau, "ficou sendo a raiz de toda sua obra posterior" (1952), afirmação retomada no ano seguinte em crônica sobre *O canto do mar:* "Todo *Orfeu* está contido no *Sangue de um poeta".* Quando, por exemplo, afirma de Kurosawa que "conhecemos só sua primeira fita e *Rashomon,* o que é pouco para avaliar suas tendências e as características mais constantes de seu estilo" (1956), Almeida Sales não me parece motivado pela ideia de *prefiguração* aludida em suas referências a Cocteau, mas antes pelas de unidade e coerência do conjunto dos filmes de um cineasta, e pela de *constantes,* que exige vários filmes em que se detectem denominadores comuns. É justamente em função do conjunto da obra que Almeida Sales matiza sua posição diante dessas *constantes.* Em 1955, ele comenta *Esta noite* é *minha,* de René Clair, e elogia o estilo de seus filmes do decênio 1923-33, mas não considera este último filme como uma "realização autêntica" porque o cineasta apenas conseguiu "imitar-se", aqui está "imitando e não criando, aplicando uma fórmula, tão separada dele mesmo como de qualquer um de nós". Em outras palavras: o estilo virou imagem de marca e deixou, portanto, de ser estilo, e isso diferencia Clair de Renoir, de quem se diz que, vendo um amplo conjunto de seus filmes, percebe-se o "máximo de unidade obtida por Renoir nesse seu vasto painel de imagens, sem, em nenhum momento, imolar-se à repetição [...] A unidade da obra de Renoir nasce, paradoxalmente, de sua recusa à cristalização, quer temática, quer formalmente" (1959).

Essa unidade dentro da diversidade parece atrair Almeida Sales, pois é um aspecto que valoriza o então novo cineasta norte-americano Aldrich, o qual trabalhou,

> em dois anos, quatro gêneros: o épico, o *western* mexicano, o drama teatral e o policial sádico. Em todos a mesma nota, intensamente repetida, o tédio em face da vida [...] Já se pode falar num "universo Aldrich". E essa temática é servida por um estilo sutil.[8]

Nessa apreciação Almeida Sales acompanha "o excelente crítico revisionista", explicitamente citado, François Truffaut (1957).

WALTER HUGO KHOURI

De todos os textos críticos publicados no Brasil nos anos 1950, é provável que nenhum tenha estado tão perto do método da política dos autores quanto as "Notas sobre Ingmar Bergman", escritas por Khouri em 1955 e publicadas num folheto que acompanhava uma pequena retrospectiva. É necessário atentar para a data: só em 1956 sairia na França o ensaio de Chabrol e Rohmer sobre Hitchcock. Todo o *método* está nessas "Notas". Abordando os filmes de Bergman em ordem cronológica (vimos que Chabrol e Rohmer fizeram

---

[8] Mais uma vez aqui o autor domina o gênero, como vimos em Moniz Vianna.

a mesma opção), Khouri destaca a importância de *A tortura de um desejo (Hets*, 1944), "por contar já grande parte das constantes dramáticas, filosóficas e críticas que aparecerão em seguida na sua obra de diretor e criador". *A tortura de um desejo* é um filme dirigido por A. Sjöberg, e Bergman é o roteirista: a "primeira vez" já contém o desenvolvimento futuro. A rigor, a política reserva a autoria ao diretor, não ao roteirista. Mas, na interpretação khouriana, Bergman marca os filmes de sua autoria mesmo quando não os dirige. De outro filme roteirizado por Bergman, é dito: "O problema central [do filme] era característico de Bergman e sua personalidade impregna todo o filme, tornando-o obra pessoal sua"; e de *Eva* (*A mulher e a tentação*), dirigido por Gustaf Molander com roteiro de Bergman: "É um filme [...] tipicamente de Bergman como originalidade e impacto". Observemos que não é o roteiro que é "tipicamente de Bergman", mas o próprio filme.

Passando para filmes dirigidos por Bergman:

> Em *Mônica e o desejo (*1952), vamos encontrar ressonância dos personagens de *A tortura.* O estudante torturado e desajustado deste filme corresponde ao rapaz atormentado pela inclemência da tia em *Juventude* [...] O sádico professor Calígula de *A tortura de um desejo* tem seus sucessores no tio conquistador de *Sede de paixões* e na tia cínica de *Juventude.*
>
> *A tortura* marca pois um ponto de partida definido na obra do futuro diretor [...] que serão constantes definidas em todas as suas obras posteriores, ganhando sempre em densidade e poder dramático.

Sobre *Sede de paixões,* destaco a frase essencial: "Bergman tinha oportunidade de variar infinitamente sobre seu tema obsessivo, do qual toda sua obra é uma admirável concentração nunca saturada". Eis uma frase-chave: variar, tema obsessivo, concentração nunca saturada, palavras que asseguram as constantes, evitam a repetição e permitem a evolução. Com *Juventude, eterno tesouro,* em que "os problemas centrais do filme são os mesmos de sempre", Bergman "chega a uma primeira e grande depuração temático-formal (a segunda seria *Noites de circo),* e abre caminho para uma fase nova e mais profunda talvez".

O que permite a evolução de Bergman não é uma transformação de sua temática (ou estilo), mas ao contrário a permanência da temática, que se torna mais pura. A passagem de uma fase para outra não se dá por ruptura, mas por uma espécie de decantação que permite maior coincidência de Bergman consigo mesmo. Em *Noites de circo,* sua "obra mais perfeita e acabada", "Bergman resume [...] toda a sua visão dinâmica e cíclica da vida". O termo "resumir" é certamente fraco – outros falariam em cristalizar –, mas suficiente para expressar a ideologia de Khouri, que conclui afirmando que Bergman "construiu uma obra uniforme, ligada por uma visão pessoal da vida e do mundo, um homem fiel a suas ideias e a sua arte [...]".

Seguindo esse método, Khouri só podia encontrar problemas enfrentados por Chabrol e Rohmer: afirma-se a relação indissolúvel entre "forma" e "conteúdo"; no entanto, o texto está essencialmente centrado sobre o "conteúdo", merecendo a "forma" apenas comentários breves e esparsos, do tipo: "Bergman [domina] soberbamente a narração e a gramática do filme [*Torst – Sede de paixões*] numa fluência e numa precisão de forma funcional incomuns".

Khouri explica-se:

> Sobre o estilo direcional de Bergman seria necessário falar extensamente, o que é impossível nesta rápida recapitulação de sua obra, onde queremos deixar estabelecidas as principais linhas de sua temática e de sua filosofia de vida, apesar de todas suas concepções intelectuais estarem profundamente ligadas à forma pela qual são expressas e de não haver em Bergman uma possibilidade sequer de separar conteúdo e forma.

Todavia, a análise continua predominantemente temática. Se Hitchcock e Bergman superaram o abismo forma/conteúdo, o mesmo não pode ser dito de seus analistas.

Outro problema encontrado por Khouri são os filmes que não passaram no Brasil e sobre os quais ele tem que recorrer a informações de terceiros. A partir de tais informações, de um filme roteirizado por Bergman é dito que tem "um tema perfeitamente dentro de sua linha". De *Prisão (Fängelse)*:

> Um tema típico de Bergman, que resumia e concentrava todas as ideias já formuladas em esboço e em cuja elaboração formal o diretor utilizou toda a experiência adquirida anteriormente, realizando um filme personalíssimo, prenunciando já a grande fase que se iniciaria com *Juventude*.

O filme não é conhecido, mas as palavras-chave estão presentes. De *Rumo à alegria*, "nada sabemos [...] entretanto é um roteiro do próprio Bergman *devendo* conter portanto elementos essenciais a sua obra de criador" (grifo meu).

E quando a obra é conhecida, mas não se encaixa bem na *homogeneidade*? *Mônica e o desejo* motiva um certo mal-estar, e Khouri explica que "a película foi feita em condições de produção muito modestas e um tanto apressadas, o que talvez não lhe tenha possibilitado um acabamento formal à altura de *Quando as mulheres esperam*".

Quanto ao roteiro, embora aborde "um dos temas mais permanentes de Bergman, o primeiro talvez", "não é um roteiro típico de Bergman", o que não impede que se possa afirmar que "a história está *de certa forma* dentro da linha de Bergman".

A expressão que grifei manifesta ao mesmo tempo um possível afastamento da linha bergmaniana e o esforço do crítico para manter o filme dentro dessa linha. Nesse filme, conforme Khouri, "Bergman cria um *novo* tipo em sua larga galeria de mulheres" (grifo meu). Ou seja, é necessário um sério esforço para encaixar o "novo" dentro do "homogêneo", do permanente, do constante, quando o próprio filme parece resistir a tal encaixe. Tanto pelo método quanto pelos obstáculos encontrados para sua aplicação, esse texto parece exemplar e único na literatura cinematográfica brasileira da época. Sem se referir a revistas ou críticos franceses, diferentemente de Almeida Sales ou Moniz Vianna, sem manifestar particular interesse pela cultura francesa, Khouri é provavelmente o crítico brasileiro que mais se aproximou dessa vertente da crítica francesa. E sem usar a palavra autor no seu texto.

Dois anos mais tarde, Khouri dedicará uma série de crônicas a filmes de Bergman na coluna "Clássicos da Sétima Arte", em *O Estado de S. Paulo,* retomando a mesma postura verificada nas "Notas". *Tortura do desejo,* por exemplo, filme roteirizado por Bergman, dá "amostra perfeita do estilo ímpar do grande realizador, como também de suas concepções filosóficas e críticas". Defrontando-se com um filme dirigido por Bergman, mas não roteirizado por ele:

> A história, que não é da autoria de Bergman, possui toda a atmosfera característica aos temas juvenis do diretor, e sua estrutura assemelha-se perfeitamente a eles [...] A unidade temática da obra de Bergman é exemplar [...] pois se apoia sempre nas mesmas constantes dramáticas e em situações da mesma natureza. Foi provavelmente por encontrar na história de Pier Fogelstrom [argumentista e roteirista] elementos tão afins com sua filosofia que Bergman a escolheu, dando-lhe naturalmente seu toque particular [...] Aparentemente mal cenarizada, a unidade da película era absoluta e suas falhas de construção poderiam ser atribuídas, principalmente, à própria natureza do assunto e à falta de recursos de produção, sem dúvida muito sacrificada [...] Como realização, apesar de apresentar um acabamento um tanto apressado, *Mônica e o desejo* é uma fita característica de Bergman.

Permanece a mesma luta para manter a unidade da obra do diretor e enfrentar alterações em relação à coerência construída pelo crítico. O comentário sobre *Quando as mulheres esperam* revela essas dificuldades:

> é um dos primeiros sintomas dos novos rumos que tomaria a obra de Bergman, após a primeira e maravilhosa etapa de maturidade que foi *Juventude.* Poderíamos mesmo dizer que a fita é uma recapitulação de sua obra passada e a apresentação de uma das novas linhas temáticas que passaria a adotar a partir dali: a da comédia inteligente [...] Apesar de ser a primeira obra de Bergman a apresentar concessões nitidamente comerciais, *Quando as mulheres esperam* é um profundo estudo [...] É difícil concluir até onde essa nova faceta do talento de Bergman é completamente legítima e natural. Poderíamos

dizer que corresponde a uma visão mais madura e refletida do mundo, provocada pela superação da angústia da juventude. Mas é difícil aceitar essa versão se sabemos que *Lição de amor* (1954), *Sonho de mulher* (1955) e *Sorrisos de uma noite de verão* (1956) têm antes de si *Noites de circo* (1953) e logo depois *O sétimo selo* (1957), estando cercadas e espremidas, portanto, pelas duas fitas mais sérias, profundas e amarguradas da carreira de Bergman. Resta-nos esperar pelas próximas realizações do cineasta, pois, apesar de compreendermos claramente que a temática das obras mais densas e das mais suaves de Bergman é exatamente a mesma, achamos que seu melhor clima de expressão está na tragédia sufocante, amarga e lírica, nos moldes de *Juventude* e *Noites de circo*.

Lição de amor, outro filme "suave" de Bergman, tampouco facilita a tarefa do crítico, que acaba concluindo "que Bergman é nesse sentido um caso à parte dentro do cinema, pois não conhecemos outro realizador que tenha conseguido, sem perder sua coerência de criador e artista, uma diversidade tão grande de gêneros dentro de sua obra" – postura não tão distante da adotada por Moniz Vianna diante do "ecletismo" de Wilder ou Ford.

Nesses anos 1950, não é só Khouri que valoriza Bergman. Exemplifico com textos de Bresser-Pereira de 1955: "Diretor extremamente expressivo", "artista de forte personalidade", embora o crítico possa considerá-lo um "brilhante e incompleto artista". Não só Bresser-Pereira valoriza Bergman, como busca inter-relações entre os filmes:

> *Mônica e o desejo* inspirou-se claramente em *Juventude, divino tesouro.* Temos essencialmente, também nessa fita, a história de um amor durante o verão. Aliás, Bergman parece-nos um obcecado por esse tema, tais são as ligações entre os dois filmes.

Sede de paixões é um "filme autêntico de I. Bergman, ligando-se intimamente a suas demais realizações".

O extraordinário diretor de *Juventude* vem realizando obra extremamente pessoal, em que alguns temas são constantes [...] Mas não é só pelo espírito, pelo tema, pelas ideias, pela concepção do mundo e dos homens que *Sede de paixões* se aproxima de *Juventude* (1950), *Mônica e o desejo* (1953), *Noites de circo* (1953), mas também pela forma empregada.

Apesar das conexões estabelecidas por Bresser-Pereira entre diversos filmes de Bergman, percebemos que ele está mais distante da política que Khouri, nem que seja por não se valer das ideias de *prefiguração,* resumo etc.

Na abordagem de Bergman por Almeida Sales percebemos muitos pontos de contato com Khouri, por exemplo no comentário sobre *Sede de paixões:* "Já se pode apontar certas características temáticas e de estilo [...] A primeira característica da obra de Bergman é sua limitação a um só tema [...] um tema obsessional". Já encontramos a ideia e a expressão de obsessão em Khouri e em Bresser-Pereira: podem ser entendidas como uma forma psicologizada de "constante temática". Prossegue Almeida Sales: "Ele o repete, alterando apenas os episódios da trama e a natureza do tratamento [...] Como concentração de assunto, a obra de Bergman é inédita no cinema [...] nunca como em face desta fita de Bergman, a redução da obra de cinema a sua componente temática não tem nenhum sentido" (1955). Apesar dessas afinidades com o método usado por Khouri, encontramos diferenças que ficarão nítidas se compararmos o tratamento que ambos dão a *Eva* ou a *Mônica e o desejo:* "Em *Eva,* esse excelente diretor [Molander] contou com a colaboração de outro grande nome do cinema nórdico, Ingmar Bergman, um dos maiores cenaristas da Suécia, hoje também diretor. Bergman [...] é o autor da admirável história de *Eva*, tendo o próprio Molander elaborado o roteiro".

Diferentemente de Khouri, Almeida Sales não infere nenhuma autoria do trabalho de Bergman como argumentista, apesar de ser essa a função a que aplica aqui o termo *autor.* Quanto a *Mônica e o desejo:*

> A inclinação de Bergman, porém, para o cinema de pesquisa formal – embora sem desdenhar o artesanato técnico que conhece

perfeitamente – o pode levar, em certos casos, principalmente quando o tema não lhe desperta um real interesse, à prática de um formalismo maneirista e não estilista, tomando-se pejorativamente o maneirismo como a transformação do estilo em fórmula. Temos impressão de que isso se deu com esta sua nova fita [...] a causa desse resultado deve ser atribuída ao roteiro da película, não elaborado por Bergman [...] não podendo salvar a fita pela falta de unidade da história, Bergman pôs a tônica nos aspectos plásticos da realização [...] O valor de Bergman não fica comprometido e afetado com esta fita, mas resta provar se aquela tendência estetizante, que já aflorava em *Noites de circo*, e que aqui foi usada como expediente para suprir a mediocridade do roteiro, não é uma inclinação irresistível do próprio Bergman, que a ela, lamentavelmente, sacrificará suas inegáveis qualidades de narrador, de que a sequência inicial de *Noites de circo* constitui uma amostra definitiva (1955).

Penso que só aparentemente estamos aqui diante de uma divergência de opinião e não de uma diferença de método, pois o fato de Almeida Sales não tentar contornar a dificuldade colocada pelo filme – o que Khouri faz – para não prejudicar a homogeneidade construída da obra é uma diferença de método. Almeida Sales dialoga com Bergman. Estima-o profundamente, mas não se identifica com ele, preservando as distâncias; não se encontra aqui a empatia que marca as "Notas" de Khouri. O método decorrente da política é inerente em Khouri, enquanto em Almeida Sales, por mais que esteja presente, parece latente e não incondicional. Almeida Sales está também em busca da unidade de Bergman, mas parece ter maior flexibilidade para introduzir as diferenças: "O tema de Bergman é deliberada e obstinadamente limitado. Em *Uma lição de amor* [...] muda de chave dramática [...] mas seu tema continua único, o que o torna de fita para fita mais denso e concentrado, e menos rarefeito e superficial – o tema do amor humano".

Admiração, unidade e diferenças dentro da unidade não impedem Almeida Sales de fazer ressalvas:

> *Juventude* parece-nos uma das grandes obras de Bergman [...] Faríamos [...] uma única restrição: a de variação de tom

narrativo, quando a aventura de Maria e Henrik cruza com a de outros comparsas [...] embora compreendendo o porquê dessa nuance, não conseguimos, num campo de total exigência, deixar de sentir que a intenção, apesar de certa, abriu claros na poderosa unidade narrativa, misturando estilos diferentes de expressão [...] toda a fita, com pequenas exceções, é de uma força narrativa extraordinária (1955).

A glória de Bergman consolida-se, o método da política vai conquistando a crítica cinematográfica, mas Almeida Sales mantém firme sua atitude e, em 1957, escreve a respeito de *Uma lição de amor:*

> Hoje a importância desse mestre do cinema moderno escandinavo é plenamente reconhecida pela crítica internacional [...] Todas as qualidades de Bergman, como narrador intimista e meticuloso, estão aqui presentes, mas o resultado não lhe é, desta vez, muito favorável. Não cai seu poder de analista, mas a comédia não tem a força de seus dramas céticos e desalentados.

Almeida Sales não faz nenhum esforço de recuperação. Semelhante atitude adota B. J. Duarte, em que reconhecemos o comentarista de Lang citado acima: apesar de se incluir "sem reservas" entre os admiradores de Bergman, nem por isso irá gostar dessa fita "de um primarismo triste e grotesco", "destrambelhada e às vezes confusa", que "é [um] filme de iniciante", "com que seu autor pretendeu sair à margem de suas preferências dramáticas já habituais [...] e se deu mal".

―

A abordagem de Bergman por Khouri representa uma matriz de trabalho que ele aplicará a outros cineastas de seu apreço: "A obra de [Hugo] Haas é importante antes de tudo pela unidade de essência e filosofia, além da força de seu estilo como realizador". Ou ainda, Haas conseguiu

> criar um mundo característico, uma obra coesa e significativa [...] sem esgotar-se ou repetir-se [...] obra tematicamente

> uniforme e profunda [...] [ressalvas que lhe possam fazer não impediram que Haas] criasse uma obra cheia de humanidade, repetindo, em menores proporções, a façanha que Ingmar Bergman realizou na Suécia [...] como todo grande criador [Haas] desenvolve um só tema, sempre modificado e recriado, mas sempre presente.

O mesmo conceito de unidade permitirá que se encontre coesão em cineastas cujas obras são divididas em fases:

> Lang em pouco tempo assimilou e adaptou-se ao novo ambiente, humana e artisticamente, conseguindo a proeza de logo na sua primeira experiência realizar uma obra profundamente marcada pelas características e pela psicologia norte-americanas. Essa circunstância não impediu que Lang conservasse o essencial de seu estilo marcante e incisivo [...] A diferença entre [as fitas alemãs de Lang] e *Fúria* é mais de cor local e de características gerais do que de essência e de psicologia de personagens [...] é essa unidade intrínseca de assuntos que faz a grandeza de Lang, além de sua intuição fabulosa de cineasta e do domínio dos meios expressivos da arte que escolheu.

O mesmo de Sternberg:

> A aparição de Marlene constituiu um marco que, em certos sentidos, divide sua obra em duas, apesar da persistência de suas características essenciais em todas as fitas da fase dominada pela grande atriz, características essas que sempre sofreram um processo contínuo de aperfeiçoamento e renovação.

Como vimos, outro conceito fundamental de Khouri é o estilo. Este é componente da unidade e expressão da personalidade do cineasta, daí uma oposição aos "exercícios de estilo": "É evidente que não basta a boa intenção e o virtuosismo formal e vazio [...]". Quanto a Kubrick, "é um virtuose gratuito, de tendência intelectualoide, possuidor de estilo premeditado e cheio de pretensão". Essa recusa do virtuosismo estilístico já a encontramos em Almeida Sales, que a aplicava inclusive a *Mônica e o desejo* de Bergman. No entanto, a postura de Khouri em relação ao brilho estilístico não é radical, e por vezes ele se deixa seduzir: Harry Keller

> é um dos mais vigorosos diretores da nova geração e o que nele mais impressiona é a unidade de estilo, reminiscente dos grandes diretores da década de 40, um estilo marcante e limpo, criado à base de uso de ruídos, de iluminação, do jogo de atores e da montagem, e que, apesar de utilizar permanentemente o *suspense* e os estados angustiosos, não deixa de ser profundamente humano". Ou ainda: "[Joseph] Lewis é sem dúvida um dos grandes diretores norte-americanos dos últimos quinze anos e é dotado de estilo dos mais marcantes que temos visto [...] constituindo-se num misto dos estilos de grandes virtuosos.

Mas a valorização do estilo aqui não eleva o filme a uma obra de autor. E evidentemente: "Estilo marcante, pessoal e refinado, perpassado por um virtuosismo autêntico e funcional", só podia tratar-se de Orson Welles. Nas suas concepções de estilo, Khouri parece introduzir uma noção que tenho a impressão de não ter encontrado em outro crítico da época. Seria algo como uma degeneração do estilo. De fato, escreve a respeito de *Trágico amanhecer* que "a direção de Carné, vista com olhos atuais, envelheceu um pouco e, no geral, apresenta-se mais como uma técnica do que como um estilo propriamente dito, o que lhe transmite uma sensação de frieza e não participação emotiva", como se, visto com olhos da época, o que hoje parece técnica tivesse então sido visto como estilo.

Ter-se-á percebido que, entre os exemplos escolhidos para delinear o método crítico de Khouri, Hitchcock não compareceu, diferentemente do que ocorreu com os outros críticos. Khouri tinha em relação a esse cineasta uma postura totalmente diversa, que convém destacar pela sua firmeza polêmica. A propósito de *O terceiro tiro*, Khouri escreve que Hitchcock se afirmou como

> mestre na criação da expectativa e do inesperado, através de histórias policiais sem maior importância, às quais imprimia

sua marca pessoal [...] A visão de suas últimas fitas, *Disque M para matar*, *Janela indiscreta* [...] e a revisão de boa parte de suas obras mais famosas revelaram a fraqueza e o artifício da fórmula usual do suspense [...] sem maior profundidade humana e artística. Se fizermos um balanço da contribuição cinematográfica de Hitchcock, vemos que a mesma reside apenas em sequências isoladas.

Para tentar completar o quadro de conceitos usado por Khouri em suas críticas, devemos acrescentar outro que escapa totalmente à *política dos autores*, sem dúvida presente na produção dos críticos abordados acima, mas provavelmente não com a insistência encontrada em Khouri. Observamos que, para Khouri, limitações constatadas em *Mônica e o desejo* podiam atribuir-se à precariedade da produção. Com grande frequência, Khouri relacionará o êxito, ou não, de filmes e cineastas a suas condições de produção e, em particular, ao apoio *técnico-artístico* (expressão também usada por Rubem Biáfora) dado ao cineasta pelo estúdio. *A maldição da montanha*

> está muito bem apoiada materialmente, como geralmente acontece com as atuais produções da Paramount. [Com *Na voragem de uma paixão*] "novamente a Universal-International nos brinda com uma das melhores películas do ano [...] dando uma demonstração cabal de que é talvez o melhor dos estúdios de Hollywood nos dias atuais, seja pelo extremo cuidado técnico-artístico que dispensa às películas, como também pela seriedade humana na escolha dos temas e da linha de produção [...] A direção de Harry Keller é muito boa [...] Grandemente auxiliado pelos departamentos técnicos da Universal, Keller consegue esplêndidos resultados de plástica e de iluminação.

O que é válido para os mais destacados *autores:*

> A Metro-Goldwyn-Mayer de 1935 não era ainda, no setor técnico-artístico, o que viria a ser por volta de 1946, mas seus departamentos de direção artística, cenografia, fotografia etc. permitiram a Lang a obtenção de boa ambientação e clima

dramático, apesar do acabamento formal não atingir a perfeição das fitas alemãs que o mestre dirigira na UFA.

Em contrapartida, "aponta-se a queda que sofreram as películas da Metro nos últimos quatro anos, no que se refere ao tratamento técnico-artístico dispensado às produções [...] de tal forma que uma película atual da Metro raramente apresenta um nível sequer sofrível de qualidade".

Mas não é só o estúdio que entra nas considerações de Khouri. Isso acontece também com o produtor. Quando comenta *Brutalidade* e *Cidade nua*, é o produtor Mark Hellinger que aparece como figura dominante (o que já ocorria nos comentários de Moniz Vianna), e não o diretor Jules Dassin. E há evidentemente Val Lewton, que para Khouri e a crítica brasileira da época é a própria figura do produtor-autor:

> O caso do produtor Val Lewton é quase único na história do cinema [...] sua obra apresenta-se fortemente marcada por sua personalidade, não importa quais sejam os cenaristas [roteiristas], os diretores, os técnicos ou os intérpretes [...] Todas as suas fitas (pouco mais de uma dezena) apresentam uma impressionante unidade de assunto, de gênero, de tratamento e, o que é mais importante, são animadas pelo mesmo espírito criador [...] As fitas seguintes [*Sangue de pantera*] vieram provar que essas qualidades não eram devidas apenas ao diretor Jacques Tourneur, pois, mesmo depois que outros diretores e outros cenaristas passaram a assinar as produções de Lewton, o tratamento temático e cinematográfico continuou o mesmo, sentindo-se, permanentemente, uma presença única presidindo a concepção e a realização das películas.

Ou seja, o conceito de *unidade*, que parecia exclusividade dos autores, vê-se aqui aplicado ao produtor.

A CRÍTICA E OS FILMES DE WALTER HUGO KHOURI

Walter Hugo Khouri, cujo trabalho crítico é o mais marcado pela autoria, foi, como diretor, recebido como autor dotado de estilo. Tomemos o exemplo de *Estranho encontro*. Em verdade, uma parte da crítica o recebeu mal:

Exercício técnico virtuosístico, usando, numa imitação oca, um conglomerado de constantes formais frequentes do cinema sueco e, particularmente, de seu maior realizador, Ingmar Bergman [...] Acontece que se num Bergman tais constantes fazem parte de seu estilo personalíssimo, em Khouri, pelo espírito imitativo, pela falta de um sentido simbolístico mais profundo, são imagens gratuitas e muitas vezes ridículas (*Notícias de Hoje*).

Ou então: "nesta obra preocupada em fazer alarde técnico" e "a serviço de virtuosismos exagerados e sem nenhuma função", fica a "realidade brasileira vilmente traída" (*Luta Democrática*).

Vários críticos, porém, que parecem não ter apreciado muito o filme, não deixaram de elogiá-lo pelo que consideram seu aspecto autoral. José Sanz:

> *Estranho encontro* é o fruto natural de um exercício de estilo de seu diretor Walter Hugo Khouri em *Gigante de pedra*, filme que, embora sem ser bom, revelava um talento criador da melhor qualidade, chamando atenção para uma obra futura. De fato, *Estranho encontro* veio confirmar tudo que dele se esperava no campo diretorial" (*Jornal do Commercio*).

E B. J. Duarte: Khouri é um cineasta de "estilo pessoal" e "disposto certamente a dizer o que quer e o que sente", mas, sofrendo influências por um lado de Bergman, por outro de Val Lewton, seu filme tem

> um aspecto um tanto híbrido [...] muitas vezes a fazer crer que de sua realização participou mais de um diretor. Nada disso, entretanto, obscurece o mérito da fita, uma peça de excelente intenção, cujo criador faz apenas concessões a si próprio, a sua sensibilidade, a sua maneira de ser, nunca às preferências vulgares das bilheterias. É evidente que as restrições maiores aqui apontadas honram o autor de *Estranho encontro*.

Escreve Ely Azeredo:

> Khouri, embora revelando como diretor qualidades excepcionais em nosso meio, confirma que estão no setor *script* (história, diálogos, tratamento) as deficiências que transformam em exercícios de estilo as melhores tentativas do cinema nacional.

Exercício virtuosístico, alarde técnico, exercício de estilo, falta de unidade ("participou mais de um diretor"): o feitiço volta-se contra o feiticeiro. Mas em geral a crítica foi mais explícita quanto à autoria. O mesmo Ely Azeredo escreve: "Nenhum filme realizado pelos pontífices da ex-'Piccola Italia' [leia-se: Vera Cruz] apresentou força autoral comparável à do *Estranho encontro* [...]. Desde *O cangaceiro* [...] nada se viu aqui com a marca de uma personalidade como a de Khouri".

Para a *Tribuna da Imprensa*, Khouri demonstra

> domínio amplo do veículo cinematográfico, de honestidade, de fidelidade a uma concepção de cinema. Pode-se falar num *autor* no caso de Walter Hugo Khouri. Não apenas porque a história, a cenarização [roteirização] e o roteiro técnico pertencem a ele sozinho. Também – e principalmente – porque se nota desde a idealização do menor detalhe da história (certo ou errado) sua funcionalidade numa obra de expressão plástico-rítmico-sonora [...] As imagens, conforme sua carga de luz e sombra, falam de uma sensibilidade pessoal.

Ao estilo, caráter pessoal, fidelidade a si próprio, independência (no sentido de recusar as pressões comerciais, políticas, regionais e exóticas), o aparecimento dos filmes seguintes de Walter Hugo Khouri permitirá aos críticos que nele veem um autor acrescentar mais um dado: a reiteração estilística ou temática de um filme para outro. Assim Alex Viany em 1960 (embora não deixe de caçoar de Khouri e seus áulicos): "Existe uma evidente continuidade de propósito e ambição desde *O gigante de pedra* até *Na garganta do diabo*". Vários críticos revelam preocupação com a unidade da obra de Khouri: no lançamento de *Fronteiras do inferno*, o crítico de *O Estado de S. Paulo* observa que *Estranho encontro* trabalhava para criar uma atmosfera, expor um certo tipo de intriga humana, um determinado e inevitável entrechoque de criaturas, uma situação de amargura oscilando entre o desencanto e o conformismo. E isso tudo na linguagem visual mais em consonância com seu gosto, sensibilidade e estilo. Em *Fronteiras do inferno*, não obstante tratar-se de gênero diverso, a problemática e a posição do diretor não mudaram.

Talvez seja o articulista do *Diário de São Paulo* que mais nitidamente recorre à metodologia crítica aplicada por Khouri a Bergman comentando, em 1962, *Na garganta do diabo*, "um dos filmes nacionais de maior unidade de estilo":

> Confrontando-se *Estranho encontro,* onde Khouri deu o primeiro manifesto do cinema intimista no Brasil, com sua obra seguinte, *Fronteiras do inferno,* e com este *Na garganta do diabo,* que representou a consolidação cabal de seu estilo, pode-se constatar completamente a constante de sua obra. Em quinta-essência, seu *leitmotiv* é o eterno problema da solidão do ser humano. Usando, de filme para filme, de ambientes os mais diferentes, Khouri, de uma ou outra forma, coloca sempre seus heróis isolados do mundo em ambiente onde, pela ermidão em que se encontram, todas as suas frustrações, suas angústias, suas ânsias saem à tona.

Dois anos mais tarde, o mesmo jornal saúda *Noite vazia* como "o cabal triunfo, no cinema brasileiro, do filme *de autor,* de criação pessoal, de independência de ideias [...]". Outro crítico, Gustavo Dahl, a quem voltaremos mais adiante, dedica longas considerações à autoria em Khouri, mas num tom muito diferente do que acabamos de ver. A autoria em Khouri é problemática:

> Se [para Khouri] o amor é fuga, em vez de vida, e o panteísmo, choro, em vez de êxtase, podemos celebrar as exéquias daquele que tinha condições para ser nosso primeiro grande criador cinematográfico. Mas não, Walter Hugo Khouri não é todo fuga, nem é um fraco. Em seu último filme [*Na garganta do diabo*], por dois momentos ele se revela. É no início

panteísta do *flashback*, quando há o idílio entre a jovem e a natureza, e no final, quando o suicídio do desertor encapuçado nos faz sentir o vento da fatalidade. É a grandeza destas cenas que nos leva a confiar em Walter Hugo Khouri, a aguardar com impaciência o momento em que ele encontrará definitivamente sua voz interior e nos revelará as belezas de seu universo. E é principalmente esta grandeza que nos leva a confiar em Walter Hugo Khouri.

Após essa atitude auspiciosa diante da potencialidade de Khouri, Dahl muda o tom e busca um diálogo de crítico a cineasta:

> é bem chegado o tempo de abandonar o tom louvaminheiro e tratar Walter Hugo Khouri como um cineasta, senão maduro, pelo menos adulto. Deve ele por isso regozijar-se, pois não deixa de ser uma homenagem colocá-lo ao lado dos grandes criadores do cinema mundial, em vez de continuar a tê-lo como a maior esperança de um cinema subdesenvolvido [...] Porque é muito mais sincero, e autêntico, e útil tentar ajudá-lo a prosseguir na trajetória do que imobilizá-lo, sufocando-o com elogios e convertendo-o em *medalhão* precoce. Compreender Khouri é, portanto, de hoje em diante, falar mais de seus defeitos, mas sem esquecer suas virtudes, a respeito das quais, aliás, poucos duvidam [...] A insatisfação em que nos deixa *Na garganta do diabo* não é mais aquela, à qual aliás já estamos habituados, provinda de deficiências dramáticas [...] Mesmo porque, já tendo admitido que o cinema começa e termina na direção, podemos conceber perfeitamente uma obra-prima cinematográfica apesar de todas essas deficiências, exclusivamente devido à personalidade do autor. Não, ela é muito mais profunda e provém da certeza de estarmos diante de um grande criador, que não chega a sê-lo por medo ou pudor de revelar-se. Podemos a partir dessa ideia organizar todo um sistema através do qual percebemos que a *timidez* artística de Khouri não só engloba todos os seus defeitos e várias de suas qualidades, mas é forçosamente o que lhe impede de fazer um filme, pois chegado o momento crucial da revelação íntima do artista, Walter Hugo Khouri ou nega-se a realizá-la

plenamente ou empenha-se numa fuga. E nesta palavra está o ponto nevrálgico da questão, os filmes de Khouri ainda não o são porque a maior parte do tempo constituem fugas. A verdade é que Khouri, colocado entre a imperativa necessidade de exprimir-se e o temor em revelar-se totalmente, pretendeu chegar a um compromisso: a criação relativa e a revelação relativa. Também Khouri sabe tão bem quanto nós que a obra de arte só passa a ter existência a partir do momento que é um *mon coeur mis à nu* do criador, no entanto hesita. Mas é preciso que fique bem claro que das soluções de compromisso, da fuga, da hesitação, jamais poderá provir o filme pleno, realizado, que ele e todos nós almejamos.

O quarto filme de Khouri será assim recebido por B. J. Duarte: "Em *Na garganta do diabo*, Khouri continua a imitar a si próprio, a expressar-se com as mesmas fórmulas, gastas agora, de *Estranho encontro* e *Fronteira do inferno*". É a pecha já conhecida: dentro do princípio da unidade, autor que não se renova vira fórmula e deixa de ser autor. Com o filme seguinte, *A ilha,* não há mais dúvida de que Khouri é um autor, "talvez o único *autor* de nossas plagas" [grifo de *O Estado de S. Paulo*], nem que ele tem estilo: "o estilo de Khouri reflete uma sensibilidade rara de estudioso e de esteta". Mas nem tudo é pacífico. O crítico de *O Estado de S. Paulo* na França, Novais Teixeira, discorda dos críticos locais:

> Khouri não tem uma linguagem pessoal de cinema, mas sim uma linguagem culta, e sem a assimilação dos antecedentes que apontamos [Novais nota influências implícitas de Antonioni, Bergman, Godard, Fellini etc. em *Noite vazia*, apresentado no Festival de Cannes] não se pode falar em cinema com o acento de hoje. Linguagem pessoal é, por exemplo, a de Buñuel, de Renoir, de Ford, de Orson Welles, dos grandes cineastas que mais transparecem no estilo de Khouri, no que estão forjando para o Brasil os rapazes do cinema novo.

Se me detive sobre as críticas referentes aos filmes de Khouri, é que, sendo Khouri um dos cineastas *independentes* dos anos 1950, tendo nessa década realizado mais de um filme,

tendo defendido um cinema autoral na sua atuação no jornal
O Estado de S. Paulo, sendo seu nome como crítico e como
cineasta frequentemente associado ao de Bergman, é interessante sugerir que a conceituação crítica relativa à autoria,
que ele contribuiu para implantar no Brasil, se manifesta na
abordagem de sua própria obra pelos críticos brasileiros,
quer se oponham a seus filmes, quer os elogiem.

PAULO EMÍLIO SALES GOMES

O autor pairou constantemente sobre os escritos de Almeida
Sales durante os anos 1950, mas é na primeira metade dos
1960 que ele aceita mais plenamente temas da política dos
autores, e é exatamente esse o momento escolhido por
Paulo Emílio para duvidar dela. De fato, Paulo Emílio nunca
aderiu à política. Não que tenha evitado a palavra autor, que
desde 1952 no mínimo frequenta seus textos publicados.
Clair, Kurosawa, Cocteau, Renoir, Lima Barreto e muitos
outros são qualificados de autores no "Suplemento Literário" de *O Estado de S. Paulo.* Mas tem-se a impressão de
que a palavra não tem peso específico e mal se diferencia
de seus sinônimos: diretor, cineasta, realizador. Vendo Lulu
de Barros tratado de diretor e não de *autor,* podemos nos
perguntar se esta não seria uma categoria superior de diretor. O que talvez não seja o caso, já que tanto Nicholas Ray
como Carlos Alberto de Souza Barros e César Mêmolo são
também qualificados de autores, sendo que as restrições
feitas a *Juventude transviada* e a *Osso, amor e papagaio*
não são poucas. Quanto a Stroheim, profundamente admirado, ele é diretor, realizador e criador, mas não faz jus ao
atributo de autor. De forma que somos levados a concluir
que Paulo Emílio usa em geral autor sem implicação específica, e que prefere usar criador e mestre quando quer destacar um cineasta. Griffith é "o primeiro mestre do cinema".

    Devemos concluir que Paulo Emílio desconhecia a
política dos autores e o método crítico que dela decorria?
A abundância das referências à literatura cinematográfica
francesa responde à pergunta. Paulo Emílio sabe muito
bem que críticos franceses acompanham de perto a obra

de Ray ou de Huston. Além de citar Éric Rohmer, François Truffaut e muitos outros críticos franceses, Paulo Emílio remete não só aos *Cahiers du Cinéma,* a revista mais citada, mas também a *Positif, Arts*, que publicava Truffaut, e a *Esprit*, com a qual colaborava André Bazin, que deixou em Paulo Emílio marca indelével. A leitura dessa imprensa especializada influenciou provavelmente Paulo Emílio. Em 1958, publica uma série de dez artigos sobre Welles. Os oito primeiros foram provavelmente motivados pela edição francesa da biografia de Welles por Peter Noble, e neles o cineasta é chamado de artista, diretor, astro, criador e também de autor, mas sem que nenhuma ênfase particular seja dada a essa última palavra, que é, aliás, aplicada uma vez ao roteirista e não ao diretor. No último texto, Welles é qualificado cinco vezes de autor, três das quais num único parágrafo, e o título é "Autor, personagem e ator". Entre o sétimo e o oitavo artigos, passaram-se alguns meses durante os quais os *Cahiers du Cinéma* publicaram duas entrevistas de Welles, explicitamente referidas por Paulo Emílio. Não há muita dúvida de que a valorização do termo autor no último texto seja reflexo da leitura dos *Cahiers.* No entanto, Paulo Emílio não adere à política*,* o que não impede que encontremos na sua produção numerosos elementos metodológicos que coincidem com a política.

Tomemos o seguinte comentário sobre John Huston:

> Ideologicamente *Moby Dick* deveria iluminar a personalidade e toda a obra anterior de Huston, não só salientando a unidade profunda entre todos aqueles seres de combate habitados por uma íntima solidão, mas sobretudo, como acentua Roger Tailleur, como expressão final de uma libertadora blasfêmia [...] É nesta dialética que poderia ser utilmente examinado também o último filme de Huston, *O céu é testemunha* [...] (1957).

Encontramos aí temas presentes no primeiro capítulo deste ensaio: toma-se a obra do cineasta como um conjunto percorrido por temas recorrentes e usa-se o método da leitura retrospectiva, as obras recentes iluminando as anteriores e estas anunciando as posteriores, trabalho este que pressupõe a existência de uma unidade a ser encontrada. O mesmo comportamento é adotado diante de Buñuel, quando se diz que seus três primeiros filmes indicam "um percurso coerente" (1957), interrompido por produções que visavam antes resolver problemas da vida cotidiana.

> Logo, porém, que Buñuel firmou sua situação no quadro industrial, realizou *Os esquecidos* [...] afirmando com esse filme a unidade profunda entre as duas fases de sua carreira. Compreende-se [...] retrospectivamente que a consistência do surrealismo de Buñuel reside no fato de não se tratar para ele de um expediente estético, mas de um esforço desesperado de integração na realidade moral, total, do homem.

Em filmes que têm uma aparência de melodrama, "não faltam em maior ou menor grau todas as constantes de erotismo, blasfêmia [...]". Neste artigo significativamente intitulado "A fidelidade de Luis Buñuel", como em Khouri quando aborda Lang e Sternberg, o conceito de unidade resolve a questão das fases.

No comentário seguinte sobre Fellini, estamos metodologicamente em plena política:

> Sei que vou rever *Abismo de um sonho* com olhos muito diversos dos de oito anos atrás. A fita adquiriu, com o desenvolver da obra felliniana, cargas dramáticas que não possuía originalmente. Creio que bastará um exemplo para ilustrar essa asserção. Depois de procurar inutilmente a mulher durante todo o dia, o marido, desconsolado, perambula pelas ruas desertas da madrugada romana. Encontra numa praça duas prostitutas e uma delas, para distraí-lo de sua aflição, pede a um funâmbulo comedor de fogo que lhe faça uma demonstração. Essa sequência vista em 1952 tinha interesse e relevo mas não possuía importância maior no contexto geral da fita. Hoje, ela é capaz de evocar e resumir toda a obra de Fellini [...] Assim, à luz da obra posterior de Fellini vou agora provavelmente gostar muito de uma fita que em 1952 me havia sobretudo interessado e intrigado (1960).

Não vou multiplicar os exemplos.

Outro termo que circula pelos textos de Paulo Emílio como nos dos outros críticos brasileiros é estilo, e com as mesmas características: encontramos o conceito frequentemente aplicado a um diretor: o estilo criado por Tati; pode remeter a um filme ou a procedimentos de linguagem: "o estilo das composições" de Um dia no campo, ou a um movimento: "estilo italiano do pós-guerra". Como os outros críticos, Paulo Emílio não valoriza os "exercícios de estilo", mas encontrou uma formulação inesperada para se expressar. Comentando Rio zona norte, considerado "decepcionante", diz de seu autor:

> adepto de uma escola cinematográfica que procurou fugir do artístico facilitado pelo uso do estúdio e inspirar-se em ambientes, personagens e situações de uma realidade mais imediata, Nelson Pereira dos Santos foi talvez vítima da ilusão de que esse estilo o dispensasse da necessidade laboriosa de estilização e da procura cuidadosa das convenções mais adequadas a seus propósitos.

De certa forma, o conceito de estilo atua aqui em dois níveis: o estilo não é individual, mas coletivo – o neorrealismo –, e precisaria ser retrabalhado por um diretor para tornar-se individual. Nos antípodas de Nelson Pereira dos Santos, Khouri parte do próprio cinema:

> o rascunho populista de Nelson Pereira dos Santos empalidece ao lado do exercício brilhante de Walter Hugo Khouri, mas se em Rio zona norte e mesmo em Rio 40 graus temos um autor que se revela inábil na manipulação do tipo de expressão estética que escolheu, Estranho encontro nos dá às vezes a impressão curiosa de um estilo à procura de um autor e de uma história. A presença desse estilo desgarrado é tão forte que leva o espectador por caminhos e sensações alheios às intenções do realizador.

Paulo Emílio exemplifica baseado em intenções expressas verbalmente por Khouri:

o mistério se instala no lugar do lirismo pretendido, a partir daí o realizador domina essa espécie de rebelião do estilo contra sua vontade, porém o espectador se sente um pouco perplexo [...] enquanto isso, o estilo, novamente autônomo, faz das suas [...] Os brilhantes exercícios de estilo de Walter Hugo Khouri o situam imediatamente entre os poucos bons realizadores que possuímos e como uma grande esperança para o cinema brasileiro. A experiência de *Estranho encontro* faz-nos, entretanto, perguntar se como argumentista, roteirista e dialoguista ele está em terreno que lhe é adequado.

Esses traços metodológicos permitem afirmar que Paulo Emílio inspira-se na política? Não estou inclinado a responder afirmativamente. Primeiro porque certos conceitos a que recorre não são exclusivos da política, o de unidade, por exemplo, amplamente usado pelos críticos brasileiros da época, com conotações diversificadas, como já vimos em Almeida Sales. Paulo Emílio nem sempre aplica a unidade ao conjunto da obra de um cineasta, mas em geral a um filme, e nesse caso tal unidade não é necessariamente sinal de autoria. Lemos em artigo significativamente intitulado "Infidelidade de Visconti" (1958):

> Nesta perspectiva seria possível falar-se, a propósito de *Um rosto na noite*, numa ruptura na carreira de Visconti. É curioso constatar que nessa obra [= nesse filme], admirável pela unidade e ritmo, as virtudes mais pessoais do autor estão sobretudo presentes quando uma e outro são interrompidos [...] Nesses momentos, os valores plásticos-visuais de Visconti estão presentes com o vigor habitual. Mas no resto, isto é, em quase tudo, a constante beleza das cenografias sabiamente iluminadas causa-nos certo desaponto, pois poderia perfeitamente ter sido concebida por outro.

Vimos que a unidade de Visconti já preocupou Almeida Sales. A decepção não provém de eventual má qualidade do filme – "admirável pela unidade e ritmo" – mas por ser "um filme admirável que não acrescenta nada à obra de seu autor". O emprego difundido e diversificado da unidade na crítica da época não permite levantar a hipótese de que seu uso por Paulo Emílio proviria da metodologia da política dos autores. A unidade participa de um paradigma mais amplo – universo, mundo, visão do/de mundo – tão encontradiço na crítica cinematográfica, literária e outras na época.

Por outro lado, quando Paulo Emílio dá a impressão de estar muito próximo da política, pode ocorrer que seu texto dê uma guinada. No texto acima citado em que propõe rever *Abismo de um sonho* à luz dos filmes posteriores, sugere que "a operação contrária" seja possível, a saber, "gostar menos de Fellini graças às armas fornecidas por *Abismo de um sonho*", o que expressa distância e uma evidente ironia em relação ao "método", palavra esta que é adequada, pois usada pelo próprio Paulo Emílio: "Se me foi possível, sem forçar demais a nota, tratar Zampa ou Soldati como autores cinematográficos, em relação a Blasetti o método seria condenado ao fracasso" (1960).

Devo confessar certa surpresa diante da suposição de que Paulo Emílio estaria aplicando "o método", e ele explica sua inaplicabilidade circunstancial:

> As cinco ou seis fitas a que assisti, dentre as trinta ou mais realizadas por Blasetti, são suficientes para desencorajar a busca de qualquer unidade de inspiração, concepção, temática ou estilo. Um bom cineasta não é, porém, necessariamente o autor que compõe através das diferentes fitas um universo homogêneo. Ele pode não marcar cada filme com o sinal reconhecível e contínuo de sua personalidade e criar obras extremamente diversas, mas igualmente ótimas (1960).

Entendemos por que nesse caso não se pratica "o método", mas se formos procurá-lo nos artigos sobre Zampa e Soldati, onde estaria aplicado, corremos o risco de não localizá-lo. De um filme de Soldati visto em 1945 ou 1946, Paulo Emílio diz ser "certamente muito grande seu parentesco" com determinado filme bem mais recente: ambos se ambientam na mesma época (fim do século passado), têm como personagens pequenos funcionários de ministério etc. Mais ou menos a isso se resume o método pretendido por

Paulo Emílio, que em momento algum trata Soldati de autor, e conclui: "O prestígio de Soldati é aliás muito maior na literatura do que no cinema", concordando com o fato de ser Soldati melhor romancista que cineasta. Digamos que é o método usado com displicência.

Muito mais que elementos oriundos da política, o que encontramos nas análises de filmes ou cineastas a que Paulo Emílio mais se dedica é um método que provém de outra fonte. Vejamos um texto sobre *Noites de Cabíria*: "Cenas noturnas com ruas desertas percorridas por tipos irregulares ou extravagantes são o *leitmotiv* do universo de Federico Fellini tal como foi expresso a partir de 1950 [...] Essa fidelidade evoca com nitidez seus anos de formação em Rimini [...]". Paulo Emílio pode até questionar o método biográfico: "A povoação escassa nas ruas das grandes cidades inclui necessariamente as meretrizes [...] Apesar de a hipótese ser tentadora, nada sei que permita datar de então o nascimento de [*Noites de*] *Cabíria*". Apesar dessa dúvida, um método é aqui afirmado:

> Basicamente, o método do Fellini maduro e criador não é diferente de seu comportamento durante a irresponsável vagabundagem da juventude. Num caso como noutro ele solicita confusamente ao acaso esses momentos de aderência entre a fantasia e o concreto (1958).

Embora a expressão *leitmotiv* possa remeter às constantes, às recorrências e à unidade procurada pela política, o que Paulo Emílio valoriza aí é uma coincidência entre a experiência existencial de Fellini e seu processo criador. Inúmeras vezes Paulo Emílio vai buscar na biografia do cineasta os elementos de compreensão da obra. Assim procede quando diz que, ao ver certos filmes de Clair, sentimos "como a amizade deve ter sido uma de suas experiências humanas mais profundas, provavelmente mais importante do que o amor" (1958), e assim procede em relação a Chaplin, Eisenstein, Stroheim, Rossellini etc.

Por mais que possamos encontrar relações entre biografia e obra em textos ou mais frequentemente em declarações de adeptos da política (Truffaut afirmou várias vezes a presença de elementos autobiográficos em *Os incompreendidos*), recorrer à biografia não é procedimento metodológico característico da política dos autores.

As afinidades metodológicas entre Paulo Emílio e a política são vagas, mas ele estabelece em seus escritos outro tipo de relacionamento com o método. Em 1957, escreve que os críticos franceses

> julgam com cuidado o cinema médio, procurando distingui-lo, nem sempre com muitos resultados, do cinema superior, o cinema de autor, fórmula durante muito tempo consagrada mas ultimamente criticada e posta em dúvida por André Bazin. Os franceses procuram sempre encontrar autores no cinema norte-americano, mas quando justificam o interesse constante que têm por esse cinema acabam sempre por se referir à inesgotável vitalidade dos gêneros [...].

Identifica-se aí nos franceses uma dificuldade apontada a respeito de críticos brasileiros, a saber, o obstáculo que representa o gênero para quem trabalha com o conceito de autor. Paulo Emílio está perfeitamente familiarizado com a política e seu método, só que não acredita na validade de um método que, para ele, não se diferencia da tradição (os gêneros). Daí parte para uma crítica aberta. De um dos cavalos de batalha da política, escreve (1957):

> O desprezo por Hollywood, tão frequente na França, não é manifestado pela crítica cinematográfica [...] Desde os tempos da exaltação poética de Louis Delluc pelos filmes de William Hart não se desmentiu nunca o interesse e a fidelidade da crítica francesa pelo cinema norte-americano.

Os filmes franceses querem dirigir-se diretamente à inteligência, ao passo que os norte-americanos procuram evitar essa explicitação:

> [e] a crítica francesa [...] irrita-se com as doses de inteligência, necessariamente moderadas porque dirigidas ao grande número, evidenciadas nos filmes de seus compatriotas, e [tende]

a superestimar o conteúdo de pensamento implícito nos filmes americanos. Como esse pensamento está cuidadosamente escondido atrás da ação e das emoções, sua apreensão exige um trabalho que imediatamente lhe confere um prestígio de qualidade rara. O entusiasmo da descoberta leva o crítico a querer valorizá-la ao máximo e não raro a elaborações ambiciosas que terminam por adquirir uma realidade própria, sem contato com a obra que a suscitou. Entretanto, esses exageros não impedem resultados finalmente positivos, e pode-se afirmar que o fervor e a imaginação às vezes delirantes da jovem crítica francesa contribuíram muito para a compreensão em profundidade da obra de um Huston ou um Hitchcock [...] Quando o jovem crítico e diretor francês Alexandre Astruc escreve que Hitchcock há mais de trinta anos e em mais de cinquenta filmes conta quase no mesmo estilo a mesma história, de uma alma às voltas com o mal, parece excessiva a afirmação. O aparelhamento das cinematecas ainda não tornou acessível o conjunto da obra do "autor" de *Rebecca*, Astruc é jovem demais para conhecer todos os filmes realizados a partir de 1925, e sobre grande parte deles ainda não existem à disposição dos estudiosos os mais básicos elementos de informação. Por outro lado, a simples evocação de meia dúzia de títulos seria suficiente para demonstrar que o denominador comum proposto só caberia se interpretado vagamente, e nessas condições seu valor de revelação seria nulo. E se nos esforçarmos em dar à "história de uma alma às voltas com o mal" uma precisão maior, acabamos tendo em mãos uma chave que não abre porta nenhuma. Porém generalidades e precisões avançadas por todo um grupo de críticos franceses fazem ressaltar uma linha de pensamento na obra de Hitchcock [...] Foi François Truffaut quem chamou a atenção para a constância da identificação, da transferência de personalidade e de outros temas próximos na obra de Hitchcock [...] em *A tortura do silêncio*, que é uma espécie de prova conclusiva [da afirmação de Truffaut], o tema hitchcockiano das transferências continuaria a fornecer indiscutíveis ressonâncias católicas.

Mas em *O terceiro tiro* Paulo Emílio observa uma transformação não assinalada pelos franceses:

Esse filme interessou muito os fanáticos de Hitchcock na França e surpreende-me que pessoas cuja contribuição para o esclarecimento da obra do cineasta é tão grande não tenham reconhecido logo o sentido exato da mutação evidente. Desapareceram a culpabilidade e a confissão, extinguiu-se o mundo da danação [...] Na ocasião em que realizava esse filme, Hitchcock disse a Claude Chabrol que "gostava do macabro num raio de sol". O crítico interpretou essas palavras como uma frase para provocar o riso das senhoras presentes. Depois de vermos a fita gostaríamos de encontrar intenções profundas nessas palavras [...] Não nos precipitemos, porém, em anunciar a conversão ao paganismo do antigo discípulo dos jesuítas. As notícias que chegam sobre *O homem errado* indicam novas mutações, mas diferentes das que constatamos [refere-se à ausência de suspense].

Paulo Emílio conhece perfeitamente o método, no qual vê um narcisismo da crítica e sua impotência para lidar com dados importantes para ele, que são as rupturas, transformações ou "mutações". No entanto, numa atitude característica sua, a rejeição da proposta teórica (e ele dizia não ser dado à teoria, pela qual ostentava certa ojeriza) não impede que acate como positivos resultados provenientes de um procedimento que rejeita. Isso não apenas em relação aos franceses, pois, em 1959, qualifica "Notas sobre Ingmar Bergman", de Walter Hugo Khouri, de "o único estudo importante sobre o cineasta sueco publicado no Brasil". Paulo Emílio não aderiu à política e seu método, no entanto foi, dos críticos brasileiros desse período, o que mais íntimo diálogo manteve com ela, o que prova o artigo "As mutações de Hitchcock".

Dessa atitude, Paulo Emílio vai evoluir para um questionamento mais radical da política, do método e até do cinema de autor, como se verifica no artigo "Artesãos e autores" (1961), no qual recusa a relação maniqueísta autor *versus* artesão/produtor. O binômio artesão/autor, que será bastante utilizado após a publicação desse texto, encontra raízes em textos anteriores, como o de 1958 sobre Welles, que já coloca em dúvida tal maniqueísmo. Transcrevo:

Quando estudamos uma carreira cinematográfica, reservamos nossa simpatia para os problemas do criador. Ele é o herói, transformando-se automaticamente em vilões aqueles que lhe dificultam a realização das proezas, ou seja, os produtores. Embora reconheçamos a inextricável ambiguidade do cinema como arte-indústria, continuamos a sonhar com a vitória decisiva do primeiro termo, o que é um absurdo, pois o conflito não tem solução. Quando, na *jungle* do cinema, um criador, em nome de suas concepções artísticas, chega a levar um produtor quase à falência, só por um esforço de objetividade nos impedimos de sentir o gosto amável da desforra. Insensivelmente, somos levados a uma concepção maniqueísta do universo cinematográfico, no qual os criadores seriam o Bem e os produtores, o Mal. A verdade, como sempre acontece, não é tão cômoda. Não só existem produtores apaixonados pelos problemas da criação artística, como são numerosos os encarregados de tarefas artísticas que não passam de meros gerentes ou operários especializados. O contorno da frente de batalha entre a Arte e a Indústria torna-se ainda mais intrincado ao observarmos que a regra do jogo cinematográfico exige, mesmo do pior produtor, um mínimo de preocupação estética, e que até o mais puro criador cinematográfico tem de se render a uma certa meditação comercial. Voltamos assim ao círculo férreo da própria natureza do cinema, mas dispostos sempre a valorizar na primeira oportunidade os acontecimentos que exprimam uma tendência de fuga a esta inelutável realidade.

O texto é claro: embora situando sua reflexão no âmbito da célebre dicotomia de André Malraux, Paulo Emílio diverge nitidamente da política, não só valorizando o produtor como uma entidade necessária à realização cinematográfica, mas também ressaltando suas eventuais preocupações estéticas e, por outro lado, rebaixando, quando o caso, o criador a "encarregado de tarefas artísticas". Meses depois (1959), detalhada reflexão sobre a evolução de Henri-Georges Clouzot questiona sua qualidade de autor, sem por isso desvalorizá-lo.

Logo depois da guerra, quando vi *Sombra do pavor* e em seguida *Crime em Paris,* não tive dúvida em considerá-lo como um autor cinematográfico de primeiro plano, a ser colocado na linhagem de Jean Renoir e René Clair. Hoje, entretanto, não ouso situá-lo em pé de igualdade artística com Robert Bresson ou Jacques Tati. Clouzot é apenas um realizador de nível alto, que se enfileira ao lado de Jacques Becker [...] Seria inexato afirmar que tenha decaído. Na realidade, nunca cessou de progredir e essa circunstância cria o problema, pois o constante aperfeiçoamento profissional teve como consequência direta a limitação de sua estatura de criador [...] Há muitos anos não revejo o filme [*Le corbeau*] e me pergunto se conserva seu poder. É possível que o julgue agora à luz dos filmes mais recentes do autor e nele encontre as raízes dos elementos que me desconcertam no Clouzot de hoje. De qualquer maneira, a fita significou para mim a descoberta de um autor na plena acepção da palavra, isto é, alguém que define uma concepção de mundo através dos personagens que cria e da história que narra. [...] [Com *O salário do medo,* chegamos] ao momento em que o desenvolvimento cinematográfico do autor transformou--se em negação de seus propósitos artísticos mais profundos. São prodigiosos os progressos de Clouzot na utilização do instrumento cinematográfico [...] Atingiu uma maestria profissional única no cinema francês. Ao mesmo tempo, sua personalidade de criador foi até certo ponto substituída pela do espectador. Não é sem razão que ele define o diretor de cinema como o primeiro espectador do filme e representante dos milhões de pessoas que verão o filme depois de pronto [...] É o resumo numa pessoa do mecanismo complexo da produção-previsão instaurado nas indústrias cinematográficas. Um homem dotado desse talento vê aumentar consideravelmente seu poder automático sobre o público, mas diminui na mesma proporção sua integridade de autor [...] É na medida em que se procura como cineasta que Clouzot se perde como autor [...].

Apesar de não recorrer à expressão *artesão,* já está colocada a dicotomia com que Paulo Emílio trabalhará no artigo de 1961, que deveria ser reproduzido na íntegra. Dois filmes são comentados: *Bahia de Todos os Santos*, de Trigueirinho

Neto – o "autor" que "imaginou, escreveu, dialogou e dirigiu" o filme "e foi seu próprio produtor" –, e *A morte comanda o cangaço,* que já tinha sido "ideado pelos produtores" quando Carlos Coimbra – o artesão – foi chamado para dirigi-lo. Mas o plural do título insinua uma generalização para além de dois filmes ou dois cineastas. Paulo Emílio faz uma crítica severa ao filme do autor, concluindo que este, devido a suas contradições, não consegue comunicar-se com o espectador.

> O espírito moderno admite uma margem bastante larga de irracionalidade e não se preocupa com a maior ou menor concatenação entre frases ou parágrafos. Com as imagens em movimento coladas umas às outras a situação é diversa, pois o cineasta é obrigado a servir-se do instinto ou da inteligência, e dispô-los de acordo com suas intenções. Caso contrário, é inútil esperar que elas vagueiem numa imprecisão que poderia eventualmente ser poética. O que acontece é que se articulam por conta própria, escapam do controle do autor e conduzem o filme e o espectador para caminhos que levam ao nada. Quando o cineasta readquire o domínio da situação, o espectador já foi desnorteado, a narrativa truncada e o ritmo perdido.

É o que acontece com *Bahia de Todos os Santos,* segundo Paulo Emílio:

> O tipo de pensamento que Trigueirinho advoga impediu que os personagens do filme realmente nascessem [...] Tônio e seus companheiros, a inglesa e a prostituta, são produtos diretos do universo do autor. Só que eles permanecem ainda no limbo da espontaneidade, ou antes, na terra de ninguém situada entre a imaginação do autor e a película realizada.

Não basta ser autor para fazer um bom filme, nem mesmo interessante. Quanto a Coimbra, cuja personalidade lhe permite fácil e fecundo entrosamento com uma equipe de que ganha a confiança, ultrapassou o nível do "artesão preciso":

> Tal momento do cangaceiro na rede, meditação noturna de guerreiro, possui ecos shakespearianos ou de algumas fitas

japonesas [...] É necessário igualmente sublinhar que em *A morte comanda o cangaço* o artesão Coimbra transforma-se eventualmente em autor. Penso particularmente no papel que tem na obra o tema do pé humano. Nas sequências de caminhada, dança ou desejo, o pé é um *leitmotiv* que pontua o desenvolvimento do filme. Acho difícil que se trate de algo arbitrário ou ocasional. O fenômeno transmite-nos o sentimento de escolha e empenho, da ordem dos que exprimem as mitologias interiores de um autor.

Em oposição ao filme de autor que não alcança a expressão, o do artesão que não visa a uma expressão pessoal alcança justamente tal expressão. "Artesãos e autores" é certamente o texto publicado no Brasil que mais metodicamente tentou derrubar a política dos autores, se não a política, em todo caso o fetichismo que a cerca. O fetichismo derrubado talvez seja antes o do cinema de autor que o da política, pois penso que Paulo Emílio caiu numa armadilha e acaba reencontrando e fortalecendo a própria política. Esta, como vimos no capítulo anterior, não se aplicou exclusivamente ao que se convencionou chamar "cinema de autor", e sim ao cinema de produtor no qual o diretor, pelo estilo basicamente, conseguia imprimir sua personalidade e expressar sua temática. Hitchcock, Ray e outros diretores abordados pela política não tinham pleno domínio sobre seus filmes. E é, no fundo, o que acontece com Coimbra na explanação feita por Paulo Emílio (devendo acrescentar-se que Coimbra montou o filme, o que, em geral, não era o caso no cinema norte-americano): num filme de produtor emerge a expressão pessoal do diretor, a expressão autoral. Esse artigo não visa apenas à política dos *Cahiers* nem aos filmes comentados, tem também outro endereço. Estamos em pleno Cinema Novo, e os jovens críticos a ele ligados fazem a apologia do autor.

Da atitude distante, irônica, compreensiva e tolerante que vimos em alguns textos, Paulo Emílio passa para a desmistificação de "Artesãos e autores", e finalmente para uma rejeição agressiva: "Leio cada vez menos os jovens pedantes do *Cahiers du Cinéma* [...] direitizantes [...]" (1963). Se Paulo Emílio já tinha insinuado o caráter religioso da política (veja-se o título de um artigo de 1960: "O católico Claude Chabrol"), penso que pela primeira vez no Brasil qualificava-se seu caráter político de direitista. Essa ruptura com a política distancia Paulo Emílio de qualquer discussão do assunto, que ele dá por encerrado, o que não impede que continue a aparecer em seus escritos a palavra autor com uma valorização sincera. Em 1965, diz que *O desafio* "confirma Paulo Cezar Saraceni como o mais pessoal e intransigente autor de filmes que o Brasil já conheceu".

GUSTAVO DAHL

Conhecido hoje como ideólogo do mercado cinematográfico, Gustavo Dahl foi provavelmente, entre os críticos que iniciaram sua carreira no final dos anos 1950, o primeiro a se dedicar mais detidamente à questão da autoria. Apoiado na crítica francesa e em particular nos *Cahiers du Cinéma*, desenvolve inicialmente suas preocupações em artigos publicados no "Suplemento Literário" de *O Estado de S. Paulo* sobre Elia Kazan, considerado autor pelo articulista. Defronta-se com um primeiro problema – já conhecemos o assunto: quem é o autor de *Sindicato de ladrões* e *Um rosto na multidão*, o diretor Kazan ou o roteirista Budd Schulberg?

> Do ponto de vista temático, não é uma obra de Elia Kazan. É certo que o diretor imprimiu ao filme a marca de sua personalidade e de seu estilo,[9] tanto assim que nele encontramos as constantes de Kazan [...] mas se necessário fosse apontar um autor para *Um rosto na multidão* não hesitaríamos em indicar o cenarista [roteirista] Budd Schulberg.

Dahl não conhece o roteiro nem a novela adaptada, mas apoia-se, para fazer essa afirmação, no romance *O que faz correr o Sammy?*, de Schulberg, que tem afinidades

---

9 O termo "marca", aqui encontrado em Dahl, é recorrente na crítica da época. Moniz Vianna fala da "marca deixada" por Lewton; Almeida Sales da "marca do temperamento", que equivale aproximadamente ao estilo ou é revelada por ele; Khouri, da "marca pessoal" de Hitchcock; Azeredo, da "marca de uma personalidade como a de Khouri".

temáticas com o filme. Exemplifica com análise de personagens do filme e do romance:

> A exemplificação [...] parece-nos suficiente para mostrar como projetando o romance sobre o filme somos obrigados a atribuir a Schulberg todos os conceitos implícita ou explicitamente expressos no filme e considerar como preexistente no roteiro toda a temática do filme, limitando-se a ação de Kazan a uma participação *a posteriori*, à formalização de um conteúdo, sendo impossível, portanto, considerá-lo como principal autor do filme [...].

Eis um autor que não é autor de dois de seus filmes. Isso se deve à dificuldade encontrada para articular entre si os filmes de temática social, como os dois citados acima, e os que abordam problemas individuais e intimistas, como *Boneca de carne* (talvez não seja também de todo estranho a essa problematização o fato de *Sindicato de ladrões* ter sido considerado macarthista). Eliminando os dois filmes citados da obra autoral, preserva-se a coerência interna. A construção do crítico sustenta-se, mas evidentemente o resultado não é muito satisfatório. Dahl afirma então que "é necessário dizer que não é nesta fidelidade [a si próprio] que está sua grandeza [de Kazan], da mesma forma como não foi numa infidelidade que esteve sua fraqueza".

Dahl, nesse particular, posiciona-se diferentemente de Paulo Emílio, por exemplo, que nos falava, como já vimos, da "infidelidade de Visconti" e da "fidelidade de Luis Buñuel". Dahl prossegue: "Elia Kazan pode, no futuro, sofrer novas transformações e trilhar caminhos imprevistos, pode permanecer em seu estado atual ou mesmo [voltar] ao passado sem que isso o prejudique ou comprometa, pode em qualquer situação atingir a universalidade [...]".

Instalando a autoria acima das variações temáticas ou outras – na universalidade –, a coerência procurada do autor cinematográfico está preservada. Fazendo tal afirmação, Dahl distancia-se da coerência segundo a política, mas mantém uma das palavras-chave. É possivelmente no mesmo sentido que se devem interpretar os escritos sobre Gance:

> bastaria um só filme tocado por sua personalidade [...] para demonstrar a enorme distância que separa Abel Gance dos que gastam uma vida fazendo filmes médios, ou mesmo bons, mas que jamais superam a categoria de exercícios de estilo sem atingirem dimensões supra-humanas, sem conseguirem aquela comunicação entre o homem e a transcendência, que só é própria da grande obra de arte.

Reencontramos aqui a já conhecida negatividade dos exercícios de estilo, uma "transcendência" que pode corresponder à "universalidade" de Kazan, e um conceito de "gênio" que é provavelmente uma superação do autor.

Artigos um pouco posteriores são dedicados à Nouvelle Vague, por ocasião de uma mostra de cinema francês, e sente-se Dahl muito próximo dos *Cahiers* e de Truffaut: "Clouzot, Becker e Lara não reservam surpresas. Os dois primeiros parecem estar se dedicando à exploração de seus antigos sucessos, na doce ilusão de que isso é estilo".

Vale dizer que a repetição de si mesmo, a fidelidade a si próprio, a marca não constituem autoria. Enquanto na Nouvelle Vague encontra-se "a ânsia de liberdade, a obsessão do estilo e a valorização do autor. Diga-se de passagem que as três noções são complementares". A Nouvelle Vague é "a valorização irredutível do autor".

O artigo de Paulo Emílio "Artesãos e autores" toma todo seu sentido.

Na série já citada de artigos sobre Khouri, Dahl, antes de abordar seu assunto, faz considerações sobre a autoria tal como a entende:

> A câmera participa organicamente de sua personalidade, integrando-se fisicamente no diretor. Jamais haverá um filme brasileiro enquanto seu diretor não tiver em relação à câmera as mesmas sensações e sentimentos que tem pela sua mão ou seu fígado. A câmera não pode ser um instrumento de evocação ou descrição da realidade exterior, o autor necessita, como queria Bazin, "escrever diretamente em cinema".

Observe-se a encontradiça metáfora literária. Os filmes brasileiros – afirma Dahl – na maioria não são filmes, são aleijões, quando muito projetos de filmes.

> Não se trata, evidentemente, de um problema de domínio ou não da linguagem e da gramática cinematográfica, que hoje são, pura e simplesmente, o último reduto do academicismo cinematográfico, mas sim de explicitar com, pelo e no cinema uma visão de mundo, partindo, é lógico, do princípio elementar de que ela existe. Na verdade, os filmes brasileiros que tentam essa explicitação de uma [visão de mundo] fracassam por não conseguirem cristalizá-la cinematograficamente, deixando-
> -a sem contornos, e assim impedindo-nos de orientarmo-nos e penetrá-la. Eles ou ignoram a possibilidade do cinema de exprimi-la, e tentam explicá-la discursivamente, literariamente,[10] ou então usam o cinema simplesmente para descrevê-la ou evocá-la, ou ainda pretendem, invertendo os caminhos, criá-la abstratamente, a partir dos meios de expressão tradicionais. Hoje sabe-se que o cinema não pode nem deve ser meio de expressão, mas sim expressão pura. Um filme não tem que exprimir, não tem que servir de veículo a uma visão do mundo existente *a priori*, mas ser ele próprio uma visão do mundo.[11]

E ainda: "Um filme tem que ser um prolongamento vital do autor, feto do qual nunca é rompido o cordão umbilical. Conhecendo-o estaremos conhecendo o ser que o criou [...]". Isso muda a maneira de fazer cinema:

> Hoje mais do que nunca o cinema deixou de ser arte coletiva, esta hegemonia dos elementos auxiliares da criação veio por terra e foi substituída pela do autor. O cinema começa

---

10 Encontramos aqui uma contradição frequente em inúmeros críticos, brasileiros ou não: fazer cinema é como *escrever*, significando liberdade e expressão pessoal, é a metáfora literária; por outro lado, o bom, o verdadeiro cinema não é literário. A análise, particularmente interessante, dessa contradição não está no âmbito deste trabalho.
11 Não é impossível que os métodos de análise que desenvolvi em *Cineastas e imagens do povo* e *O voo dos anjos* tenham relação com as ideias expostas por Dahl nessas citações.

e termina na direção e tudo num filme deve exprimir uma individualidade. Não há mais um estilo de iluminação ou de cenografia ideal, que sirva de referencial para o fotógrafo ou o cenógrafo, o autor tem o direito de impor seu estilo, mesmo que ele contrarie as concepções usuais. Desta forma o fotógrafo ou o cenógrafo serão melhores não à medida que conseguirem manter seu próprio estilo de filme para filme, mas por sua capacidade de compreender e realizar o do diretor. É a ditadura do criador.

Dahl articula seu pensamento com a situação brasileira e, afastando-se um tanto da política, distancia o autor da indústria: "Não é necessária uma indústria forte para que tenhamos um cinema digno, pois a possibilidade de o cinema exprimir algo objetivamente, independente do autor, como por vezes aconteceu no cinema americano, é remotíssima".

O tom de Dahl, que vai da "universalidade" do "gênio" à "ditadura do criador", muda com os artigos que manda da Itália. A frase "Cinema é o diálogo do filme com seu público", no artigo "Algo de novo entre nós", indica algo de novo no pensamento de Dahl.

> E o diálogo só é possível quando o filme traz a presença do homem, que é a presença do autor. "Só há autores de filmes, e sua política, em razão das próprias coisas, [é] inatacável." A arte é do artista, o artista é o homem, o homem que é, é em liberdade. O cinema, que é do homem e do Homem, é livre, livre sobretudo da pressão econômica que traz em si a organização industrial.

Grafando "homem" com H maiúsculo e minúsculo, Dahl articula a universalidade transcendental com a história, o que parece novo em seus textos, resultado provável de sua experiência italiana. "Da lição neorrealista, o importante é esta aproximação do Homem, baseada exclusivamente na revelação do autor, nu, pela primeira vez, e do olhar que deita sobre a realidade."

A articulação de neorrealismo com autoria distancia Dahl da visão que tinha a *Revista de Cinema* da ideologia cinematográfica italiana nos primeiros anos 1950. Dahl esteve na Itália no início dos anos 1960.

Gustavo Dahl retomará a temática da *autoria* num texto publicado na antologia *Cinema Moderno, Cinema Novo*, intitulado "Sobre o argumento cinematográfico: começo de conversa". O livro é uma espécie de manual, e a Dahl coube esse tema, deixando-o pouco à vontade para tratar da autoria, já que o argumento é a parte do filme "especificamente não cinematográfica". "No filme, quem fala, quem diz alguma coisa é o diretor, é ele o criador das formas que irão [...] significar; [deve-se reconhecer a] prioridade e exclusividade da direção como meio de expressão cinematográfica."

Para sair dessa dificuldade, Dahl retoma uma posição--chave da política:

> Há todo um cinema, o americano da grande época, 1925-1945, no qual os filmes vinham ao diretor com argumento escolhido, roteiro pronto e elenco determinado. Impassível, ele saturava de estilo estes elementos e no final a história que lhe era completamente ausente dizia o mesmo que se o diretor a tivesse escrito. Tudo isso veio gerar uma concepção do cinema segundo a qual a ação não era mais compreendida como progressão de uma narrativa mas como deslocamento material do ator-personagem dentro do quadro.

É a afirmação da primazia da *mise en scène,* a qual leva ao autor: essa concepção de cinema

> obrigava o diretor a encontrar e inventar os meios que exprimiriam concretamente seu sentimento do mundo [...] esgotadas as pesquisas formais, e atingido o grau da perfeita identificação do estilo com o artista, descobriu-se no diretor uma nova dimensão: a do autor.

Muda a atitude quando se passa para outro quadro de produção em que o cineasta escolhe seu argumento: a "escolha de um tema já inclui uma opção do autor e como tanto já constitui um estilo", tornando-se então possível acompanhar o "devenir de um diretor" pelos temas de seus filmes, mesmo sabendo que só pela forma é que um tema se transforma em conteúdo. O argumento é escolhido em função do estilo. Assim, "os papéis se inverteram entre o argumento e a direção": a direção, ou seja, a *mise en scène*, é que condiciona o argumento. É um posicionamento oposto ao de Almeida Sales, para quem o estilo deve submeter-se à narração.

Para finalizar, gostaria de indicar algumas considerações feitas por Dahl nesse texto sobre o papel do cineasta e do artista em geral. O cinema acreditou em suas imagens, o que o levou a tomá-las pela realidade. De forma que o simples deitar os olhos sobre a realidade concreta já constitui "uma revolução". É o que ocorre com *Obsessão*.

> A responsabilidade do artista é com sua obra, mas também com a realidade, e seus compromissos são com sua arte, mas também com a vida, a sociedade e a História. [O artista não deve] mais constatar a realidade como um todo indissolúvel, mas [...] tomar um partido sobre o que dentro dela é falso e o que é verdadeiro. [...] Poder-se-ia estabelecer uma relação dialética entre vida, sociedade e História, como entre poesia, política e moral, como entre sentimento, consciência e autenticidade. E imaginar o artista tentando realizar a síntese das sínteses, aquela da autenticidade, da moral e da História. No fundo de si, cada pessoa sabe que a Idade de Ouro virá quando sua autenticidade coincidir com a de todos, transformando-se em Moral e esta, institucionalizada no Estado, coincidir com o sentido da História, que é a liberdade do homem. O artista é um dos muitos que creem no advento desta utopia e para ele trabalham. [...] A arte será devolvida às massas, e estas à arte. [...] O problema fundamental do argumento cinematográfico hoje é saber se seu autor se sente ou não responsável pelo mundo em que vive [...] os verdadeiros artistas são da raça que tem consciência de que o mundo pode ser transformado pelo homem, em seu próprio benefício, e põe esta consciência a serviço desta transformação.

Desponta aí toda uma ideologia da época (1966) que nos interessa porque ela provavelmente manifesta o tratamento original que alguns críticos e cineastas brasileiros deram à questão da autoria. Embora se retome grande parte do aparato francês, a conexão da política com uma responsabilidade histórica e uma utopia social é impensável no quadro dos *Cahiers*. E tampouco se encontra nos críticos brasileiros comentados anteriormente. A noção de autor sofre uma nítida inflexão ao ser inserida numa rede de outras preocupações ideológicas que se manifestavam na intelectualidade brasileira de então. O que é perfeitamente perceptível em Glauber Rocha.

GLAUBER ROCHA

Em *Cinema Moderno, Cinema Novo*, o ensaio que segue o de Dahl é "O diretor (ou o autor)", de autoria de Glauber, que avisa que falará do diretor cinematográfico, porque do autor Dahl disse o que devia ser dito. Apesar do título desse artigo, é provavelmente em *Revisão crítica do cinema brasileiro* (1963) que Glauber mais claramente se posicionou diante da questão da autoria cinematográfica, a ponto de esse pequeno ensaio poder ser considerado uma espécie de manifesto do cinema de autor no quadro do Cinema Novo.

Vou direto ao que me parece o essencial na concepção do autor segundo Glauber: "Se o cinema comercial é a tradição, o cinema de autor é a revolução. A política de um autor moderno é uma política revolucionária: nos tempos de hoje, nem é mesmo necessário adjetivar um autor como *revolucionário,* porque a condição de autor é um substantivo totalizante. Dizer que um autor é reacionário, no cinema, é a mesma coisa que caracterizá-lo como diretor do cinema comercial; é situá-lo como artesão; é não ser autor", lê-se na "Introdução". Outro ponto essencial: "O autor é o maior responsável pela verdade: sua estética é uma ética, sua *mise en scène* é uma política". Donde a necessidade de rejeitar os refletores gongorizantes, a maquiagem, as cenografias de papelão: o autor precisa apenas de um operador, uma câmera, alguma película e o indispensável para o laboratório – equipe mínima. O resto é liberdade e *mise en scène.* Só assim o autor pode livrar-se das convenções e encontrar a realidade "numa visão livre, anticonformista, rebelde, violenta, insolente". Aprender cinema é aprender a realidade: "O cinema não é instrumento, o cinema é uma ontologia". Essas citações deixam claras conexões ideológicas com Gustavo Dahl, Godard (o cinema como ética) e André Bazin pelo uso do conceito de "ontologia", devendo-se notar que o crítico francês o aplica à fotografia e não ao cinema. Aliás, Bazin é apresentado, discutivelmente, como o "primeiro pensador" do "método do autor". Esse vínculo do autor com a história – traço que diferencia nitidamente a acepção de Glauber e Gustavo Dahl da francesa e da dos críticos brasileiros abordados anteriormente, que desenvolveram o grosso de sua produção nos anos 1950 – será uma constante do pensamento nessa primeira metade dos anos 1960. Expressa na *Revisão crítica* de forma suave, encontra formulações mais veementes:

> Sou por um cinema de autor [...] Temos o dever de registrar o momento histórico, político e social da nossa era e vamos tentar fazer isto sem misturar tintas para agradar a visão de ninguém (1963). Cinema só é importante quando autoral, um cinema que reflita sobre a realidade, que pense, que aja sobre a realidade. Um filme pode ser real, sendo puramente informativo, puramente fenomenológico [...] na medida em que vê essa realidade, informe sobre ela, a discuta, e faça agitação política em torno dela. Aí é que o cinema é autoral [...] Acho que a realidade está à disposição de todos, desde que seja encarada por um autor que tenha concepção ideológica e política (1965).

Embutida na noção de autor está a recusa da indústria, dos estúdios e da linguagem convencional que afastam o cinema da realidade. "A missão única dos autores brasileiros" será "lutar contra a indústria antes que ela se consolide em bases profundas". Essa oposição à indústria, e também ao comércio cinematográfico, essencial na posição de Glauber, é inúmeras vezes afirmada bem antes da *Revisão crítica*. Glauber radicaliza a posição francesa, a ponto de derrubar o que era um dos pilares da política dos autores. "O produtor é um inimigo", afirma Welles, já sabemos.

Mas não tem o autor de *Cidadão Kane* completa consciência do quanto vale em dinheiro seu nome? [...] Antonioni era um autor *maldito* até a explosão de *A aventura.* Em seguida *A noite,* em Paris, rende na primeira exibição 40 milhões de francos. Hoje Antonioni é um *best-seller.*

Glauber também dirá:

> *Casanova* é sucesso moderado de Fellini, num mercado de *cineautores,* dominado por Bergman, Antonioni, Buñuel, Resnais etc. [No trabalho do "Artista cinematográfico",] produtores investem milhões. É necessário tornar o autor intelectual do filme uma peça rara. É preciso convertê-lo em monstro sagrado, como antigamente era feito com as estrelas [...] Todos nós sabemos [...] que o fenômeno da Nouvelle Vague foi apenas um golpe de produção muito bem lançado [...] No caso francês, abrimos uma bíblia como *Cahiers du Cinéma* e encontramos alinhados em alta consideração nomes como os de Hitchcock, Samuel Fuller, Richard Brooks, Nicholas Ray, Martin Ritt, Richard Quine e de quase todos os diretores americanos da moda, diretores que, à exceção de Hitchcock, não possuem o menor sentido criativo (ou não podem demonstrá-lo). São apenas artesãos contratados, sem ideias más, lucrativamente, portadores de certas características pessoais capazes de servir para melhor faturar novos padrões. Este mínimo de dignidade permitido significa muito dentro do complexo industrial. Qual o autor moderno americano livre do pecado, se mesmo a esperança Stanley Kubrick mergulhou numa superprodução como *Spartacus*?

É, em parte, essa radical solidão diante da indústria e do produtor que, no texto de 1961 donde extraio o mais dessas citações, leva Glauber a uma visão tão dorida do autor.

> No caso do autor, que essencialmente é poeta ou ficcionista, aderir ao cinema é, em primeiro lugar, a maior ambição de criar mundos próprios mais visíveis e divulgáveis. Em segundo lugar, adquirida logo após o ingresso, disponibilidade para autoflagelação. Faço referência a este segundo aspecto apenas para

salientar mais um aspecto negativo da condição de cineasta. Mas o que realmente interessa é saber até que ponto este sofrimento físico e moral deixa de ser talvez um masoquismo para adquirir formas disfarçadas de demagogia [...] Todo autor (que antes é um crítico, um poeta, um escritor ou pintor) que abandona suas primeiras tendências e resolve criar filmes traz consigo uma irrefreável ambição. Seria preciso conservar a humildade original para recusar, implicitamente, a fortuna e a glória. Cruzando a fronteira, já aderiu, sob aquelas formas disfarçadas da demagogia. E este aspecto mais se consolida quando o autor vê, no filme pronto, apenas um espectro, ou, quando mais, um esboço de sua ideia original. O vício porém já o domina e é difícil recuar. A soma de responsabilidade de um cineasta é tamanha que recuar seria destruir um grupo inteiro. [...] O *ser autor de filmes* é uma condição mais dramática e absurda – que sofre pressões externas mas é esmagada pelo conflito inevitável do autor: esta forma de olhar o mundo é tão individual que, mesmo nos casos forçados, é impossível disciplinar a visão aos regulamentos dos visores tradicionais, formulados para divertir e dar lucro. Orson Welles e Jean Vigo, Flaherty e Max Ophuls, Eisenstein e Visconti, Rossellini e Buñuel – eis os heróis da saga cinematográfica em vários pontos do mundo. Em diversos momentos: todos eles não tombaram pela resistência do gênio, pela potência maior da fé nas ideias – mas todos sofreram e foram mutilados pelo poder econômico ou pela censura. [Esse autor, cuja] criação depende dos meios técnicos [que lhe são negados – pode existir?] Será possível um *cinema de autor,* ou o cinema, por sua própria composição, é uma arte menor, que não permite *autores*? Estarão os autores verdadeiramente possuídos de *cinema* ou de *condição autoral* incorporada ao cinema? Pela contradição de um processo é possível o autor se afirmar? A única forma de negar estas perguntas não será como diz Orson Welles – uma manifestação totalmente criminal do autor, criminal e suicida a ponto de subverter a ordem do cinema e da moral em nome do mito (1964).

Apesar dessa oposição à indústria, apesar de não ser o cinema um instrumento, e sim uma ontologia, o autor precisa desse instrumento para realizar sua ontologia. Daí a necessidade de encarar o cinema também como instrumento, portanto como indústria. Glauber reencontra aqui a contradição analisada por Maria Rita Galvão.[12] Os independentes são contra a indústria, que exerce coerção sobre os cineastas privando-os de sua liberdade; sem indústria, porém, não há como produzir filmes tecnicamente competentes e fazê-los circular; donde o cinema independente precisa apoiar-se numa indústria. O que leva Glauber ao que podemos chamar de um oxímoro: precisamos de uma "indústria do autor", a qual é a "síntese dessa nova dialética da história do cinema".

Essa impostação do autor e a oposição à indústria nos devolve ao binômio profissional de diretor *versus* cineasta ou artesão *versus* autor, num posicionamento evidentemente favorável a este último. Paulo Emílio é citado – o artigo-bomba "Artesãos e autores" não pode ser ignorado. Glauber reconhece que há casos em que o artesão pode aceder à autoria, mas deixa de lado o caráter polêmico e provocador do posicionamento de Paulo Emílio. É uma concessão que Glauber faz, pois cinema de autor é a expressão de uma "visão de mundo", escreve retomando expressão cara a seus predecessores. E – afirmação substancial – "o autor é um termo criado pela nova crítica para situar o cineasta como o poeta, o pintor, o ficcionista". Essa afirmação retoma a referência literária já conhecida, mas, a meu ver, a ultrapassa, não apenas pela inclusão do "pintor": ela manifesta uma ânsia de legitimidade pela vontade de dar ao cinema (autoral) o mesmo *status* de outras artes amplamente reconhecidas, o que veremos mais detalhadamente a seguir.

Glauber faz outra operação, talvez a mais significativa de seu livro. A partir do conceito de autor, reorganiza retrospectivamente toda a história do cinema:

> ela não pode mais ser dividida em período mudo e sonoro [...] seria quase a mesma coisa que dividir a história da literatura em antes e depois de Gutenberg. [...] A história do cinema,

---

12 Maria Rita Galvão, "O desenvolvimento das ideias sobre cinema independente", em: *30 anos de cinema paulista. 1950-1980*, São Paulo: Cinemateca Brasileira, 1980.

modernamente, tem de ser vista, de Lumière a Jean Rouch, como cinema comercial e cinema de autor.

A história é um campo de batalha ideológica, e Glauber, a partir do autor, apropria-se da história. Mas o faz de maneira diferente dos franceses. Estes, pelo menos numa de suas linhas de atuação, descobriam a autoria como superando as coerções da indústria e dos produtores. Cito a relação glauberiana: Méliès, Eisenstein (que não teve direito ao olimpo francês), Dreyer, Vigo, Flaherty, Rossellini, Bergman, Visconti, Antonioni, Resnais, Godard e Truffaut, que, certo, revelaram competência artesanal, mas essencialmente apreenderam e plasmaram a realidade em visão de mundo. Não acredito seja essa uma relação exaustiva, dificilmente Buñuel ficaria de fora, mas é eloquente a ausência de nomes como Hitchcock, Ray, Huston, Ford e outros que nutriam a literatura francesa. Essa reorganização peremptória da história do cinema tem uma consequência que considero fulcral no pensamento de Glauber. Como vimos, o autor deve procurar uma visão livre, anticonformista, rebelde, violenta, insolente: é uma linguagem de ruptura. A reorganização que Glauber pratica na história do cinema lhe possibilita encontrar uma tradição, e uma tradição composta por cineastas acima de qualquer suspeita. Essa articulação ruptura/tradição é fundamental para a compreensão de *Revisão crítica* (como, aliás, para vários aspectos do pensamento e da obra de Glauber). Podendo a ruptura levar a uma extrema solidão e perda de coordenadas, procura-se uma tradição, sem que a ruptura perca seu caráter. Aceitar a tradição já instituída seria negar a ruptura. Daí se constrói uma tradição a partir da ruptura, que passa a ter um efeito simultaneamente retrospectivo e prospectivo. Penso que estamos prontos para abordar o capítulo de *Revisão crítica* intitulado "Humberto Mauro e situação histórica".

Existem vários Humberto Mauro: o dos anos 1950 apresentado nos catálogos das mostras de 1952 e 1954 não é o de *Humberto Mauro, Cataguases, Cinearte* de Paulo Emílio Sales Gomes, que também não é o de Glauber ou o de David Neves. O de Glauber tem um caráter emblemático que pressentimos na conexão de "situação histórica" com seu nome, bem como no fato de ser este o primeiro capítulo do livro, o primeiro passo da revisão histórica: o embasamento da história do cinema brasileiro contada por Glauber.

É dito que

> Mauro, em *Ganga bruta,* realiza uma antologia que parece encerrar o melhor impressionismo de Renoir, a audácia de Griffith, a força de Eisenstein, o humor de Chaplin, a composição de sombra e luz de Murnau.[13] Ou que a fotografia do "filme de Mauro apresenta uma qualidade igual à dos melhores fotógrafos de então; na história da fotografia no cinema, quando for escrita, Edgard Brasil terá a importância que um Tissé teve para Eisenstein; Kaufman para Dziga Vertov e Jean Vigo; Gregg Toland para Orson Welles e William Wyler [...]". [E também que a montagem do filme encontra relação] "com o ritmo sincopado de Godard ou o ritmo especulativo de Resnais".

Poderíamos citar outras referências avançadas por Glauber, mas bastam essas para compreender a operação. Trata-se de inserir Mauro num contexto internacional altamente legitimado, por cima dos países, das escolas e dos períodos. Essa inserção dignifica Mauro. Dele também será dito que "está bem próximo de José Lins do Rego, Jorge Amado, Portinari, Di Cavalcanti, da primeira fase de Jorge de Lima e de Villa-Lobos". Nessa passagem do contexto internacional para o nacional, Glauber prossegue:

> Humberto Mauro é a primeira figura deste cinema no Brasil; assim como esquecer Gregório de Matos, Gonçalves Dias, Cláudio Manuel da Costa, Jorge de Lima, Drummond e Cabral na evolução de nossa poesia; assim como esquecer José de Alencar, Raul Pompeia, Lima Barreto, Machado de Assis, José Lins do Rego, Graciliano Ramos, Jorge Amado, Guimarães

---

[13] Essa lista elaborada por Glauber pode ser relacionada com entrevista dada por Rogério Sganzerla a respeito de *O bandido da luz vermelha*, quando elenca os cineastas de quem teria "roubado" ideias, salientando para cada um deles um traço dominante. Cf. J.-C. Bernardet, *O voo dos anjos*, São Paulo: Brasiliense, 1991, p. 198.

Rosa, Lúcio Cardoso, Adonias Filho na evolução de nosso romance. Esquecer Humberto Mauro – e antes não se voltar constantemente para sua obra como única e poderosa expressão do cinema novo no Brasil – é tentativa suicida de partir do zero para um futuro de experiências estéreis e desligadas das fontes vivas de nosso povo, triste e faminto, numa paisagem exuberante.

Eis Mauro inserido num contexto cultural brasileiro, cuja legitimidade deve como que contaminar o cineasta. A operação tem inicialmente a mesma estrutura da anterior, mas com uma sensível diferença: o contexto é construído predominantemente com nomes de escritores (e isso nos remete à metáfora literária já apontada anteriormente), mas incluindo também pintura e música – observa-se, no entanto, a total ausência de cineastas. É que o desprezo em que foram mantidos cineastas e cinema brasileiros pelas instâncias legitimadoras impede que se encontrem nomes suscetíveis de dignificar Mauro. E então vem a segunda parte da operação em terreno brasileiro: é Mauro que, uma vez dignificado, poderá dignificar os cineastas cujos nomes forem associados ao dele. Essa concepção de Mauro, criada pela projeção da ideologia autoral, faz do cineasta assim legitimado o patrono do Cinema Novo que ele então passa a legitimar. O Cinema Novo encontra, dessa forma, sua tradição, sobre o que a citação acima não deixa dúvida. Do patrono, o que o Cinema Novo vai extrair? Penso que sobretudo três elementos. "A tradição de Mauro não é apenas estética e cultural, mas é também uma tradição de produtor": ele trabalha com baixos orçamentos, com "recursos mínimos", o que é essencial para o cinema dito de autor, dito independente. Outro ponto que coaduna Mauro com um dos conceitos importantes da política dos autores: *Ganga bruta* não pode ser decomposto em termos de "argumento" e "direção", "enquadra-se como cinema de *mise en scène*: a montagem não é uma tirania e é a visão do cineasta diante de cada fase dramática que o impulsiona para esta ou aquela escolha da câmera, realizando a montagem a partir de um ritmo interior", e não pela "conjugação gramatical dos planos".

Comentando a *mise en scène* de Mauro, Glauber refere-se ao primeiro plano de *Engenhos*.[14] "Aí, neste plano inicial, está a raiz do enquadramento do filme brasileiro – visão que seria restabelecida quase trinta anos depois por Nelson Pereira dos Santos, Linduarte Noronha, Paulo Saraceni e Joaquim Pedro". Glauber argumenta, a respeito desse plano, que "a verdade com que Mauro penetra no quadro é suficiente para informar, sem rodeios, o problema social". Esse é mais um aspecto que permite alçar Mauro a patrono do Cinema Novo.

> O que importa aí não é a qualidade da lente ou da iluminação ou os rigores da composição; é, sim, o despojamento que vem do verdadeiro artista no seu contínuo diálogo com a realidade, uma relação dialética que o leva à crítica e à prática transformadoras. É um problema de verdade e de moral; é ser autor; é fazer *cinema novo* contra o cinema mecânico.

Esses conceitos de realidade, verdade e moral, estruturalmente associados ao de autor na concepção de Glauber, organizam sua revisão do cinema brasileiro. É o que lhe permite justificar a seguinte afirmação: "O autor no cinema brasileiro se define em Nelson Pereira dos Santos", bem como negar a Walter Hugo Khouri a qualidade de autor. A parte de *Revisão crítica* referente a Khouri é provavelmente, com os textos já comentados de Paulo Emílio e Gustavo Dahl, o que de mais perturbador se escreveu sobre Khouri na época. Recusar totalmente Khouri, Glauber não pode, pois reconhece que o cineasta paulista está "desejando um cinema de autor" e não busca "acolhimento nas indústrias". Mas ele não é social, eis o que lhe falta para entrar no rol dos autores:

> o advento de Khouri e o endeusamento de sua obra pela crítica idealista criou, radicalmente, duas tendências no cinema independente. A primeira, na busca de um cinema brasileiro, inevitavelmente social [...] a segunda, na busca de um cinema formalista e universalizante [*sic*], inevitavelmente metafísico, cujo templo era *Estranho encontro*.

14 Suponho tratar-se de *Engenhos e usinas*.

O *"sic"* é de Glauber e tem ressonância irônica, pois a operação que pratica com Mauro não deixa de ser universalizante. O formalismo faz desse filme uma "antologia [...] completa dos arquivos de cinemateca". Nova ironia: é um pouco como uma antologia desse tipo que Glauber elogiava *Ganga bruta*. E *Estranho encontro* "deixava entrever um diretor de talento". Esse talento, essa vontade autoral de Khouri, essa oposição ao cinema industrial e sua "autenticidade de caráter" impedem que se lhe recuse totalmente a qualidade de autor. Portanto se dirá de Khouri que é "autor de cinco filmes", mas se completará dizendo de *A ilha* que, "despojado na linguagem, mais limpo nos diálogos, um tanto ligado ao social, não consegue ser nem mesmo a expressão das ideias de seu autor".

Restará a Glauber tratar Khouri como tantos outros fizeram: uma potencialidade, e não um caso perdido. Se Khouri deixar de ser "um intelectual pequeno-burguês", se deixar de ter apenas "o sentimento dele mesmo e do cinema", se seu cinema deixar de cultuar "formas morais sepultadas" e se adquirir o "sentimento do mundo", então resta uma esperança: "É necessário que Khouri reaja antes que seja tarde: seu talento, seu amor ao cinema, sua capacidade de trabalho exigem que ele assim o faça".

Nessa situação, Khouri não está isolado, a bem da verdade tem um antecedente de peso: Mário Peixoto. Só que os tempos atuais não permitirão "que sua obra se converta num mito como *Limite*". Dessa forma, podemos pensar que duas linhas estruturam a história do cinema brasileiro na vertente autoral: Mauro, que desemboca no Cinema Novo; Peixoto, prolongado por Khouri. Não é só por Peixoto ser um "intimista", um "místico", um "homem voltado para seu mundo interior", "inteiramente afastado da realidade e da história", "um esteta hermético" etc. Simplesmente a linha Peixoto/Khouri é obliterada pelo próprio título do segundo capítulo de *Revisão crítica*: "O mito *Limite*", mito opondo-se a "situação histórica", que consta do título do capítulo referente a Mauro.

Em Glauber, a política dos autores não é apenas um método crítico, como era o caso dos críticos até agora abordados. Torna-se um método de construção da história pregressa e um método prospectivo, no sentido em que permite traçar perspectivas para a produção cinematográfica.

Os textos em que Glauber Rocha e Gustavo Dahl tematizaram a questão da autoria e, de forma mais ampla, o trabalho ideológico dos cineastas do Cinema Novo tiveram consequências: instalaram um autor cinematográfico cuja respeitabilidade e legitimidade não é mais questionada.

Os críticos e cineastas que iniciaram seus trabalhos aproximadamente em meados da década de 1960 não tinham mais que polemizar em torno desse termo para defini-lo ou afirmá--lo. Assim, num texto de 1966, Rogério Sganzerla pode usar a respeito de Paulo Cezar Saraceni um denso conceito de autor: "[ele] é um autor-de-cinema; além de seus conhecimentos literários, tem uma compreensão profundamente dinâmica do mundo pelo cinema e do cinema pelo mundo".

A respeito de *O desafio*, Sganzerla usa a expressão "cinema-de-invenção":

> invenção na hora da filmagem, planificada na personalidade do autor, com suas distâncias erradas, seus movimentos indecisos ou majestosos, sua montagem em estilo cinejornal. *O desafio* deve ser compreendido como um diálogo entre o pensamento e as coisas concretas, o autor e o mundo [...]
> A cena continua por quase dois minutos, sem nenhum motivo aparente, mas porque o autor quis que fosse assim [...].[15]

É 1969, o ano do Dragão, os tempos mudaram, as ideias – de Glauber e de outros – também, um tanto.

> Outro problema que existe na indústria são os diretores com *complexo de gênio* [quem sabe se, anos atrás, não se teria

---

15 R. Sganzerla, "O marginal Paulo Cezar". "Suplemento Literário" de *O Estado de S. Paulo*, 21.6.1966. Aproveito a oportunidade para assinalar que "cinema de invenção" é o título do livro de Jairo Ferreira (*Cinema de invenção*, Rio de Janeiro: Max Lomonad/Embrafilme, 1986) sobre o cinema dito marginal, enquanto Sganzerla o aplica – possivelmente pela primeira vez na literatura cinematográfica brasileira – a um dos cineastas de maior destaque do Cinema Novo, qualificado, aliás, de marginal. Os conceitos são adoráveis, eles vagueiam e flutuam; quem os emprega, infelizmente, nem sempre.

falado em *autor*] e que sempre falam mal dos produtores. [...] cineastas jovens e independentes [...] frequentemente juram em cima dos *Cahiers* e fazem seus primeiros filmes como se desejassem agradar aos *Cahiers* [...] [e acabam numa] forma de academicismo [afirma Glauber em entrevista concedida aos próprios *Cahiers*]. [Há] autores que combatem a alienação do ponto de vista sociopolítico [e] realizam filmes que – em sua maioria – aparecem profundamente alienados e que estão, no fundo, ligados aos preconceitos culturais colonialistas do cinema americano ou europeu.

Embora Glauber continue usando a expressão "fetiche", o cineasta ligado a tais preconceitos não teria, anos atrás, merecido o qualificativo de autor. Essa frase indica um desapego de Glauber do conceito de autor e outra orientação para seu pensamento.

Nessa mesma série de textos e entrevistas de 1969, Glauber afirma: "O produtor moderno é também autor do filme". Pasmem! Evidentemente esse não é o tradicional produtor norte-americano. No entanto, na longa citação seguinte em que Glauber tenta desmontar um dos princípios da política dos autores com argumento próximo do de Gore Vidal,[16]

> não se sente em relação ao produtor a rejeição e a agressividade dos textos do início da década: o cinema dos EUA. É feito pelos produtores levando em conta o interesse de distribuidores, atores etc. Ali o diretor influencia apenas 20% do filme, não escolhe o argumento, não monta o filme. Mesmo nomes como Hawks, Hitchcock, estão sujeitos ao mecanismo. E então surge um crítico e escreve: "Minelli é um gênio", e não é assim. A Metro é que programou o filme que Minelli dirigiu com sua dose de contribuição pessoal. [Não estamos tão longe de posições que vimos serem as de Rubem Biáfora ou Walter Hugo Khouri.] O que se criou em torno disso é uma mistificação atroz. Os próprios diretores americanos que liam *Cahiers du Cinéma* pensavam que era brincadeira o que diziam deles pelo absurdo, já que seus filmes têm coisas feitas

[16] Ver apêndice.

pelos roteiristas, produtores, auxiliares, montadores [...] Essa postura crítica é uma alienação. Quando vejo cinema americano, tenho que criticar antes o complexo industrial americano. Então posso dizer que o complexo industrial tal de Hollywood produziu um bom filme que fulano de tal dirigiu. Por exemplo: *Caçada humana,* de Arthur Penn, que foi remontado por Sam Spiegel. Não se pode falar dele como autor do filme. No cinema francês é diferente, lá o diretor manda no filme.

Não é essa a ideia de produtor moderno de Glauber. Ele exemplifica com sua própria experiência:

> Eu produzo filmes, recentemente produzi *Brasil ano 2000,* de Walter Lima Júnior. E o produtor é um coautor do filme, não no sentido de dar ideias, que são do diretor, mas no de dar a organização técnica ao filme. Para isso trabalha junto do diretor e não contra ele. Agora, o que acontece é que muitos diretores incompetentes fazem filmes horríveis, que dão um prejuízo enorme aos produtores, aos quais às vezes não resta senão cortar o filme para salvar a empresa. Então o diretor grita: "cortaram minha obra"; mas a que obra se refere? Ele deveria saber que um longa-metragem custa hoje no mínimo 60.000 dólares na América Latina [...] O diretor tem que entender este problema econômico ou acabará por não fazer nada. [...] Nem todos os produtores, aliás, são comerciantes maus e ditatoriais [já dizia Paulo Emílio]. Todos os filmes que são feitos são filmes que encontraram um produtor disposto a investir nele. Um cineasta, até mesmo quando se considera um artista ou um intelectual, deve compreender que também está ligado ao cinema enquanto problema econômico. Ou bem ele faz filmes autorais, belos, políticos e que sejam capazes de estar nos grandes circuitos colocando em causa todos os princípios do comercialismo, ou então faz filmes marginais e deve organizar uma distribuidora clandestina.

Eis o produtor – modernizado – reerguido. Lemos no artigo "Das sequoias às palmeiras", de 1970:

> O que pensamos conseguir no Brasil é uma indústria na qual seja defendida a liberdade de expressão do autor, para

evitar a autocensura econômica [...] Queremos no Brasil uma indústria na qual o diretor seja o autor do filme e o produtor só o administrador econômico e técnico dele. [...] Queremos [...] que o Cinema Novo seja uma indústria, com nova mentalidade, onde o diretor tenha liberdade de criação [...] O que queremos é criar para o futuro uma tradição estética e econômica de cinema. [Afirmação que vai de par com:] Podemos criar as tradições de uma indústria na qual o produtor é o autor. [...] O cinema é antes de tudo uma indústria, *inclusive se é dirigido contra a indústria* (grifos do autor).

Mesmo que encontremos ainda a palavra ou até o conceito de autor, *o* que acabamos de ler não se enquadra mais na política dos autores. Estará ela superada? E o autor também?

o autor é uma ficção?

1. Apontamentos sobre o autor brasileiro

Francis Vogner dos Reis

Em "Domínio brasileiro – anos 1950 e 1960" Jean-Claude Bernardet fez um apanhado esclarecedor da trajetória da crítica brasileira contemporânea à política dos autores dos *Cahiers du Cinéma*. Ele elegeu para análise trechos de textos de alguns críticos emblemáticos, como Rubem Biáfora, B. J. Duarte, Moniz Vianna, Francisco Luiz de Almeida Sales e Paulo Emílio Sales Gomes, e outros que, a exemplo dos Jovens Turcos, fariam a passagem da crítica à direção de filmes, como Walter Hugo Khouri, Glauber Rocha e Gustavo Dahl.

Nesse debate em que Bernardet mapeia o uso da palavra autor, a imprecisão do termo é esclarecedora por dois motivos: o primeiro é fundado numa noção solene, entre a competência profissional e o gênio artístico; o segundo é como esse termo vago compõe um conjunto de valores superficiais (no uso) e universais (no fundamento). Nossos críticos-autoristas-cinéfilos clássicos esmeravam-se em discursos com parâmetros de qualidade amparados nos *production values* estrangeiros e, sobretudo, num conjunto de valores normativos (o cinema deve ou não deve, o cinema é ou não é) um tanto equivocados, ainda que um crítico talentoso como Almeida Sales tivesse por meio desse tipo de abordagem alguns belos *insights*. Os substantivos como "grandeza" e "generosidade" são parte do vocabulário de Rubem Biáfora, por exemplo. Em Moniz Vianna a descrição da boa execução cinematográfica é de um didatismo esquartejador: fala da fotografia, dos autores, do *décor*, da competência do *cameraman*, do uso do som, muitas vezes num exercício exaustivo das hipóteses de intenções do diretor. Esses critérios e descrições valorativas tinham a intenção de educar os olhos dos leitores para as qualidades de uma obra. Para a maior parte desses críticos a mimese convincente amparada por competência técnica elevaria o cinema à condição de arte. A ideia predominante de que "o cinema é uma arte" era o cavalo de batalha, e o "autor" acaba por ser um dado retórico natural, quase sempre identificado com o diretor de cinema estrangeiro. B. J. Duarte, Moniz Vianna e Rubem Biáfora encontravam e celebravam nos filmes traços como "unidade" e "equilíbrio", que geralmente faltavam à maior parte das selvagens fitas modernas, num aspecto mais amplo, e nas fitas amadoras brasileiras, num recorte mais local.

    O Brasil seria então um país supostamente infértil ao surgimento de autores que de fato merecessem esse título? Talvez essa interdição não fosse tão categórica. Mas se levarmos em conta os critérios dos críticos que passavam por um elogio das excelências e pelo traço distintivo do artista pessoal – qualidades estas que fariam um autor – o cinema brasileiro ainda precisaria se desenvolver para conquistar resultados autorais. Não por acaso, quando o Cinema Novo estava berrando a plenos pulmões, as críticas de Moniz Vianna e Ely Azeredo a um filme como *Terra em transe*, de

Glauber Rocha, eram respostas professorais e jocosas, destacando a imaturidade estilística do cineasta. Azeredo escreveu que "ainda é tempo de encontrar a 'justa medida' na expressão autoral" e que o "fracasso estético do filme servirá de exemplo",[17] como se a pedagogia da palmatória fosse emendar o jovem diretor que um dia poderia vir a ser, se a lição for aprendida direitinho, um autor.

Diferentemente desses críticos mais conservadores, Paulo Emílio Sales Gomes, Gustavo Dahl e Glauber Rocha preocuparam-se mais com as implicações concretas do termo e chegaram mesmo a abordá-lo e problematizá-lo mais detidamente, seja em textos programáticos, como os que os cinemanovistas Glauber e Dahl escreveram, seja em artigos problematizadores da questão da autoria, como "Artesãos e autores", de Paulo Emílio. Os textos dos cinemanovistas estavam mais afinados com o gesto dos Jovens Turcos dos *Cahiers du Cinéma* ao brandir o diretor-autor como protagonista criativo e com ele se identificar, já que visavam, eles também, se afirmar como diretores-autores. Glauber e Dahl vislumbravam a emergência de um cinema de autor no Brasil – o Cinema Novo – num cinema moderno que iria se opor ao da indústria de artesãos sem personalidade. Paulo Emílio, em "Artesãos e autores", relativiza essa perspectiva hierárquica entre o artista e o diretor-artesão ao contrapor um profissional "fazedor" (Carlos Coimbra em *A morte comanda o cangaço*) e um diretor com pretensão a autor (Trigueirinho Neto em *Bahia de Todos os Santos*), dando ao artesão, nesse caso, uma vantagem na fatura expressiva do filme, justamente por trabalhar de maneira bem articulada dentro de um sistema de códigos consolidados no imaginário social, ao passo que o candidato a autor joga com o risco do espontaneísmo, acabando, assim, por lhe faltarem elementos que concatenem suas ideias visuais e dramáticas.

O discurso do autor para Glauber Rocha é elemento tático para a intervenção do Cinema Novo. Ele transformou a autoria em fileira de vanguarda. No fim do capítulo,

[17] *Jornal do Brasil*, em 9 mai. 1967.

Bernardet constata que as transformações da compreensão de autor em Glauber Rocha apontavam uma diferença com relação à política dos autores que havia inspirado o primeiro momento do Cinema Novo (o diretor como começo, meio e fim), porque numa nova realidade estética e econômica do cinema – que deveria ser fundada pelo Cinema Novo – surgiria um produtor com consciência diferente daquele forjado na indústria capitalista. Ele também poderia ser um autor. Aí, Bernardet lança a indagação lapidar: "Estariam a política dos autores e o próprio autor superados?". Prosseguimos com a discussão.

2. A inglória busca de um autor

A pergunta de Jean-Claude Bernardet, que interrogava se a política dos autores e o autor estariam superados, repercute dentro do debate sobre o cinema brasileiro moderno. Mas, no universo mais amplo dos filmes feitos no Brasil, a polêmica do autor onipotente talvez nunca tenha feito muito sentido. A crítica raramente se preocupou em pensar o autor fora dos parâmetros do cinema do Cinema Novo (e seus desdobramentos) ou de diretores paralelos, como Walter Hugo Khouri ou José Mojica Marins.

No cinema brasileiro o diretor como "autor cinematográfico" de grande estatura surgiu no Cinema Novo, porém a ideia de uma personalidade criativa dominante não se restringiu ao *metteur en scène*. Assim, podemos pensar no produtor-autor (Adhemar Gonzaga, Oswaldo Massaini, Luiz Carlos Barreto – que é o autor dos filmes de seus filhos), no fotógrafo coautor (Mário Carneiro e Walter Carvalho em alguns filmes) e no autor total que acumula funções atrás e à frente das câmeras (David Cardoso, Amácio Mazzaropi, Renato Aragão). Alguns artesãos, como bem já havia indicado Paulo Emílio Sales Gomes, podem ser mais expressivos que os autores chancelados: Jean Garrett, Roberto Pires, Watson Macedo, José Carlos Burle e Antônio Calmon, que realizaram filmes comerciais de gênero com resultados estéticos e estilísticos mais instigantes do que autores de tarimba como Carlos Diegues (culturalista sentimental sem estilo), Sérgio Bianchi (cineasta do tema e da forma desidratada), Luiz Fernando Carvalho (destrambelhado conceitual) e Hector Babenco (acadêmico).

Alguns dos nomes citados acima, em especial os vinculados aos gêneros populares, estão muito longe da discussão da política dos autores e das qualidades que, *a priori*, definiriam um autor genuíno em perspectiva austera, seja ela mais conservadora e de culto ao "artista" denso e pessoal (de Rubem Biáfora, de Moniz Vianna), seja ela de vanguarda, consolidada na figura do artista iconoclasta (interesse central de Jairo Ferreira em *Cinema de invenção*) e do intelectual que "pensa o país" (a tradição do Cinema Novo). A formulação de Glauber Rocha parece restrita a um projeto para o cinema brasileiro pensado pelo e para o Cinema Novo. Fora desse âmbito e desse debate, o autor acabou por ser um luxo ou um acidente.

Por outro lado, a metodologia da política dos autores, se aplicada a um grande universo de filmes industriais e comerciais, pode ajudar a distinguir as obras e personalidades artísticas de exceção. Um exemplo é o dos filmes de gênero realizados na Boca do Lixo paulistana e calcados no erotismo. Se quisermos considerar que tudo que lá foi feito era automaticamente porcaria misógina, malfeita, chauvinista e reacionária, que nada tinha a dizer sobre o cinema, sobre seu tempo histórico e sobre a subjetividade de grupos sociais a quem era direcionado (e que também realizavam esses filmes), bastaria então uma sociologia vulgar – que conhecemos bem – que estigmatiza os códigos dos filmes e o ambiente onde foram feitos. Mas se a boa vontade sensível e intelectual quiser fazer uma triagem nessa produção, encontrará algumas pérolas e talvez alguns artistas que constituíram uma obra, articulando elementos típicos (e estigmatizados) desse cinema.

Atuando na Boca do Lixo, Walter Hugo Khouri era, "naturalmente", mais um autor (Rubem Biáfora e Ely Azeredo alçavam os filmes do diretor às alturas), mas ele já havia começado a filmar nos anos 1950 fora desse ambiente e a aura sisuda de seus filmes, mesmo os de sacanagem mais desbocada, tais como *Convite ao prazer* e *O prisioneiro do sexo*, fez com que muitos críticos já dessem como incontestada sua autoria. Ozualdo Candeias, apesar de ser o cineasta mais notável da Boca, realizou filmes que não podiam ser enquadrados como pornochanchada e, desde *A margem*, caiu nas graças de críticos de diferentes orientações. Era um autor sem paralelos e os esforços dos críticos por enquadrá-lo em tradições da vanguarda ou dos gêneros populares sempre foram malsucedidos. Já Carlos Reichenbach não teve a mesma sorte, porque se fez como técnico e diretor na Boca e porque seu registro estava muito próximo da chanchada, no humor *overacting*, no pitoresco dos tipos, nas frases lapidares, na cafajestagem e na boçalidade de personagens com fala de matraca. Diferente de Khouri, ele fez uma imersão num repertório popular (músicas, temas, personagens, um certo tipo de humor, diálogo com os gêneros cinematográficos), ainda que citações eruditas fossem abundantes. Diferente de Candeias, suas influências vanguardistas eram reconhecidas e reconhecíveis. Sua valorização como diretor de interesse mais sofisticado aconteceu mais tarde, quando seus trabalhos não eram mais tão identificados com a pornochanchada, ainda que dela carregassem traços exuberantes.

Quando a revista *Contracampo* em seu sétimo número, em 1999, fez um dossiê e uma entrevista com o cineasta Carlos Reichenbach, a intenção foi reconhecer não só uma obra particular e de rara força, mas também discutir um cinema brasileiro que, ao mesmo tempo, dialogava com e divergia de nossos cânones cinematográficos presentes nas universidades e na imprensa especializada. Aqui a política dos autores também foi estratégica, o que não quer dizer que não tenha sido feita com uma prospecção sincera. Afirmar esse autor (e não qualquer autor) na época da Retomada foi uma intervenção crítica. Era dizer que uma cinematografia não era feita só de filmes, mas também de obras; era lembrar que um dia foi possível aliar a busca de público com a invenção estética mais visceral, ainda que ela fosse de exceção; foi também uma provocação a um cinema e a uma época que queriam apagar a memória de um cinema popular impuro, de aparência pobre, antinaturalista, o oposto do gosto da classe média que o cinema de então tentava conquistar (era a época de *Central do Brasil*); era a memória de um cinema popular que, mesmo à margem do gosto e da boa consciência burguesa (de direita ou esquerda), tomava parte no processo cultural. A política dos autores francesa também fez isso: olhou para os filmes de gênero – alguns bastante modestos – e ousou dizer que ali havia arte. O uso da política dos autores nesse caso, aqui como lá, foi tático.

Reichenbach certamente não responde à noção de autor formulada pelo Cinema Novo em que o diretor seria o exato oposto do artesão de indústria. Ele foi diretor de aluguel (*Corrida em busca do amor, Capuzes negros*), teve de se apropriar dos gêneros da indústria (filme de ação em *A ilha dos prazeres proibidos*, melodrama em *Amor, palavra prostituta*) e negociou com os códigos do erotismo da Boca do Lixo em todos seus filmes entre os anos 1970 e 1980. Como profissional técnico foi produtivo: fotografou trabalhos de Cláudio Cunha, Jean Garrett e também alguns filmes de sexo explícito. Ele era um contrabandista: fazia filmes de mercado e neles inseria elementos muito pessoais (poesia, anarquismo), fazia experimentações formais, comentários políticos e subvertia, muitas vezes, a lógica francamente chauvinista desse tipo de cinema.

Um exemplo: em *Extremos do prazer*, um personagem secundário em primeiro plano acompanha com o olhar o protagonista interpretado por Luiz Carlos Braga que passa por ele e explica a peça que vai escrever. Percebemos que a peça é o próprio filme que vemos. Em seguida a câmera enquadra, em primeiro plano também, outro personagem interpretado por Roberto Miranda. A câmera faz um *travelling* para a direita e Roberto Miranda, ainda enquadrado, é deslocado com a câmera, como se flutuasse. Nesse momento o dramaturgo, em *off*, continua seu discurso e descreve um personagem boçal, tecnocrata, arrivista, pragmático, "um jovem velho que é uma das consequências do milagre econômico, uma geração distanciada dos conflitos sociais", contrapondo a ele uma outra "para a qual o sexo não é desculpa para angústia". Corta para um *travelling* para a esquerda, acompanhando o dramaturgo. Nesse momento sua voz muda, pois ele passa a ser dublado pelo próprio Carlos Reichenbach num monólogo autorreflexivo sobre o filme que vemos, em que justifica os corpos, o sexo e a sensualidade como elementos genuínos de sua dramaturgia, não como mera convenção. Os personagens estão parados e distribuídos no espaço. Um teatro armado. Subitamente, o dramaturgo pega um grande espelho e o levanta a sua frente. Nele vemos Reichenbach com a câmera, que grita "corta!". O diretor (o autor) seria o reflexo de tudo aquilo que vemos.

Nessa cena o diretor, que toma literalmente a palavra, implica o exílio, a contracultura, o milagre econômico brasileiro e o próprio cinema que faz, assumindo os elementos da Boca do Lixo (sexo, nudez, boçalidade dos personagens, antinaturalismo) num efetivo engajamento, subvertendo a convenção. Análise do diretor segundo a política dos autores? Sim. Portanto, se alguém como Khouri, mesmo que desprezado por parte do Cinema Novo, desfrutava de um status de autor "quase" europeu com inclinação metafísica, Carlos Reichenbach, por sua trajetória particular e comercial num ambiente muito estigmatizado, talvez precisasse da política dos autores – versão francesa – para se afirmar.

Hoje, esse tipo de "diretor-autor" – ligado ao cinema popular e ao mesmo tempo às ideias estéticas mais avançadas – está extinto, como também não é mais possível usar a política dos autores como um método permanente e facilmente adaptável. O momento hoje é outro. Os candidatos a autor ficaram restritos ao cinema *arthouse* de festival. Muitos nascem autores e já no segundo filme assim são tratados: como artistas que possuem um tema, um estilo e um universo. A política dos autores virou uma espécie de constatação de virtudes sem polêmica, que não defende ideias cinematográficas nem critério de análise crítica.

3. O autor desaparece para a saúde geral do cinema

Hoje ninguém questiona no Brasil que Nelson Pereira dos Santos e José Mojica Marins sejam "autores". Ambos foram adotados, com engajamento real (Pereira dos Santos) ou como provocação simbólica (Mojica Marins), como autores precursores de dois momentos/movimentos do cinema brasileiro: o Cinema Novo e o cinema marginal.

Nelson Pereira dos Santos é da geração dos anos 1950, ou seja, anterior à do Cinema Novo, e possuía divergências com seus colegas mais novos influenciados pela Nouvelle Vague. Por ter começado no cinema da década de 1950, numa época que os artistas de esquerda buscavam uma relação mais clara, consequente e objetiva com o popular (como o Teatro de Arena, por exemplo) e almejavam a ele se dirigir, era um tanto estranha a ânsia formalista da geração mais nova. A "forma" para ele, como para boa parte dos artistas de esquerda influenciados pelo realismo socialista, era submetida e adequada ao conteúdo. O que se tinha a dizer era o mais importante.

Como Paulo Cezar Saraceni relata no seu livro de memórias *Por dentro do Cinema Novo: minha viagem*, numa discussão com Nelson, ele, Saraceni, e Glauber Rocha tentavam convencer o amigo mais velho de que o lugar da câmera era fundamental (a forma, o ponto de vista, a *mise en scène*), ao passo que Pereira dos Santos achava que o importante não era o lugar da câmera, mas sim o que se queria dizer com o filme (o conteúdo).

> Nelson achava que só o que interessava é o que se tem a dizer. A forma não interessava. Que era ridículo ficar procurando o ângulo da câmera. Eu e Glauber achávamos que era o contrário. Nelson: "Onde colocar a câmera? Ela pode ficar em qualquer lugar". Ficamos chocados: o ângulo da câmera é essencial. Não há cinema sem o ângulo da câmera. Não se pode fazer cinema revolucionário sem linguagem revolucionária. Nelson ficava puto porque nós nos mexíamos muito ao falar, enquanto ele ficava fixo. Éramos como dois *travellings* que caminhavamos em sentido contrário bombardeando Nelson com ideias e perguntas.

Nelson, sem se movimentar, esperava a gente entrar no campo dele, para responder. Não interessava mais o que se estava falando, o importante eram os nossos movimentos com a câmera na mão, rapidíssimos, e o olhar de Yasujiro Ozu (genial cineasta japonês) com câmera fixa de Nelson Pereira dos Santos.[18]

A velha dicotomia forma-conteúdo que tanta divisa gerou no ambiente francês (entre os Jovens Turcos e a crítica de esquerda) era replicada aqui entre dois *enfants terribles* do cinema brasileiro e um cineasta mais velho ligado ao Partido Comunista. Segundo Saraceni, nem Nelson nem a dupla afoita e infernal formada por Glauber e ele próprio entraram num consenso. A descrição que Saraceni faz dessa troca violenta de ideias, em que Nelson parado espera que a dupla – falando e andando de um lado para o outro – passe por ele para que respondesse às indagações, é exemplar de um tipo de procedimento de seu cinema. De câmera serena, quase neutra, que observa sem intervir. Com humor, Saraceni delineia a diferença formal entre eles.

De qualquer modo, adotado no seio do movimento, Nelson Pereira dos Santos era o precursor de um cinema moderno no Brasil influenciado pelo neorrealismo e ligado à realidade brasileira, tanto na criação a partir do mínimo, da parcimônia técnica, quanto na relação com a matéria do real que implicava uma leitura política da realidade. Nelson Pereira dos Santos poderia não ser um cinemanovista de origem, mas era o modelo de autor visado pelos diretores mais jovens do movimento. Na ausência de um patrono (Paulo Emílio Sales Gomes negou o posto), a benção de um "irmão mais velho".

José Mojica Marins exerceu uma função parecida no cinema marginal. Ainda que o cinema marginal não fosse um movimento mais organizado como o Cinema Novo e não se visse como um grupo articulado em torno da "tomada de poder", uma parte de seus diretores, mais precisamente os que moravam em São Paulo, também redigiram textos

---

[18] Paulo Cezar Saraceni, *Por dentro do Cinema Novo: minha viagem*, Rio de Janeiro: Nova Fronteira, 1993, p. 66.

programáticos, manifestos e alguns de seus membros se colocavam em oposição feroz aos predecessores do Cinema Novo, como é o caso de Rogério Sganzerla e Jairo Ferreira. Mesmo que não fosse um movimento articulado e programático, esse vanguardismo anárquico pós-Cinema Novo contava filmes que possuíam muitos elementos estéticos em comum. Existia uma convivência entre alguns de seus membros, que também compartilhavam algumas plataformas de combate e autoafirmação.

José Mojica Marins foi tomado como autor-modelo dessa parte mais barulhenta do cinema marginal. Rogério Sganzerla, Jairo Ferreira e Carlos Reichenbach (e depois Ivan Cardoso) elegeram José Mojica Marins como o maior cineasta brasileiro, um bárbaro iconoclasta que rompia com a tradição industrialista e burguesa do cinema paulista, estética e intelectualmente colonizada. Mojica havia criado o maior personagem do cinema brasileiro: Zé do Caixão. Ele era o cineasta mais radical e um farol para os filmes dessa geração que começava a fazer seus filmes "grossos", baratos e de mau gosto. Mojica era, praticamente, o único autor possível para um cinema como o brasileiro, porque era popular e radical, do excesso e do crime, de uma realidade inculta e suburbana, que se erigia nas ruínas dos fracassos industriais de São Paulo. É evidente que a defesa desse autor era polêmica e o fato de jovens intelectualizados de classe média tomarem-no como modelo era uma provocação. Jairo Ferreira em *Cinema de invenção* indica a paternidade: "Mojica, como Candeias, é um inspirador da experimentação em nosso cinema e tem vários seguidores, sendo Ivan Cardoso e Elyseu Visconti Cavalleiro os mais destacados".

O filme *Audácia*, de Antônio Lima e Carlos Reichenbach, é uma espécie de filme-manifesto do cinema marginal (ou de invenção ou experimental). Começa como um documentário institucional sobre a Boca do Lixo e seus profissionais, mostra os cineastas marginais se confraternizando, a rua do Triunfo e José Mojica Marins atuando em *O profeta da fome*, de Maurice Capovilla. Tudo propositadamente bem careta. O narrador aborda a "falta de condições transformada em elemento de criação". Corta para um plano de Mojica

Marins sentado numa cadeira e sendo entrevistado por uma diretora, a personagem Paula Nelson. Ela lança a pergunta de ouro: "Mojica, como devo fazer para ser autêntica no cinema brasileiro?". Ele responde como um autor/mentor:

> Não esnobar, quando não estamos na altura de esnobar; não procurar mostrar falsa intelectualidade, quando não temos cultura para isso; não se esconder numa pele de ovelha, quando na realidade somos lobos mesmo. Em suma: afastar de nós o manto nojento da demagogia e procurar sermos o que realmente somos, buscando assim dar mais expressão ao nosso eu.

Originalidade, autenticidade e expressão do verdadeiro "eu". A receita da autoria. Na sequência, depoimento de Rogério Sganzerla que reforça o gênio.

> José Mojica Marins é, ao meu ver, talvez o único cineasta brasileiro trilhando uma linha absolutamente pessoal e baseada numa descoberta pessoal. Mojica descobriu o caminho e está desenvolvendo esse caminho radicalmente sem nenhuma influência subserviente ao cinema moderno, que é um cinema evidentemente de que eu não gosto e do qual eu tento desesperadamente me afastar e me desvencilhar. Mojica então é um cineasta sem compromisso com o cinema contemporâneo moderno, e exatamente por isso ele é um cineasta moderno, na medida em que é um bárbaro radical, com grande sentido de poesia, grande sentido de cinema e com um efeito crítico avassalador diante dos problemas do homem brasileiro, que é um homem recalcado, um homem submisso, um homem pretensioso, um homem dos mil defeitos. Misturando a piadinha infame com pastel de carne, Mojica sugere o cinema brasileiro do futuro, um cinema de exportação e de invenção, um cinema bárbaro, criminal e recalcado, que não tem nada a ver com o que está sendo feito hoje, pois estamos vivendo um momento desinteressante do cinema brasileiro. Estamos entre a chanchada e o cinema brasileiro do futuro que é uma interrogação. Eu tentaria responder a essa indagação acreditando que o novo cinema brasileiro, que me interessa e que eu quero fazer, será um cinema popular, visionário, anti-intelectual.

Sganzerla defende o autor-modelo, o farol, aquele que abria uma fresta pela qual todos deveriam passar se quisessem se projetar para um cinema do futuro. O "bárbaro", o "visionário" e o "anti-intelectual" são as qualidades desse autor, que se distinguem tanto do autor defendido pela crítica de rotina (o modelo do autor do cinema clássico) quanto daquele preconizado pelo Cinema Novo (o intelectual).

Nelson Pereira dos Santos e José Mojica Marins foram autores-modelo de um cinema moderno no Brasil, pelo menos para dois de seus movimentos mais representativos. São também figuras estratégicas. Encarnam valores. Apontam uma direção, uma prática. E ao mesmo tempo carregam as contradições desse papel de autor a que foram relegados. Eles não serão indiferentes ao esgotamento – ou à falácia – do autor.

4. E o autor do Cinema Novo desaparece

Paulo Cezar Saraceni foi o cineasta católico; Glauber Rocha, o barroco; Leon Hirszman, o grande *metteur en scène*. E Nelson Pereira dos Santos, qual é seu traço distintivo? A pergunta é boa, porque a resposta não é simples. A carreira de Nelson Pereira dos Santos é bastante incomum para um diretor de prestígio. Não há um estilo Nelson Pereira dos Santos, ainda que haja alguns procedimentos recorrentes. Não há em sua obra um assunto de estimação, ainda que haja algumas variantes temáticas. Não há uma teoria de base sobre a qual se erigem seus filmes, ainda que ele tenha sido influenciado pelo neorrealismo.

O que *Rio 40 graus*, *Boca de Ouro*, *Vidas secas*, *Fome de amor*, *Quem é Beta?*, *Na estrada da vida*, *Memórias do cárcere*, *Brasília 18%* e *A luz do Tom* têm em comum? Talvez exista algo em comum de um filme para outro, mas como conjunto é impossível determinar uma linha de trabalho recorrente. A câmera distanciada que concebe o espaço e os personagens como se fossem uma realidade observada, sem intervenção enfática, é um procedimento comum na maior parte de seus filmes, mas não em todos.

Em *Amuleto de Ogum*, por exemplo, a presença da câmera tem mais intensidade, está mais misturada ao movimento dos corpos, como se tomasse parte de uma *gira*.

Se formos aplicar a Nelson Pereira dos Santos a prova da política dos autores, exigindo dele a lógica de uma depuração gradual do estilo e a coerência interna da obra (temática e moralmente), ele não passa no teste. Então um dos nossos principais cineastas não seria um autor segundo a política dos autores? Não. Nelson Pereira dos Santos foi um diretor de ocasião. Ele fazia os filmes respondendo às articulações de seu momento histórico. Se existe nele alguma obstinação que o leva de um projeto a outro e lhe impõe novos desafios, esta é a estratégia que ele usa para se aproximar de universos e histórias em sua integridade e que varia de um filme para outro. Poderia se dizer que um de seus temas de predominância é o nacional popular, mas essa seria uma constatação genérica. Para ele, o nacional popular é antes um campo do que um tema. Se fosse um tema, ele talvez fizesse filmes chatos, teóricos e oficiais, e não podemos dizer nada disso sobre nenhum de seus trabalhos.

Jean-Claude Bernardet diz que não há cineasta como Nelson Pereira dos Santos, e ele tem razão. Em um *post* do Facebook em 19 de maio de 2017, ao criticar o projeto Brasil Nação, encabeçado por intelectuais como Fábio Konder Comparato e Luiz Carlos Bresser-Pereira, ele vê a retomada da figura superada do intelectual iluminado com a missão de "conscientizar o povo alienado". Identifica nesse intelectual a inspiração de movimentos modernos da cultura brasileira, entre eles o Cinema Novo. Em seguida cita *O amuleto de Ogum* (1975) como um filme de ruptura dessa compreensão do popular: "Em meados dos anos 1970, o filme *O amuleto de Ogum*, de Nelson Pereira dos Santos, rompe com esse intelectual que guia o povo no caminho certo, e propõe um intelectual 'a reboque' do povo. Foi uma considerável guinada ideológica".

É notável que a trajetória de Nelson Pereira dos Santos possui uma inflexão em *O amuleto de Ogum*. Na sequência vieram *Tenda dos milagres* (1977) e *Na estrada da vida*

(1980), que sob certo aspecto compõem uma trilogia que desloca o personagem popular da representação heroicizada ou alienada de outrora. Nelson agora vê a cultura e a religiosidade fora dos domínios do senso comum intelectual e "esclarecido". A religião e a cultura popular não são objetos de análise crítica, como também não enveredam pelo fetiche culturalista. Segundo José Mário Ortiz Ramos, "da religiosidade popular à música sertaneja, vemos o cineasta apostar num projeto e numa visão de mundo que considera os mais corretos, tanto politicamente quanto em relação à estratégia de aproximação com o grande público."[19] Aqui nos deteremos mais em *O amuleto de Ogum* e *Na estrada da vida* por considerarmos que, diferente de *Tenda dos milagres*, são mais diretos e estão mais livres das tradicionais mediações do cinema brasileiro – de cepa cinemanovista – na relação com o popular.

Qual é a mudança substancial em *O amuleto de Ogum*? Nele o popular fala por si. Não há um mediador nem distanciamento crítico, Nelson não faz uma avaliação intelectual do fenômeno da religiosidade, no caso, da umbanda. Para tanto, o diretor investe numa narrativa de adesão e faz um filme de aventura, com conflito tradicional de gângster: na disputa por poder, o (anti) herói Gabriel destrói a si mesmo, suplantando as possibilidades de um futuro para além do crime. Gabriel teve o corpo fechado num ritual de umbanda, o que dá a ele imunidade: as balas não o ferem, ele não se afoga etc.

A adesão do diretor a esse universo aventuresco e místico é determinada também pela relação que a câmera estabelece com o que filma. Segundo Nelson, "a câmera de *O amuleto de Ogum* é uma câmera que acredita. Não é uma câmera de documentário. É um acordo com todo o universo da religião popular, do agora, do corpo fechado. Ela é cúmplice". A adesão ao universo é, também, uma

---

[19] José Mário Ortiz Ramos. "Arte e política no cinema de Nelson Pereira dos Santos", in: Dolores Papa (org.), *Diretores brasileiros: Nelson Pereira dos Santos – uma cinebiografia do Brasil: Rio 40 graus 50 anos*, São Paulo: Onze do Sete de Comunicação/CCBB, p. 70.

adesão ao próprio cinema de gênero, porque o cinema de gênero parte de um pacto com o espectador. O espectador tem que acreditar naquilo que vê, logo o filme tem que ter essa crença.

O despojamento neorrealista de Nelson Pereira dos Santos – que seria sua economia cênica com variações de filme para filme – dá lugar a uma encenação de intensidade sem espalhafato. O ritmo e o entusiasmo da narrativa de *O amuleto de Ogum* operam numa sedução que, entre a sutileza do tom e o engajamento enérgico da ação e das paixões, deixa-se tomar pelo *pathos* das cenas. A sequência em que o bicheiro Severiano, interpretado por Joffre Soares, incorpora um espírito possui uma aproximação exemplar dessa intensidade. A cena é tomada de dentro de um trabalho com um pai de santo e a lente grande-angular esparge em todo o espaço a energia do corpo possesso de Severiano, dando a vertigem do transe. Não há uma trucagem, mas um corpo centrífugo no quadro que ao mesmo tempo irradia sua exasperação para todo o espaço que o plano alcança.

As leis que regem o universo de *O amuleto de Ogum* são as leis da umbanda.[20] Inclusive é desconcertante a ausência de maniqueísmo. Como o filme é não só sobre uma guerra entre facções do crime, mas também sobre uma guerra espiritual (paralela à ação, e ao mesmo tempo integrada a ela), não há necessariamente o bem e o mal, mas uma divisão polar entre essas duas forças que caracteriza os personagens. Há, certamente, o esquecimento do bem (como entende a umbanda) que vemos no pranto do personagem de Joffre Soares depois que ele

---

20 *O amuleto de Ogum* só não é o maior filme de adesão ao universo da umbanda porque tivemos *Copacabana Mon Amour*, de Rogério Sganzerla (1970). Por mais que a umbanda em si não seja um tema para Sganzerla nesse filme (mas o foi no curta *Ritos populares, umbanda no Brasil*), o filme possui uma porosidade mediúnica singular no cinema brasileiro, tendo, inclusive, uma imersão radical na ideia do transe. As energias do filme de Sganzerla e sua concepção de mundo, em que a própria História é submetida à cosmogonia sincrética umbandista, não possui paralelos no cinema. É como se o mundo perdesse a dualidade espírito e matéria e se transfigurasse completamente.

sai do transe. Aqui o espiritual é uma resistência à violência e à morte, tanto na figura do cego narrador, interpretado por Jards Macalé, quanto no protagonista Gabriel, ambos místicos e, por causa disso, mais fortes que suas circunstâncias.

Essa aposta em ficções à margem da realidade dominante e das ideias dominantes – o que implica, sobretudo, seu elã fundamental – está também em *Na estrada da vida*. Aqui, Nelson Pereira dos Santos chega a São Paulo com seus dois personagens migrantes interpretados pela dupla Milionário e José Rico, músicos sertanejos que sonham em viver de música, mas acabam por exercer em tempo integral a função de pintores de parede. O filme é a história ficcionalizada da dupla com roteiro escrito por Chico de Assis, que Nelson foi modificando durante as filmagens, adicionando diálogos e relatos que ele colhia de seus protagonistas, segundo Helena Salem no livro *Nelson Pereira dos Santos, o sonho possível do cinema brasileiro*.

A dupla, como o bandido místico de *O amuleto de Ogum*, também se recusa a ser, a seu modo, vítima das circunstâncias. Eles gravam, não fazem sucesso, não são pagos por apresentações e vivem precariamente, sem dinheiro até para trocar o sapato furado. Eles também possuem uma salvaguarda: o apelo às forças sobrenaturais da fé popular. Quando a sucessão de fracassos parece levá-los ao beco sem saída da desilusão e reduzi-los ao trabalho de exploração, vão a Aparecida do Norte e apelam à santa. Na oração em frente à imagem de Nossa Senhora Aparecida fazem a ponte: querem fazer sucesso para cantar ao povo, pois a música deles "é a voz do povo e a voz do povo é a voz de Deus", diz José Rico em sua oração. Deixam o LP que gravaram no altar como oferenda. E aí, como diz o ditado popular, Deus escreve certo por linhas tortas. O padre encontra o disco e com algum desdém manda seu auxiliar levá-lo para a Rádio Aparecida, pois lá podem dar uso ao objeto. Do interior de São Paulo à metrópole, o sucesso no Vale do Paraíba irradia para outras plagas e a Rádio Globo acaba também por tocar o disco de Milionário e José Rico.

Nelson Pereira dos Santos apelou sensivelmente ao universo da música sertaneja, sabendo que ela tinha seus próprios meios de fazer uma crítica à modernidade urbana: a música sertaneja como um gênero urbano com raízes nas modas e tradições caipiras foi, em seus melhores momentos entre os anos 1930 e 1970, uma maneira crítica de compreender a modernidade da cidade em contraste com o mundo rural, entre a precariedade do espetáculo de tenda do interior e a moderna indústria do rádio e do disco.

O filme causou estranhamento na crítica, acostumada ao diretor que fez sua carreira trabalhando com material de origem ilustrada baseado em autores como Nelson Rodrigues, Machado de Assis, Graciliano Ramos e Jorge Amado, com perspectiva crítica como em *Rio, 40 graus* e *Rio Zona Norte*, ou que se implicava numa modernidade autopronunciada como em *El Justicero* e *Fome de amor*. Mesmo *O amuleto de Ogum*, virada paradigmática na trajetória do diretor, se fez com uma poética violenta e mítica que não negava a ousadia e a radicalidade do diretor moderno. Frente a isso *Na estrada da vida* parecia uma concessão ao comercialismo simplório. Filme leve, cômico e musical, com diálogos simples, ligeiros e espirituosos, com uma moral que contempla os heróis e se comunica com o público da dupla sertaneja. Essa adesão não significa que Nelson Pereira dos Santos se refez a partir de um populismo tosco e paternalista. Muito pelo contrário, o que não há é a condescendência. O filme sabe ser oportuno sem ser oportunista, pois se dirigia a um público que era o mesmo dos filmes caipiras como os de Mazzaropi ou Oswaldo de Oliveira.

Nelson realizou um trabalho emocional, direto, cômico e com uma graça que se ampara no carisma dos personagens e na visão de mundo deles. Em entrevista a Susana Schild o diretor conta que se recusou a fazer sociologia, em analisar os mecanismos de opressão e ilusão do capital na cidade grande, como queria, por exemplo, o Cinema Novo em seu primeiro momento: "evitei o discurso autoritário do diretor que usa desse poder e impõe ao espectador uma visão sociológica e reducionista".[21] A câmera arrisca na justa medida. Ela reconhece a exata estatura de seus personagens. Nem maiores do que são (não há grandiloquência no tom), nem menores (não são pobres diabos nem nas vicissitudes, porque a dupla sempre arruma um jeito de relativizar sua condição). Eles driblam a violência social das circunstâncias. A câmera não é neutra nem distanciada, mas integrada às ações. O filme está em plena conformidade com os fatos narrados.

Quando Milionário e José Rico se encontram pela primeira vez numa espelunca do centro de São Paulo, chamada Hotel dos Artistas (que era o primeiro pouso de cantores do interior ao chegarem em São Paulo para tentar a sorte), realizam uma performance semelhante a um número de palhaços de circo. O plano é frontal e os dois protagonistas estão escorados no balcão e, mesmo conversando entre si, estão levemente virados para frente em direção ao público a quem se dirigem, como num teatro ou um circo. O encontro tem uma graça farsesca de um quadro de humor porque implica a autofabulação que cada um constrói para seu interlocutor e futuro parceiro. Forjam um personagem que tem mais a ver com seu desejo (fama, fortuna e reconhecimento) do que com a real condição em que se encontram. É uma cena cômica, com seu modo de fala coloquial, com seu jogo de palavras ("tenho um carro Camaro, um Camarão"), autoelogios testemunhados por um "escada" (o dono do hotel) que se posiciona atrás e ao centro e representa a consciência dessa encenação da dupla. A cena termina com um homem que chega e entrega para Milionário sua bolsa humilde roubada na praça, o que revela a real situação da dupla na chegada à cidade. Mas Milionário mantém o orgulho e diz que sabe a quem pertence a bolsa e vai entregar para a pessoa. Atitude recorrente dos protagonistas: nunca se deixam diminuir pelas circunstâncias, por mais difíceis que sejam.

21 Entrevista a Susana Schild, *apud* Helena Salem, *Nelson Pereira dos Santos: o sonho possível do cinema brasileiro*, Rio de Janeiro: Nova Fronteira, 1987, p. 343.

A modéstia da forma não implica uma realização precária. O filme se faz como uma série de quadros cômicos e melancólicos, que às vezes lembram um circo interiorano e mambembe de encenação pobre em adereços (como aquele onde eles tocam num lugar chamado Fundinho) ou um registro francamente direto dos artistas interpretando suas canções que dizem respeito à realidade vivida. A chegada à cidade, a hostilidade da metrópole, a exploração no trabalho, a resiliência dos personagens, tudo isso ajuda a compor um universo que tem sua tradução poética na forma da música.

Quando Milionário e José Rico pintam o alto de um prédio pendurados num andaime, cantam uma canção que suspende o tempo: todos param de trabalhar na obra e comungam o momento. A música transfigura o horizonte do espaço urbano e cinza numa paisagem sugerida pela música que tem a forma de uma pintura paradisíaca, simples e colorida. Isso não acontece no quadro todo, mas só na metade em que vemos o horizonte. O prédio feio que está sendo pintado continua presente. A fantasia aqui não é alienação, mas superação provisória (porém intensa) de um cotidiano árduo porque indica outra possibilidade de horizonte. A dupla sertaneja com sua música toca a sensibilidade dos seus, com quem compartilha desejos de mudança numa realidade hostil à imaginação e desacreditada da liberdade. Não é uma revolução, mas uma graça que irrompe no cotidiano ordinário, interrompendo até o movimento desgovernado do trabalho que não pode parar. Na sequência são demitidos pelo mestre de obras, porque "artista é vagabundo e não quer trabalhar". *Na estrada da vida* é o conflito dinâmico entre o sonho e a realidade árdua. Não nega uma em função da outra, como também não dá uma solução. No fim das contas é a luta dos personagens para terem a liberdade de fazer suas próprias escolhas.

O amuleto de Ogum e *Na estrada da vida* são os exemplares mais radicais da trajetória singular de Nelson Pereira dos Santos. Distantes de uma concepção de radicalidade ligada à invenção formal de vanguarda, o radical na proposta desses filmes é a imersão irrestrita no universo de seus personagens que, num aspecto mais superficial (de origem, crenças, referências gerais), não são identificados com o diretor. O diretor perscruta os movimentos e sentidos desses mundos com uma integridade rara e um esforço de olhar, escuta e atenção. O autor desaparece para dar lugar ao cinema, pois o cinema seria um olhar lançado ao mundo, não um "mundo que corresponde aos nossos desejos" (o do autor).

5. O autor é uma ficção assombrada

> "Quem sou eu, não interessa, como também não interessa quem é você, ou melhor, não interessa quem somos. Na realidade o que importa é saber o que somos. Não se dê o trabalho de pensar porque a conclusão seria: a loucura. O final de tudo, para o início de nada."
> Zé do Caixão recita sua filosofia fundamental em À meia-noite levarei a sua alma

Rogério Sganzerla e Jairo Ferreira afirmavam repetidamente em *Horror Palace Hotel* (1978) que José Mojica Marins era "o gênio total". Não só os cineastas do cinema marginal, mas também alguns do Cinema Novo (Gustavo Dahl e Cacá Diegues) acreditavam na originalidade e autenticidade do criador Mojica Marins e da criatura Zé do Caixão.

Declarar Mojica um gênio era reconhecer uma obra única, infame, espontânea, iconoclasta, bárbara, que não dissimulava a produção barata e precária, uma criação livre, mas cheia de contradições, uma súmula da revanche (do revanchismo do lumpesinato, diria Sganzerla) do homem servil e recalcado. O Zé do Caixão, autodestrutivo, investia contra os poderes dos interiores do Brasil, lugares onde quem manda é o padre e o doutor. Um manancial de ideias apavorantes, grotescas e com uma maravilhosa petulância de quem submete seu material à agressividade criativa, tanto no artesanato (sequências em negativo, os riscos feitos sobre a película para representar trovões) quanto no cálculo do impacto, grosso e direto (Zé com uma perna de carneiro em frente a uma procissão de Sexta-Feira Santa). Em Mojica Marins, Sganzerla chamava a atenção para o gênio intuitivo como característica brasileira. Afirmar o gênio de José Mojica Marins era colocar no centro das discussões sobre o cinema um artista distinto do autor europeu. Um gênio original, "bárbaro e nosso" (Oswald de Andrade). A pergunta de Sganzerla em *O bandido da luz vermelha* ("um gênio ou uma besta?") é também um antiteorema que serve a Mojica Marins. Falar em gênio no Brasil era perguntar se na verdade este não é uma besta. É uma pergunta que não será respondida. Ela é a própria definição provocativa.

José Mojica Marins é a definição mais interessante e incompleta (talvez essa seja mesmo sua natureza) do "autor" no cinema moderno brasileiro que buscava afirmar o criador original brasileiro distinto do europeu – instintivo e alheio às tradições de escolas estéticas. Era uma recusa da colonização da inteligência. Uma recusa, um ataque e uma afirmação categórica e axiomática, provocativa e polêmica, que se recusava a assentar-se em definições mais ortodoxas e explicativas. Não se queria provar a tese do "gênio" (da besta?), mas sugerir radicalidade. O autor Mojica era a arte livre que agredia os constrangimentos da subjetividade colonizada.

O diretor José Mojica Marins é normalmente confundido com sua criação, Zé do Caixão, porque fora dos filmes o personagem rendeu outros produtos: quadrinhos, livros e até uma obscura marchinha de carnaval, "O samba do castelo dos horrores" ("eu moro no castelo dos horrores, não tenho medo de assombração… Oooohhh, eu sou o Zé do Caixão"). Ele era uma mistura de Orson Welles e Chacrinha. Um artista do século XX, popular, do rádio, da imagem midiática, que cresceu nos flancos da indústria cultural. Memória do circo paupérrimo, do "causo" interiorano e do medo do inferno. Homem de mídia, Mojica Marins encarnou o personagem também em eventos e programas de televisão e adotou, verdadeiramente, as unhas grandes que quase chegaram a atrofiar seus dedos. Sua criação em parceria com o roteirista e romancista Rubens Francisco

Lucchetti tornou-se popular e mais conhecida que o próprio diretor dos filmes que lhe deram vida. Todos conhecem o Zé do Caixão, ainda que não tenham visto os filmes da trilogia protagonizada pelo personagem/ator e dirigida pelo diretor. O autor brasileiro defendido pelos cineastas e críticos marginais é ao mesmo tempo um poeta maldito e popular. Coisa rara. Esse autor é o oposto daquele defendido com critérios mais convencionais por Rubem Biáfora, Moniz Vianna, B. J. Duarte, entre outros. Aproxima-se mais do autor preconizado pelo Cinema Novo, porque ele não é exatamente um artesão (ainda que tenha feito filmes por encomenda e de diversos gêneros), mas um criador mais radical que trabalha a partir do inconsciente do subdesenvolvimento. Ou seja: ele estaria na verdade para além do "autor consciente" do Cinema Novo.

Além da trilogia composta por *À meia-noite levarei a sua alma* (1964), *Esta noite encarnarei em teu cadáver* (1967) e *A encarnação do demônio* (2008), o personagem aparece em *O estranho mundo de Zé do Caixão* (1968), *O despertar da besta* (*Ritual de sádicos*) (1970) e *Exorcismo negro* (1974). Cada filme de Mojica com Zé do Caixão (como protagonista ou "assombração") é um caso interessante e particular. Entre eles, *Exorcismo negro* (em que Zé do Caixão é uma "assombração"), destaca-se, porque é o que confronta criador e criatura. O autor aqui se torna o tema e é muito curiosa sua caracterização, porque diverge totalmente do mito do gênio total.

Exorcismo negro é o filme dirigido por José Mojica Marins que contou com mais recursos até então. Foi produzido pela Cinedistri de Aníbal Massaini Neto, que se interessou por Mojica Marins depois da homenagem legitimadora que este teve na França. O produtor queria fazer um filme para pegar carona no sucesso de *O exorcista*, de William Friedkin. Com um elenco em que se destacam, além do próprio Mojica Marins no papel principal, Joffre Soares, Adriano Stuart e Georgia Gomide, é notadamente uma produção mais cara, em que a estratégia do choque a partir de imagens terríveis é menos frequente e dá lugar a uma atmosfera solar que lembra um pouco o horror de estúdios iluminados da produtora inglesa Hammer. É o filme mais climático do diretor e, num aspecto industrial, o que tem melhor acabamento.

O filme foi rejeitado por parte da crítica, que agora cobrava do diretor a tosqueira *exploitation* segundo a qual ele foi consagrado como autor radical e "autêntico". Sua "autenticidade", a essa altura, já não era mais só valorização daquilo que lhe era próprio como artista, mas uma domesticação do pitoresco, do exótico. É como se a pecha de gênio rústico e primitivo virasse mistificação. O livro *Maldito*, de Ivan Finotti e André Barcinski, colhe alguns desses depoimentos na imprensa. Agora ele estava sendo rejeitado por "não se colocar no seu lugar". Onézio de Paiva, no *Última Hora*, cobra-lhe coerência em seus métodos de autor:

> Primitivo, rústico e intuitivo, Mojica parece mais à vontade e criativo quando trabalha em condições precárias – principalmente se não dispõe de recursos para realizar sequer uma cenografia de médio nível artístico, pois, paradoxalmente que seja, ele respira melhor num meio de escassez, pobreza e ignorância – elementos que lhe permitem traduzir, conscientemente ou não, certos aspectos da miséria brasileira.

As defesas do "gênio" único de Mojica Marins, defendido visceralmente como um artista da contracorrente, transformaram-se num escaninho que neutralizava a provocação de sua obra, transformando-a em folclore urbano. Leon Cakoff, no *Diário da Noite*, critica o aburguesamento de Mojica Marins, que perde com seu sucesso internacional suas feições mais genuínas:

> Para o ator, é o personagem que se internacionaliza. Para o espectador mais atento, novos sintomas de aculturação que já faz algum tempo vêm corroendo aspectos relevantes da cultura nacional.

Quando Leon Cakoff rejeita a provisória mudança de Mojica em nome da perda da "cultura nacional", não sabemos se lamentamos ou comemoramos. Em caso de lamentar, o motivo seria o enfraquecimento da originalidade do autor, cooptado pelo gosto estrangeiro; em caso de comemorar, seria porque Mojica não responderia mais às expectativas culturalistas do oficialato.

As reações de parte relevante da crítica de rotina dos jornais a *Exorcismo negro* mostram que o autor José Mojica Marins foi integrado a um cânone de segunda linha e domesticado como patrimônio da cultura nacional. Domesticado e mistificado, perde o poder de provocação desejado pelos seus defensores mais entusiasmados no fim dos anos 1960. De gênio-besta que violentava o conjunto de valores estéticos e tinha uma centralidade como cineasta para alguns diretores e críticos de vanguarda, foi enquadrado como diretor com "talento primitivo" do cinema de horror nacional. A adesão à besta foi equivalente a acorrentar a fera e serrar seus dentes.

Quando um crítico escreve que "acabou o charme dos cenários de papelão e a graça do barbudo de capa preta saltitando" podemos considerar que o precário e o subdesenvolvimento viraram fetiche. O que isso significa? Passada sua valorização de vanguarda, Mojica Marins foi promovido a ridículo integrado? Ou ele estava sendo vítima da mediocridade crítica? A segunda hipótese talvez seja a verdadeira. Nesse caso, transformá-lo num autor "mestre do cinema de horror nacional" com características de estilo pessoal amparadas na precariedade é desqualificá-lo. O puxão de orelha em Mojica Marins não deixava de dissimular um elitismo empedernido. Escrever que o valor está no "charme" das florestas de papelão é relegá-lo ao anedotário do subdesenvolvimento. O valor estava no "charme" das florestas de papelão ou na conjugação entre o artifício pobre e a megalomania que nos dava a exata estatura do personagem de Zé do Caixão e das ambições de seu diretor? Vemos que a preguiça intelectual, comum na crítica, anda de mãos dadas com a má-fé.

O autor Mojica Marins tornou-se um problema para si próprio. Defini-lo com muita precisão foi equivalente a "colocá-lo no seu lugar". O autor perdeu o enigma que o constituía e nos desafiava. "Um gênio ou uma besta?": essa pergunta deixou de ser a fundamental pergunta sem resposta. Mojica Marins virou um autor convencional e deveria pagar por isso. Onde já se viu virar autor e perder a coerência? Pecado imperdoável.

6. Fundindo a cuca legal

No início de *Exorcismo negro*, José Mojica Marins concede uma entrevista a repórteres sobre a homenagem que recebeu na Europa. Os repórteres perguntam: "Quem é mais importante, Zé do Caixão ou Zé Mojica Marins?". O diretor responde que ele mesmo é mais importante, porque Zé do Caixão não existe. Nesse momento, um refletor queima. Inicia-se um conflito entre criador e criatura.

Qual não é nossa surpresa quando a caracterização do autor Mojica Marins é uma figura de um intelectual burguês, fumando cachimbo, jogando xadrez, citando Conan Doyle, conversando sobre parapsicologia, vestindo ternos bem cortados, bebendo uísque, caminhando à beira do lago de uma mansão campestre rodeada de margaridas, enquanto elucubra sobre as angústias da criação artística. Detalhe importante: a voz de seu personagem é a de um dublador de fala fleumática e obedece à chamada norma culta da linguagem, quando sabemos que Mojica Marins se expressa diferente desse padrão.

A representação do diretor-autor é mais semelhante ao estereótipo do artista das classes dominantes que à imagem criada por Rogério Sganzerla e Jairo Ferreira em suas críticas. A representação é desconcertante: é a figura do herói intelectual do romance gótico e não a de um cineasta brasileiro "bárbaro e nosso". Será que aqui sentimos a mão do roteirista Rubens Lucchetti, escritor profundamente influenciado pela literatura gótica? Provavelmente. Por outro lado, é interessante perceber que essa figura, essa autoimagem de Mojica Marins, não era também tão contrastante com a figura real: nas fotos da época ele está geralmente bem vestido, de terno, cabelos penteados e barba aparada, o oposto de, por exemplo, Ozualdo Candeias ou mesmo Glauber Rocha. Ele era descrito como um *gentleman* por colegas como Carlos Reichenbach. Ou seja: há um desacordo entre o autor-modelo construído pelos cineastas marginais, o Mojica Marins da realidade e o personagem do autor representado no filme. Acontece que a imagem que vemos em *Exorcismo negro* é a do intelectual sofisticado e cheio de virtudes, um bom cristão burguês. O filme é uma espécie de parábola em que a criação triunfa sobre o autor.

Nesse ambiente bucólico, no seio dessa família conservadora e feliz que reúne avós, pais e as três filhas de idades diferentes (a primogênita pretende casar-se em breve), Mojica encontra guarida para refletir sobre seu próximo filme. Estamos às vésperas do Natal, com árvore enfeitada e bons votos de futuro. Subitamente o vovô, interpretado por Joffre Soares, é possuído por um espírito maligno. De olhos vermelhos, grita impropérios com voz grave, retorce-se e baba. A cena é filmada com uma grande-angular que distorce a imagem, coincidentemente ou não, semelhante à de *O amuleto de Ogum* em que Joffre Soares também é possuído. Porém, as implicações são bem diferentes. À cena do avô possuído seguem-se outras com a filha do meio de olhos vermelhos rasgando uma pintura religiosa na parede; da irmã mais velha nua se arranhando na cama; do namorado dela possuído lutando fisicamente com Mojica Marins; e do avô, novamente, cortando os pulsos e deixando cair seu sangue nas flores brancas. A ideia de um outro (os espíritos malignos) tomando o corpo dos membros da família parece sugerir que algo alheio à família tenta destruir a imagem cândida e harmoniosa que vemos, colocando-os em risco e proferindo sacrilégios. Essa sequência de possessões é colateral às assombrações que intimidam Mojica Marins com tridentes no espelho, livros lançados sobre ele, visão de cobras na árvore de Natal – fatos que estabelecem aos poucos um clima terrificante em que percebemos que a família guarda um segredo: no passado a mãe fez um acordo com uma bruxa para ter uma filha. A bruxa deu à mulher sua própria filha com a condição de que a garota se casasse com quem a bruxa determinasse. Quando ela está prestes a casar-se com um rapaz, a bruxa evoca Zé do Caixão para que ele ajude a destruir o casamento da moça e faça com que ela se case com o filho do diabo.

A família, que aparentemente é exemplo de conduta moral, foi construída a partir de um acordo com o mal. Mojica, que renega sua criação por ser um homem puro de moral (suas virtudes são notórias), tenta destruir Zé do Caixão, apelando para uma cruz fajuta feita com um pedaço de metal retorcido. A cena da missa negra e do casamento é o grande momento. A representação da família bela e moral dá lugar a um ritual limítrofe entre satanismo performático e teatro Grand Guignol, em que a família e os satanistas comungam em púrpura e vermelho. Uma inversão: atrás da aparência da realidade civilizada, o real é o espetáculo de horror, é o tensionamento do simbólico e a exasperação do recalcado. No fim, quando Mojica Marins aparentemente derrota Zé do Caixão, tudo volta à aparente normalidade com a família no Natal ao redor da árvore enfeitada. Repentinamente vemos o rosto da criança e os gritos de horror de seus entes queridos. O criador Mojica Marins desaparece do filme e vemos no fundo do olho da garota o Zé do Caixão, que persiste, resiste e sobrevive.

Podemos reconhecer em *Exorcismo negro* um filme muito mais inteligente e complicado do que seus críticos puderam fazer crer. O segredo do filme não está só no embate entre o autor e sua criação, mas também em como o mundo do filme se constitui na sua relação entre a aparência e a verdade. A aparência da realidade (calcada no escancaramento das virtudes, na inocência natural, na performance e nos rituais de boa etiqueta) seria a mentira; o delírio (a profanação simbólica das pulsões destrutivas sublimadas pelo social), a verdade. O personagem autor Mojica Marins estaria nos domínios da realidade (da mentira), o Zé do Caixão no território do delírio (da verdade).

Zé do Caixão não é o mal em si, mas uma representação plena. Não é o autor, mas com ele se confunde e a ele supera. Portanto, o autor no personagem de Mojica Marins em *Exorcismo negro* seria uma ficção limitada, e o personagem Zé do Caixão, um arquétipo destruidor do superego. É ele, o Zé do Caixão, não o sujeito, José Mojica Marins, que permanece – ele é a imagem verdadeira.

nota sobre *Na estrada da vida*

Na estrada da vida foi apresentado no Festival de Pesaro (Itália). Depois da coletiva de imprensa com Nelson Pereira dos Santos, um jornalista italiano perguntou-me por que eu, um crítico renomado, defendia um filme tão ruim.

Há um motivo para que se possa considerar esse filme "ruim", a não ser que se goste de música sertaneja e dessa dupla (o que é meu caso).

Na perspectiva proposta por Francis Vogner, *O amuleto de Ogum* é um divisor de águas: recusa-se o intelectual luminar da fase inicial do Cinema Novo. Logo após o golpe civil-militar de 1964, esse intelectual é questionado em *O desafio* de Saraceni; em *Terra em transe* de Glauber ele está encurralado e *Os inconfidentes* de Joaquim Pedro sela sua condenação. Esses cineastas, que perceberam (e viveram) a falência desse intelectual, tematizaram-na em seus filmes, dirigindo-se, portanto, a um público para quem o assunto era relevante. Prova quase laboratorial foi a exibição de *Terra em transe* em Areia, interior da Paraíba, por ocasião de um festival de inverno nos anos 1970. Tinham-me pedido um filme para os moradores da cidade, propus o filme de Glauber. Após resistência (filme difícil para esse público), a direção concordou. No dia seguinte à exibição, passeei pelas ruas e alguns camponeses vieram conversar

Jean-Claude Bernardet (2017)

comigo sobre o filme. Todos associaram o senador à Arena e o governador ao MDB, os dois partidos então existentes, respectivamente da situação e da oposição. Isso eles tinham entendido sem dificuldade. Mas ninguém se referiu ao poeta político Paulo Martins: isso não lhes dizia respeito.

Nelson Pereira adotou outra estratégia: não tematizou a crise do intelectual mas, propondo um intelectual "a reboque" do povo (expressão dele), pôs a ideia em prática: *O amuleto de Ogum* encampa um cinema narrativo e a umbanda. É bom lembrar que as cenas de favela de *Rio, 40 graus* não apresentam nenhum ritual religioso (não que não houvesse quando Nelson filmou), mas não se podia deixar que a religião, "ópio do povo", contaminasse a imagem positiva do povo. Em *O amuleto*, a positividade vem justamente da instituição religiosa. Nelson diz que o trabalho crítico ocorre antes da realização do filme, na escolha do tema, da trama, do meio social, dos personagens... Iniciado o filme, não há mais distanciamento. O cineasta fica "a reboque", não há mais autor ou, se houver, ele se tornou transparente.

Nelson dá mais um passo com *Na estrada da vida*, talvez seu filme mais radical. Em *O amuleto*, ainda há uma leve mediação: um cego (Macalé) conta a história de Gabriel do corpo fechado. Nelson nunca tinha usado a narrativa indireta (a não ser em *Boca de Ouro* por causa da estrutura da peça de Nelson Rodrigues). Esse narrador é um resquício dos letrados do Cinema Novo (jornalistas em *O desafio*, poetas em *Terra em transe* e *Os inconfidentes*), mas aqui não é protagonista, ele foi reduzido a um recurso de linguagem. *Na estrada* não tem mais mediação, o filme adere totalmente à narrativa da dupla sertaneja.

Nelson comentou recentemente que o plano (analisado por Francis) em que a dupla se encontra no Hotel dos Artistas estava mal enquadrado, o braço de um dos cantores está fora de quadro. Ele relata que percebeu o "mau" enquadramento na hora e resolveu não alterar a posição da câmera nem a dos atores para não prejudicar a cena que eles estavam se preparando para desempenhar. Autor zerado. Sem estilo.

Isso não quer dizer que *Na estrada* não mantenha afinidades com outros filmes de Nelson. Um exemplo: fluindo na narrativa e sem que pareça tematizada, a relação entre o artista/intelectual e o povo desponta quando a dupla sobe no caminhão que recolhe os boias-frias e canta para eles. Essa cena tem vínculo direto com a sequência final de *Memórias do cárcere*: ao ser liberado, para que seu manuscrito não seja confiscado pelos carcereiros, Graciliano (um letrado) o espalha entre os presos, metáfora do povo, que guardam os folhetos dentro da camisa diretamente em contato com a pele. Essa cena e várias outras no mesmo sentido mandam mensagens claras.

Diferentemente de *Na estrada*, *Memórias do cárcere* não é um filme radical.

o declínio do autor

> "Des mots, des mots, des mots
> Il y en a tant
> Ce n'est pas toi qui dis ces mots
> Ce n'est pas moi
> C'est l'amour"
> "Les mots d'amour", cantada por Edith Piaf[1]

Jean-Claude Bernardet

O TÍTULO deste capítulo pode provocar estranheza. De fato, tanto o termo *autor* de filmes como a expressão *cinema de autor* integraram-se plenamente ao vocabulário cinematográfico, tendo inclusive conquistado camadas culturais relativamente amplas. Não há mais dúvida de que um cineasta é ou pode ser um autor, de que a autoria existe no cinema como na literatura ou outras artes. Um cineasta que se prepara para realizar seu primeiro longa-metragem de ficção pode dizer que vai fazer um filme de autor, e ninguém se admira. O autor aparece como uma aquisição definitiva. Pois talvez seja exatamente esse um sintoma de que o autor não vai bem. O que o conceito ganhou em extensão, perdeu em

---

[1] Palavras, palavras, palavras/Há tantas/Não é você que diz essas palavras/Não sou eu/É o amor. (Tradução de Jean-Claude Bernardet.)

profundidade; sua familiaridade, naturalidade, obviedade correspondem a sua perda em criatividade e poder de polêmica, tanto em nível de produção como de crítica.

Paralelamente a essa entronização banal do autor, observam-se nos anos 1970 mudanças na produção e no comportamento do público. Quanto à produção, a revista *Cinéthique* aponta o efeito nefasto do sucesso das salas de "arte e ensaio" sobre a produção do cinema de autor francês. Os distribuidores teriam ido buscar no exterior filmes de autor já pagos, portanto muito baratos para eles, como os de Bergman ou Antonioni. Por que um distribuidor adiantaria 20 milhões de francos a um produtor para realizar um "filme de arte" francês, se pode conseguir filmes no exterior por 2 ou 3 milhões? Por outro lado, diferentemente do que acontece na Itália, os grandes produtores não se interessam pelo cinema de autor. "Portanto, na França, o cinema de autor está morrendo." Do lado do público, nota-se um declínio da cinefilia. Não conheço estudos sobre o assunto, mas é constatação de diversas pessoas que o público das salas de "arte e ensaio" parisienses vai minguando.[2] Alguns templos, como La Huchette, fecham. Fios brancos despontam nos cabelos dos grandes autores, que deixaram de ser inovação para se tornarem tradição – bem como nos dos "*enragés du cinéma*" dos anos 1950-1960. Em artigo de 1984, os *Cahiers* afirmam que "a crise do cinema de autor" é também a impossibilidade de fingir a cumplicidade dos minoritários quando se é majoritário; tudo muda quando *Gritos e sussurros*, por exemplo, vende 600 mil ingressos na França em 1973. Não colabora para a renovação dos quadros um público que parece tomar menos riscos, voltar-se para valores seguros e para os charmes dos polpudos orçamentos hollywoodianos. As grandes marcas (Truffaut, Fellini) ganham as salas dos Champs-Elysées, as pequenas e os novos autores que eventualmente despontam estão cada vez mais submetidos a um processo de guetificação, a que não escapam mesmo os que conseguem renome internacional. Marguerite Duras passa com frequência no pequeno cinema Denfer, onde

---

2 Cf., por exemplo, Serge Toubiana: "Cinéma français: le grand écart".

aficionados veem seus filmes de forma ritual. Penso que esses assuntos não foram ainda estudados, e com certeza muitas exceções poderiam ser citadas, como o *boom* alemão dos anos 1970. Apesar de um Wim Wenders, que atualmente me parece uma exceção entre as exceções, é provável que a cinefilia que sustentou a política, pelo menos na sua forma dos anos 1960, pertença ao passado. Se o declínio da cinefilia não facilitou a manutenção da política, não penso que tenha sido esse o maior adversário dos autores.

Colocaria como ponto de inflexão do descenso da política a data de 1968, arbitrária como todas as datas. Isso porque "os anos 68" colocam no palco cinematográfico outra prima-dona: o cinema militante, que despoja o cinema de autor de seu papel de vanguarda.

O CINEMA MILITANTE

Não se trata aqui de levantar a ou as ideologias das múltiplas facetas do cinema militante do período, apenas de sugerir que ele não se opõe somente ao espetáculo cinematográfico "burguês", hollywoodiano ou não, mas igualmente ao cinema de autor. Em 1980, a revista *CinémAction* publica um dossiê de quase quatrocentas páginas sobre cinema militante, cujo título não poderia ser mais elucidativo: *Cinéma et politique: de la politique des auteurs au cinéma d'intervention* [Cinema e política: da política dos autores ao cinema de intervenção]. Lemos que Godard teria dito, referindo-se ao cinema de autor, que "já está em tempo de passar a outra coisa". E Alexander Kluge teria afirmado que "o cinema de autor é insuficiente porque interpõe entre o público e os filmes o amor-próprio do realizador". John Hess vê a política dos autores

> fundamentalmente como a justificação, apresentada em termos estéticos, de uma tentativa culturalmente conservadora e politicamente reacionária para manter o cinema distante da realidade social e política, numa época em que as forças provenientes da Resistência francesa, no fim da Segunda Guerra Mundial, visavam, ao contrário, inserir as artes na vida.

A linha maoista submete o autor à análise marxista:

> Está parecendo-nos que no nosso sistema haja correlação entre o autor e o fabricante comercial de modo quase institucional. A um deles cabe a função de divertir os trabalhadores, ao outro, a de cultivar os intelectuais [...] A cultura não passa de um mercado como os outros. E, para o autor, nada importa além de impor seu nome nesse mercado onde troca seu capital de formas [...] Ao fagocitar os autores, o sistema simplesmente se regenerou."

Cinéthique abunda nesse sentido:

> A verdadeira função do "arte e ensaio" é a *cinefilia*. Sua lógica é a da acumulação das obras como, alhures, acumulam-se mercadorias e o lucro. Aqui, a acumulação é de ordem cultural, fechada sobre si mesma, cortada do real. O "arte e ensaio", portanto, não é senão um dos rostos da alienação e da exploração capitalista pelo filme. O capitalismo sabe adaptar sua ideologia a todo mundo, e dar a cada um, "estudante" ou "analfabeto", a pílula dourada a seu gosto.

A ideia de mercadoria cultural instalou-se num determinado pensamento francês com certa consistência e é encontrada ainda nos anos 1980 aplicada ao cinema e ao filme de "arte e ensaio" em particular. Mas logo depois de 1968, na sua reviravolta furiosa, os *Cahiers du Cinéma* já afirmavam que "todo filme é mercadoria", e nem precisava citar o de autor, implicitamente incluído na expressão "todo filme"; e que, em última instância, todo realizador é "um trabalhador do filme num sistema econômico", o que engloba o autor.

Não podendo deter-me em todas as variantes, matizes e submatizes maoistas ou outras que povoam o cinema militante europeu, francês em especial, estudarei apenas um documento que foi um dos pilares da ideologia cinematográfica militante dos anos 1970: "Hacia un Tercer Cine", lançado em 1969 pelos argentinos Fernando Solanas e Octavio Getino. Pode-se pensar que faço tal opção por estarmos mais perto dos argentinos. Não é o caso. "Hacia un Tercer Cine" teve imensa repercussão na França. Talvez o manifesto não atravessasse o Atlântico, não tivesse sido carregado pelo impacto estrondoso nos meios militantes de *La hora de los homos* em vários países europeus. O fato é que circulou pela Europa traduzido em cerca de dez línguas, que Solanas foi convidado a participar de inúmeras mesas-redondas, algumas das quais posteriormente publicadas, que diversos números da revista *Cinéma Politique* lhe dedicaram páginas de comentários, o que também fez *Cinéthique*, apesar de considerar que Solanas ficava muito aquém do desejável em sua análise do imperialismo e suas propostas de luta política com o cinema. Talvez a razão desse sucesso tenha sido expressa pelo dossiê *De la politique des auteurs au cinéma d'intervention,* quando afirma que "Hacia un Tercer Cine" foi o "porta-bandeira de todo um cinema militante" e defende "um cinema que visa superar a veneração 'cinefílica' da mitologia dos grandes cineastas"; ou que, apesar de elaborado num quadro nacional que o marca, ele manifesta

> uma vontade universalista e [tem] um valor programático que lhe possibilitou, talvez pela primeira vez na história, influenciar não apenas o cinema da América Latina ou de outros países do Terceiro Mundo, mas ainda toda uma corrente do cinema ocidental chamado a partir dos anos 68 de 'cinema militante', ou 'de intervenção social' ou 'de ação política'".

Numa perspectiva anti-imperialista, de descolonização e nacionalista, sendo o nacional entendido como popular, apoiando-se em Franz Fanon, Che Guevara, Mao Tse-Tung, sem esquecer Godard e Glauber Rocha, bem como na Guerra do Vietnã, na Revolução Cubana e na guerrilha, o texto opõe-se a que um cinema revolucionário só possa existir após a revolução, e defende a ideia de que a "instrumentação dos meios científicos e artísticos" "prepara o terreno para que a revolução se torne uma realidade". Nesse quadro constrói-se a tese dos três cinemas: o primeiro é o modelo hollywoodiano, o sistema dominante e opressor, ao qual pertencem igualmente as superproduções dos países socialistas. O segundo é o cinema de autor. O "Tercer Cine" é um cinema de libertação entendido essencialmente como cinema militante. Essa síntese é grosseira, provavelmente infiel ao texto, mas a conservo porque foi assim que se entendeu *grosso modo* "Hacia un Tercer Cine" e, daqui a pouco, daremos a palavra a Solanas para as retificações. O manifesto reconhece que "este segundo cinema significa um progresso evidente como reivindicação da liberdade do autor para expressar-se de maneira não estandardizada, como abertura ou tentativa de descolonização cultural". Essa forma de aceitação do segundo cinema, a encontraremos em outros textos de Solanas e Getino:

> A reivindicação do papel do autor constitui um passo adiante em relação a um cinema construído em nível mundial nos moldes americanos. Um passo adiante não só como busca de uma concepção não estandardizada da vida mas também de uma linguagem nova, de uma linguística que nessa busca pode chegar a descolonizar-se.

No entanto, não é essa a interpretação que prevalece. O segundo cinema é antes uma

> tentativa reformista, típica manifestação do desenvolvimentismo, expressa na intenção de desenvolver uma indústria do cinema "independente" como maneira de sair do subdesenvolvimento cinematográfico, [levando] importantes camadas do segundo cinema a ficarem mediatizadas por condicionamentos ideológicos e econômicos do próprio sistema. Assim nasceu um cinema abertamente institucionalizado ou pretensamente independente, de que o sistema precisa para ornamentar com "amplitude democrática" suas manifestações culturais.

Apesar dos aspectos positivos que se lhe pode creditar, esse segundo cinema não atende às necessidades do atual momento histórico. Esses dois polos que tensionam o segundo cinema repetem-se em vários textos de Solanas e Getino com matizes, mas não vou multiplicar as citações, apenas destacar que há momentos de radicalização em que lemos que "grande parte do chamado 'Cinema de Autor'" não escapa "aos modelos do cinema americano"; que o cinema de autor é uma variante do primeiro cinema e, enquanto tal, é submetido aos "donos do cinema" e ao "cinema da mais--valia". É evidente que afirmações como essas envolvem o Cinema Novo brasileiro (embora deva dizer que há indicações de que Solanas não conhecia *Deus e o diabo na terra do sol* quando redigiu o manifesto) e não deixam ileso o cinema cubano. Ora, o Cinema Novo não podia ser rejeitado sem mais nem menos; quanto ao cubano, era produzido num país que acabava de fazer a revolução socialista. É possivelmente essa situação que dará ao Tercer Cine uma certa elasticidade, fazendo com que acabe incluindo "muitas obras do Cinema Novo brasileiro" e recentes filmes chilenos, como os de Miguel Littín ou Raúl Ruiz. Assim entendido o Tercer Cine, o cinema militante torna-se uma de suas vertentes e não uma exclusividade. Em relação ao cinema cubano, os trabalhos de um Santiago Álvarez ou de um Julio García Espinosa enquadram-se perfeitamente num conceito estrito de Tercer Cine, mas o que fazer com um *Memorias del subdesarrollo,* de Gutiérrez Alea, que não se pode deixar de qualificar de filme de autor? Como incluir no "Segundo Cine", cinema reformista que faz o jogo do sistema dominante, filmes produzidos num "país liberado y que se rige por un Estado Revolucionario"? Daí se decide que "todo el cine cubano pasa a inscribir-se en la categoría de cinema político militante y todos los géneros y categorías del Tercer Cine se sintetizan gracias al poder revolucionario en cine militante". *Memorias del subdesarrollo* passa a integrar o Tercer Cine, pois "lo que define lo revolucionario de un hecho no es la forma en que ese hecho se expresa, sino el papel transformador que alcanza en determinada circunstancia tras una estrategia de liberación" (essas declarações devem datar de 1971).

Os franceses que discutiram com Solanas não estavam especialmente preocupados com a inserção do conceito de Tercer Cine no quadro especificamente latino-americano (pois interpretou-se o manifesto como universalista), e um dos pontos sobre o qual foi questionado – não o único, mas aquele que mais interessa para este estudo – foi o conceito de autor. Primeiro, para evitar a interpretação feita acima, que considera incorreta, Solanas precisa sua teoria dos três cinemas: é errôneo considerar que qualquer filme caro pertence ao primeiro cinema, qualquer filme de autor ao segundo; que qualquer filme espetacular pertence ao primeiro, qualquer filme intimista ou intelectual ao segundo. A distinção não é feita com categorias de produção, mas políticas: o primeiro expressa concepções imperialistas, capitalistas e burguesas, o que pode ocorrer tanto com um filme de grande espetáculo como de autor ou de informação. O segundo expressa as aspirações das camadas médias, da pequena burguesia; cinema frequentemente niilista, pessimista, mistificador; em geral é nesse grupo que entram os filmes de autor, mas pode-se naturalmente encontrar filmes de autor tanto na primeira categoria como na terceira. O terceiro é a expressão da nova cultura e das mudanças da sociedade, um cinema que dá conta da realidade e da história, ligado à cultura nacional, entendendo por isso "as práticas do conjunto das camadas populares". E ele insiste toda vez que questionado sobre o autor: "Penso que a 'política dos autores' é um erro. Devemos nos perguntar que tipo de cinema fazem os autores: o primeiro, o segundo ou o terceiro?".[3] É em torno desse eixo que vão girar muitas discussões referentes ao binômio Tercer Cine/autor. Para uns, o terceiro cinema abole o autor, assim René Vautier:

> Para mim, o melhor cineasta do terceiro cinema seria aquele cujo nome seria esquecido em favor da significação do filme. A este respeito, acho que a oposição se dá sobretudo entre o primeiro e o segundo cinema por um lado, e o terceiro por outro. Pergunto-me se não há contradição de termos na noção de "autor do terceiro cinema": não seria necessário trabalhar coletivamente para refletir a realidade verdadeira?

Essa posição encontrará uma resposta, em Guy Hennebelle, por exemplo, que diferencia os autores que se "fecham num solipsismo narcisista" (como Bergman e Fellini em

[3] Em *Cinéma et politique: de la politique des auteurs au cinéma d'intervention*.

alguns de seus filmes) dos criadores que se mantêm atentos "às aspirações individuais e coletivas das pessoas que os cercam". Está próximo dessa postura Daniel Serceau na sua resposta ao manifesto de Solanas e Getino, publicada por *Cinéma Politique*. Por um lado, afirma:

> Se hoje podemos colocar como norma de trabalho ao conjunto dos cineastas progressistas a ruptura com o cinema de autor, não será para lhes propor de chofre uma união com a classe operária através da produção de filmes militantes. Só a camada mais radicalizada desses cineastas pode entender uma tal proposição. A ruptura com o cinema de autor progressista [...] implica romper com um cinema amplamente idealista no seu processo de trabalho ideológico [...] Este cinema, embora progressista em algumas de suas análises, permanece elitista no seu estilo de trabalho. É por isso que, hoje, devemos condená-lo e preferir filmes aptos a conquistar uma real audiência de massa, inclusive se seus projetos ideológicos e políticos nem sempre são os mais adiantados, ou até mesmo voltados para trás.

Mas Serceau também afirma que, se do lado do autor prolifera "um cinema essencialmente formalista, estetizante e intelectualista, de fato vazio de qualquer projeto político e ideológico", não se pode negar que havia um cinema de autor "que desenvolvia uma crítica da sociedade burguesa" que "ia de uma simples crítica humanista dos valores burgueses a uma corrente progressista analisando, representando e criticando a sociedade burguesa em bases classistas enunciadas mais ou menos claramente". De onde podemos deduzir que

> os diferentes autores situam-se diferentemente na relação das forças sociais e políticas, o que também é verdade para os autores hollywoodianos. Uma fração serve claramente os interesses da burguesia (o mui respeitado Hitchcock, por exemplo); outra expressa a vontade da pequena burguesia de afirmar-se socialmente; uma última finalmente desenvolve um cinema de luta e de crítica ideológica, cujo papel seria errado negar em determinadas etapas históricas enquanto força que acelera as

contradições da sociedade burguesa e desenvolve um trabalho de conscientização e de determinação anticapitalista

– com a ressalva: "trabalho que, por si só, se revelava incapaz de desaguar em tomadas de posição politicamente claras".

O que pensar dessa posição do cinema militante – ou, pelo menos, dessa vertente – diante do *autor*? A política não resiste, mas penso que, no fundo, a medula não foi atingida: o sujeito. Este não é negado; o que se lhe pede é que não se compraza no seu solipsismo, intimismo narcisista, e nas contradições e perplexidades pequeno-burguesas. Mas se ele se associar às lutas proletárias, o autor, nas vozes pelo menos de Hennebelle ou Serceau, não será destruído. Quanto aos *Cahiers du Cinéma*, pode ser que, nesse início dos anos 1970, tenham conseguido uma forma de recuperação do cinema militante. É o que sustenta Serge Daney:

> O "ponto de vista" de um cineasta militante sobre uma passeata não era o mesmo que o da polícia ou da televisão [...] a problemática do "ponto de vista" sobreviveu muito bem nos *Cahiers* com a condição de voltar a ser uma questão de moral. Para lá do refluxo da atividade militante e do abandono de qualquer ideia de Frente, reencontrar-se-ia o que tinha alimentado a revista desde sempre: a moral da filmagem, o apagar da noção de ator, a noção de autor [...]. A reflexão sobre o cinema militante integra-se à "política".

A essa discussão poderia ter-se associado Glauber Rocha, que no fim dos anos 1960, num momento em que questionava o autor e sua relação com a produção, afirmava: "Pode-se dizer que a Nouvelle Vague criou uma estética burguesa por excelência. Isto se confundiu com o cinema de autor, que se confunde por sua vez com sua ineficácia". O cinema de autor salva-se da rejeição da estética burguesa e dos filmes de autor "ineficientes".

O autor e sua política iam ter que enfrentar obstáculos filosoficamente mais consistentes: são formações ideológicas, que não datam evidentemente dos "anos 1968", mas se consolidaram e difundiram nesse período, e que atacam o sujeito.

A arte como produção

Comecemos com a questão da produção artística. Talvez devesse orientar-me para *Cinéthique* ou procurar na literatura cinematográfica teóricos ou historiadores que trabalharam a noção de produção, como o já citado Maurice Drouzy, caso tivesse radicalizado seu pensamento. Penso que encontraremos uma posição mais definida e teoricamente melhor conceituada se passarmos da área cinematográfica para a das artes plásticas e examinarmos (rapidamente) a teoria marxista de Nicos Hadjinicolaou, que atinge centros vitais da política dos autores.

Concentremo-nos no seu ensaio "Sobre o estilo de um artista", particularmente na parte referente a Rembrandt, publicado originalmente em 1973. Inúmeras são as histórias da arte, a partir principalmente do século XIX, que apresentam Rembrandt como o mestre do claro-escuro, isto é, como um pintor caracterizado por um estilo, pelo menos por um estilo dominante, e o claro-escuro como um estilo característico desse pintor. Hadjinicolaou questiona essa definição, partindo da constatação, reconhecida por inúmeros estudiosos, de que vários são os estilos encontráveis na sua obra. Hadjinicolaou diz-nos como a história "burguesa" trata essa diversidade de estilos: quando um artista adotou sucessivamente vários estilos, o historiador burguês escolhe um que fica sendo "seu estilo por excelência", e os outros são relativizados em posições secundárias, como estilos precursores, preparatórios, de juventude, posteriores, de velhice, menos bons etc. O historiador encontra maiores dificuldades quando a variedade de estilos manifesta-se simultaneamente, como no caso de Rembrandt; elogia-se então a "variedade de seu talento", mas identifica-se o artista apenas com um estilo, considerado seu estilo próprio. Em ambos os casos, a operação consiste em buscar e encontrar uma unidade e colocar à margem o que possa prejudicá-la. Hadjinicolaou cita Schmidt-Degener, que escreve:

> Quem quiser aprofundar-se na obra imensa de Rembrandt experimenta impressões de extrema diversidade [...] Rembrandt

não foi, como Veronese ou Ribera, Rubens ou Frans Hals, um artista de uma só peça a seguir o único caminho que escolheu [...] Encontramos Rembrandt ao mesmo tempo pelos mais diversos caminhos.

Não é um pequeno problema para o historiador, que, no entanto, encontra uma solução:

Ninguém, seja quem for, pode escapar das influências de sua época e perguntamo-nos se essa divisão interior não será explicável, ou pelo menos esclarecida, pelo próprio século de Rembrandt. Suas criações eram o reflexo de uma evolução europeia, a qual estava sendo solicitada em diferentes direções por contradições internas.

Eis explicada a diversidade estilística de Rembrandt, mas a um custo muito grande. É que a diversidade encontra sua explicação ou justificativa fora do artista. Schmidt-Degener se vê, portanto, obrigado a uma nova operação que restitua a Rembrandt o caráter de sujeito de sua obra: assim, abundam nesse artista "contradições, magicamente reunidas numa personalidade única [...]". E Rembrandt fica reposto no seu papel de centro, diverso e contraditório por certo, mas único, de sua obra. E sem dúvida reconheceremos aqui operações analisadas no primeiro capítulo deste trabalho a respeito de Hitchcock e Nicholas Ray. Em todo caso, Schmidt-Degener não tenta escamotear as contradições nem desclassificar determinados estilos em favor de um só, e é dessa posição que Hadjinicolaou vai partir. Observando que a diversidade de Rembrandt não se ordena em etapas sucessivas, Hadjinicolaou, usando o conceito de "ideologia em imagens", básico no seu pensamento, ordena a diversidade em três vertentes: ideologia em imagens barrocas na sua manifestação holandesa (o barroco correspondendo à aristocracia), ideologia em imagens da burguesia holandesa do século XVII e ideologia em imagens da burguesia protestante-ascética holandesa do século XVII, sendo que o vínculo de Rembrandt com cada uma dessas vertentes e os estilos daí decorrentes depende de um sistema de encomenda. Assim Hadjinicolaou investiga se se trata efetivamente das contradições de Rembrandt, ou antes das dos grupos de imagens contraditórias entre si que não têm Rembrandt como centro, mas se referem cada uma delas a um centro que se encontra fora do indivíduo Rembrandt e da pretensa unidade de sua obra global: na ideologia em imagens das classes sociais existentes na Holanda na época em que estas imagens foram produzidas.

Dessa forma, o sujeito fica totalmente obliterado. Da análise de determinado retrato equestre, Hadjinicolaou concluirá: "É evidente também que a ideologia em imagens deste retrato corresponde totalmente à ideologia de quem o encomendou". Eis que voltou a individualidade, expulsa por Hadjinicolaou, mas deslocada do artista para o mandante. Nova correção faz-se necessária, transformando a expressão "de quem o encomendou" em "da classe que [o] encomendou", completando a operação de desqualificação do sujeito. Hadjinicolaou rejeita todas as posições que afirmam a existência do "estilo de um artista", que postulam que cada artista tem seu próprio estilo, que buscam quer a unidade da obra, quer do artista, que explicam o estilo pela individualidade do artista, do qual ele seria o universo, o mundo, a visão do mundo; e elogia Wöfflin e sua "história da arte sem nomes" por ter atribuído ao criador um papel marginal, provocando pânico na burguesia: era uma traição, era rejeitar o que havia de mais sagrado: o indivíduo. Na sua luta contra o sujeito e a unidade, Hadjinicolaou conclui:

> O postulado da unidade da obra, que, mais ou menos explicitamente, sempre assediou o empreendimento crítico, deve, portanto, ser denunciado: a obra não é criada por uma intenção (subjetiva ou objetiva); é produzida a partir de condições determinadas [...] Explicar a obra é, em vez de remontar a um centro oculto que lhe daria vida (a ilusão interpretativa é organicista e vitalista), vê-la no seu efetivo descentramento [...].

E ainda:

> Assim como cada folha de uma árvore não se parece com nenhuma outra folha existente, não é menos certo que cada

ser humano é distinto de todos os outros. Querer aplicar esta concepção à história da arte implicaria, de um lado, a transformação dos historiadores em detetives que descobririam a personalidade dos "criadores" pelas impressões digitais; por outro, isso os levaria a ignorar as diferenças determinantes entre as imagens produzidas pelo mesmo indivíduo, a ignorar o fato de que pertencem a ideologias em imagens se não opostas pelo menos diferentes. Os caminhos que pretendem levar-nos à compreensão do estilo de um indivíduo não levam a parte alguma.

Assim, não há política dos autores possível.

O anti-humanismo

Hadjinicolaou, bastante lido e traduzido, permaneceu em posição discreta. Não é o caso de outros, que, mediante extrema simplificação de seu pensamento e não raras distorções, ganharam a mídia e, embora afetando às vezes discrição, prestaram-se a esse papel. Nesses anos 1968, os nomes de Barthes, Foucault, Lévi-Strauss, Althusser, Lacan, Derrida vão substituindo os de Sartre, Camus, Beauvoir na imprensa escrita e eletrônica. *Arts* estampa que Foucault anuncia a morte do homem e que Sartre é um intelectual do século XIX. Podemos falar em sensacionalismo intelectual, mas resta que se criou, nesses anos 1968, uma ambiência pouco favorável a uma filosofia do sujeito com sua unidade, essência e identidade. Não pretendo entrar na filosofia das novas estrelas, apenas sugerir que o clima gerado pelo chamado *anti-humanismo francês* criou um terreno pouco propício à sobrevivência do autor tal como o entendemos até agora. Não se trata aqui de penetrar nas salas de aula, nem de esmiuçar complexos ensaios, nem de remontar às raízes nietzscheanas ou heideggerianas desses pensadores franceses, mas de falar de um sucesso ideológico que se alastrou, superando o caráter grave e pode-se dizer arredio e hermético dos textos, surpreendendo muitas vezes os próprios autores, como Foucault ou Lacan. Criou-se uma vulgata que entrou no *l'air du temps* e cujas ideias simplificadas atingiram um "público de elite de massa".[4]

Os anti-humanistas propõem uma grande revolução, talvez possamos dizer a segunda grande revolução dos tempos modernos, se considerarmos que a primeira foi a de Copérnico. Esta se perde no tempo e hoje a vemos nos livros de história, mas deve ter sido atroz e incompreensível. E Copérnico foi moderado: tirou a Terra de seu papel central, mas não chegou a abolir o sistema concêntrico. Leonardo da Vinci vai poder inventar a fotografia 3×4 e desenhar o homem dentro de um círculo. O *eu* de Descartes se põe a pensar e a existir. A segunda revolução nos atinge em cheio: do centro, ela tira o sujeito. E, portanto, atinge o autor, que se torna uma preocupação constante dos anti-humanistas. Escreve Alain Renaut:

> O humanismo [é] a concepção (e a valorização) da humanidade como capacidade de *autonomia* [...] a modernidade é a maneira pela qual o homem vai pensar-se a si mesmo como a fonte de suas representações e de seus atos, como seu fundamento (sujeito) ou ainda como seu autor (daí, aliás, o encarniçamento anti-humanista comum às diversas práticas genealógicas dos anos 1960 passar tão frequentemente pela crítica da noção de autor).

Lacan, um dos grandes artífices da dolorosa operação, parte de Freud, o qual tinha também seus antecedentes. Na sua "leitura estética de Freud", Holzermayr Rosenfield nos informa que Freud retoma considerações de Schiller,

> que procura investigar o enigma da independência da linguagem, ou seja, a abertura do trabalho significante de um discurso e do pensar em geral que vão além daquilo que um sujeito pode querer dizer ou preconceber. Schiller se deixa deliberadamente surpreender – e é nisso que Freud se

---

[4] Cf. Luc Ferry, Alain Renaut, *Pensamento 68: ensaio sobre o anti-humanismo contemporâneo*.

interessa por ele – por um discurso que significa sem que o próprio sujeito o tenha compreendido.

Rosenfield prossegue:

> Freud diz pela boca de Schiller que aquilo que dizemos e pensamos não é produto da nossa intenção ou de uma vontade senhora de si, mas algo que se diz através de nós, e que podemos, no melhor dos casos, recuperar *ex post facto* esse discurso estranhamente autônomo e subtraído [à] nossa vontade. Surgindo segundo suas próprias regras na nossa imaginação, esse discurso revela-se plenamente coerente sem que, no entanto, os parâmetros de uma racionalidade convencional se apliquem a ele; pelo contrário, ele *nos* impõe a racionalidade de seu jogo formal, uma racionalidade outra.

Estamos despossuídos de nossa linguagem, que obedece a formas de produção que nos escapam. Lacan – e nestas tímidas e breves observações, sigo Anika Lemaire – radicaliza Freud.

Os simbolismos socioculturais e de linguagem impõem-se ao *infans* como ordens já constituídas; são eles, bem como o édipo, que vão moldar a criança. A vivência íntima – que podemos considerar o significado – passa a ser mediatizada no pensamento pelas inter-relações dos significantes (ordem do simbólico); estes, com o tempo, vão-se substituindo mais e mais a essa vivência. O sujeito vê-se assim envolvido numa ordem simbólica, mediadora por essência, que o distancia de sua verdade imediatamente vivida. O sujeito distancia-se de si mesmo. A linguagem torna-se o lugar de todos os erros sobre si mesmo e sobre o vivenciado, de todas as distâncias entre o dito e o vivido, entre a "essência própria" e sua manifestação no "discurso falado". Quanto mais o sujeito produz seu discurso, mais se distancia da "verdade de sua essência". A criança designa-se inicialmente pelo nome acompanhado da terceira pessoa do singular; a seguir assume plenamente sua personalidade apropriando-se da categoria gramatical do "eu". Mas ao usar o "eu", da ordem do simbólico, passa a se cortar de sua realidade psíquica. Ao que Benveniste acrescentaria que o "eu" não designa ninguém, já que circula indiferentemente por todos os sujeitos que dele fazem uso e, portanto, esvazia o sujeito. No simbólico, o sujeito não pode estar presente, apenas representado. No simbólico, o sujeito está simultaneamente excluído e representado. O ser torna-se antes o efeito do significante (do simbólico) que sua causa. Não só isso, Lacan ainda afirma que o significante age "separadamente" do significado, inclusive à revelia do sujeito. O sujeito é uma disjunção que tende a se acentuar (essa formulação é minha: não sei se Lacan e Lemaire assinariam embaixo). Essas considerações levam à crítica do *cogito*: Lacan recusa os "preconceitos filosóficos" que unificaram o ser e o pensamento consciente, bem como o ser e a consciência reflexiva; e chegamos à frase fetiche, essencial para nós: "penso onde não estou pelo pensamento, portanto estou onde não penso". Consequentemente, o sujeito nunca está onde se procura. O "eu" do discurso está radicalmente separado do outro do sujeito, ou seja, o inconsciente. E, para o sujeito, essa disjunção é irremediável (a não ser em situação de análise): o sujeito não pode apreender seu inconsciente pela análise lógica que faz de seu ser, de seu *moi*, de seu passado. Ele escapa constantemente a si mesmo. Esse descentramento do sujeito em relação a si próprio, esse corte entre sua vivência e sua linguagem bloqueiam qualquer noção de unidade, de identidade consigo mesmo, de encontro consigo mesmo, portanto de matriz com sua cristalização. Por mais que Lacan não remeta à produção artística, mas à linguagem falada, seu discurso, pelo menos se tomado de forma lata, se expande e atinge as relações entre o artista e sua produção. E as poucas referências às produções do inconsciente no texto artístico, que encontramos em Fellini, em alguns cineastas entrevistados pelos adeptos da política e em textos deles, não podem enfrentar esse vendaval. O sujeito e seu discurso, inclusive artístico, estão dissociados.

―

Foucault anuncia a morte do homem. E também a do autor. É mais sutil que isso, mas é assim que frequentemente é interpretado, a ponto de, na famosa conferência de fevereiro de 1969 na Sociedade Francesa de Filosofia, ter-se considerado na obrigação de responder à intervenção de Lucien Goldmann: "Além do mais: não disse que o autor não existia mais; não foi o que eu disse, e fico espantado que meu discurso possa ter sido objeto de tamanho contrassenso". O que preocupa Foucault é o que "esta regra do desaparecimento do escritor ou do autor permite descobrir" – "o que não é o mesmo, hão de convir, que dizer que o autor não existe". Atitude semelhante toma Foucault em relação ao homem: não se trata de declarar o desaparecimento do ser humano, e sim de afirmar que o *homem* é um conceito e que esse conceito pode estar em via de desaparecimento: "O homem é uma invenção de que a arqueologia de nosso pensamento mostra facilmente a data recente. E talvez seu fim próximo". Na entrevista "L'homme est-il mort?", Foucault, partindo de Mallarmé, transporta para a linguagem a consequência desse "desaparecimento" do homem:

> Desde *Igitur,* a experiência de Mallarmé [...] mostra como o jogo próprio, autônomo da linguagem, vem instalar-se exatamente lá onde o homem acaba de desaparecer. Desde então, pode-se dizer que a literatura é o lugar onde o homem não para de desaparecer em favor da linguagem. Onde "algo fala" [*ça parle*], o homem não mais existe.

Essa postura guia o artigo que publica em *Critique* sobre Maurice Blanchot: essa linguagem "já não é discurso nem comunicação de um sentido, mas a exposição da linguagem no seu ser bruto, pura exterioridade elucidada; e o sujeito que fala não é responsável pelo discurso". Não são apenas os textos de Blanchot que interessam a Foucault, mas também, com certeza, suas posições teóricas; se Mallarmé (e às vezes e mais palidamente Paul Valéry) aparece como precursor da morte do autor, Blanchot precedeu de anos os anti-humanistas. Por exemplo, já em 1953, quando os *Cahiers du Cinéma* estavam em plena política dos autores, ele anunciava a dissolução do "eu" e do autor ao analisar *O inominável*, de Beckett. A Mallarmé e Blanchot, Foucault acrescenta Robbe-Grillet, Bataille, Borges e alguns outros: é uma experiência da cultura atual essa "transição para uma linguagem em que o sujeito está excluído", revelando-se uma incompatibilidade "entre a aparição da linguagem em seu ser e a consciência de si em sua identidade". Essa linguagem que se produz atualmente "não é falada por ninguém", "todo sujeito não representa mais do que um vínculo gramatical": "o ser da linguagem é a visível desaparição daquele que fala". Nessa concepção da linguagem, Foucault não poderia deixar de reverenciar Lacan:

> A importância de Lacan reside no fato de que ele mostrou como [...] são as estruturas, o próprio sistema da linguagem – e não o sujeito – que fala [...] Antes de toda existência humana haveria já um saber, um sistema que redescobrimos [...] O que é esse sistema anônimo sem sujeito, o que é quem pensa? O "eu" explodiu – veja a literatura moderna –, é a descoberta do "há". Há um *se* indeterminado [*on*] [...].

Na palestra de fevereiro de 1969 acima mencionada, Foucault procede a uma desmontagem genealógica do conceito de autor: o autor não é uma pessoa, mas uma função.

> A função-autor está vinculada ao sistema jurídico e institucional que enfeixa, determina, articula o universo dos discursos; ela não se exerce de modo uniforme e da mesma maneira sobre todos os discursos, em todas as épocas e em todas as civilizações; não é definida pela atribuição espontânea de um discurso a seu produtor, mas por uma série de operações específicas e complexas; não remete pura e simplesmente a um indivíduo real [...].

Estudando as "modificações históricas", não parece indispensável que "a função-autor permaneça constante na sua forma, na sua complexidade, e até mesmo na sua existência. Pode-se imaginar uma cultura em que os discursos circulariam e seriam recebidos sem que a função-autor nunca apareça".

Das várias regras apontadas por Foucault como essenciais na construção do autor, destaco a seguinte:

> o que num indivíduo é designado como autor (ou o que faz de um indivíduo um autor) não é senão a projeção, em termos sempre um tanto psicologizantes, do tratamento que se impõe

aos textos, dos relacionamentos que se operam, dos traços que se estabelecem como pertinentes, das continuidades que se admitem ou das exclusões que se praticam.

Podemos reconhecer aqui operações comentadas nos capítulos anteriores deste ensaio. Foucault aprofunda:

> O autor é igualmente o princípio de uma determinada unidade de escrita – todas as diferenças devendo ser pelo menos reduzidas pelos princípios de evolução, de maturação ou de influências. O autor é também o que permite superar as contradições que podem desenvolver-se numa série de textos: não pode deixar de ter – num certo nível de seu pensamento ou de seu desejo, de sua consciência ou de seu inconsciente – um ponto a partir do qual as contradições se resolvem, os elementos incompatíveis encadeando-se finalmente uns com os outros ou organizando-se em torno de uma contradição fundamental ou originária.

Embora esse autor seja relativamente recente, Foucault já o encontra no *De viris illustribus,* de São Jerônimo, citado duas vezes diante dos senhores da Sociedade Francesa de Filosofia: sim, os critérios de São Jerônimo definem as modalidades com as quais a crítica moderna opera a função-autor. Alguma ironia me parece haver nessa insistência em São Jerônimo.

———

Muitos outros filósofos e estudiosos preocuparam-se com a morte do autor. Gérard Genette, por exemplo, cita Valéry: "Toda obra é a obra de muitas coisas além de um autor"; "o verdadeiro operário de uma bela obra [...] não é realmente ninguém", relembra Gérard Genette. Mas o texto que sem dúvida teve um efeito-bomba é o curto artigo de Roland Barthes publicado em 1968 com o título: "A morte do autor".[5]

---

[5] Esse artigo de grande repercussão não representa todo o pensamento de Barthes, que, em textos posteriores, reintroduziria o autor. Mas já não são mais os "anos 1968".

O autor é um personagem recente, cuja morte vem se preparando desde Mallarmé, passando por Valéry (timidamente), Proust, o surrealismo. A obra não sobrevive à morte do autor, "toda a poética de Mallarmé consiste em suprimir o autor em proveito da escritura"; "o autor entra na sua própria morte, a escritura começa". Fora da literatura,

> a linguística acaba de fornecer para a destruição do autor um instrumento analítico precioso, mostrando que a enunciação em seu conjunto é um processo vazio, que funciona perfeitamente sem que seja necessário preenchê-lo com a pessoa dos interlocutores: linguisticamente, o autor nunca é mais do que aquele que escreve, assim como *eu* outra coisa não é senão aquele que diz *eu:* a linguagem tem um "sujeito", não uma "pessoa", e esse sujeito, vazio fora da enunciação que o define, basta para "sustentar" a linguagem, isto é, para exauri-la.

Em outro artigo, Barthes escreve: "o *eu* que escreve o texto, também, nunca é mais do que um *eu* de papel". Portanto, nenhuma pessoa anterior ao texto:

> o "*scriptor*" moderno nasce ao mesmo tempo que seu texto; não é, de forma alguma, dotado de um ser que precedesse ou excedesse sua escritura, não é em nada o sujeito de que seu livro seria o predicado; outro tempo não há senão o da enunciação, e todo texto é escrito eternamente *aqui* e *agora*.

O texto concebido como enunciação aqui e agora que não remete a uma transcendência autoral terá consequências na análise cinematográfica. E a citação seguinte aplica-se perfeitamente à crítica cinematográfica que vimos nos capítulos anteriores:

> Uma vez o autor afastado, a pretensão de "decifrar" um texto se torna totalmente inútil. Dar um autor a um texto é impor a este texto um travão, é provê-lo de um significado último, é fechar a escritura. Essa concepção convém muito à crítica, que quer dar-se como tarefa importante a descoberta do autor [...] sob a obra [...] Não é de se admirar, portanto, que, historicamente, o reino do

autor tenha sido também o do crítico, nem tampouco que a crítica […] esteja hoje abalada ao mesmo tempo que o autor.

Se o autor não é mais o ponto de convergência de todas as aberturas do texto, onde está esse ponto, se é que existe: Mallarmé, ao suprimir o autor em favor da escritura, devolve ao leitor seu lugar.

> Assim se desvenda o ser total da escritura: um texto é feito de escrituras múltiplas, oriundas de várias culturas e que entram umas com as outras em diálogo, em paródia, em contestação; mas há um lugar onde essa multiplicidade se reúne, e esse lugar não é o autor, como se disse até o presente, é o leitor: o leitor é o espaço mesmo onde se inscrevem, sem que nenhuma se perca, todas as citações de que é feita uma escritura; a unidade de um texto não está em sua origem, mas na sua destinação […].

Voltaria uma transcendência individual? "Mas essa destinação não pode mais ser pessoal: o leitor é um homem sem história, sem biografia, sem psicologia; ele é apenas esse alguém que mantém reunidos num único campo todos os traços de que é constituído o escrito." Esse deslocamento do autor para o leitor da convergência das multiplicidades do texto ecoará em recentes teorias do cinema.

Repercussões cinematográficas

O autor cinematográfico não saiu ileso desse bombardeamento. Mas não morreu completamente, e aqui ou lá reaparece. Por exemplo, numa edição dos *Cahiers du Cinéma*, significativamente intitulada "Cinéma d'auteur: la cote d'alerte", Pascal Bonitzer sustenta um cinema de autor cuja chave é a *mise en scène*, isto é, conforme ele, o pensamento. Embora reconhecendo que o autor se tornou um "sinônimo circunstancial de cineasta", Olivier Assayas afirma que "a obra de arte é a fixação no tempo de uma expressão pessoal", que "o autor precede a obra", que "a característica primordial do autorismo [é] a consciência de si mesmo do cineasta", que "o filme de autor é aquele que tem primeiro um autor e depois é um filme

[...] onde o estilo é feito para ser visto, onde é um fim em si [...]". Essa edição dos *Cahiers* data de novembro de 1983: já vão longe os tempos do anti-humanismo, anos 1980, uma nova subjetividade surge (que não é aqui o nosso assunto). No entanto, o que surpreende nas citações acima, de artigos da nova equipe da revista, é que a alegada nova subjetividade parece ceder o passo a uma recuperação de ideias da época gloriosa da política. Mas, em alguns momentos dessa edição, sentem-se esforços para modificar o conceito, principalmente em Alain Bergala. Ele vê duas maneiras históricas de conceber a política: no filme de produtor, o "programa" não pertence ao realizador, apenas a realização, momento em que deixa sua marca no filme; o autor completo é responsável pelo programa e pela realização. No entanto, o autor pode deixar de sê-lo, mesmo controlando programa e realização, se se tornar "o executante de seu próprio programa" (não é propriamente uma novidade, encontramos essa afirmação a respeito das "imagens de marca"). É necessário que haja uma certa defasagem entre o programa, mesmo sendo o do autor, e a realização: que a realização de alguma forma "claudique" em relação ao programa. A partir dessa realização que "claudica", Bergala formula uma noção de autor que se diferencia da de política: os verdadeiros autores de hoje raramente são os que gerem com ciúmes sua maestria, que tentam perpetuar os signos de sua autoridade/autorismo de um filme para outro, ou executar seu próprio programa; seriam antes os que preferem colocar em questão seu título de autor a cada novo filme, colocar em perigo sua maestria. Godard renova-se a cada filme; Raúl Ruiz talvez seja hoje o único verdadeiro autor a praticar um cinema de programa. Essa ideia de risco, de que o *status* de autor não está definitivamente adquirido, mas que só existe porque se reconstrói a cada instante a partir de seu constante questionamento, é nova em relação à política dos anos 1950. Mas o autor continua. Daniel Serceau também vai operar algumas modificações, ainda no sentido de salvar o autor. Aceita críticas à política na medida em que ela sugere que o realizador assume toda a responsabilidade pela obra em detrimento de seus colaboradores, e em que ela remete à subjetividade de um indivíduo e suas intenções pessoais, eliminando todos os fatores de produção e históricos de que é tributário. Em função do que afirma que as intenções manifestas de um cineasta não definem sua obra; que é antes a obra que esclarece o sujeito, e não o contrário, sendo que um projeto de criação não corresponde necessariamente àquele de que o sujeito tem consciência. Apoiando-se em Nicholas Ray, diz que o conceito de autor existe na medida em que se verifica um princípio de unificação e identificação num *corpus* de filmes. No entanto, esse conceito "é insuficiente, pois não podemos nos limitar a relacionar este *corpus* apenas com a personalidade de um cineasta". Jean-Louis Baudry – talvez mais um "teórico em busca de autor" –, retomando ideias como a de um cinema de programa ou de que o *corpus* não pode relacionar-se apenas com a personalidade do cineasta, parece-me tentar ir mais longe. Em "Autor e sujeito analisável" (entender psicanalisável), a partir de uma noção de "sujeito-produtor", aplicável tanto a um realizador como a um produtor, cria dois objetos: no produto industrial, um carro por exemplo, qualquer subjetividade está obliterada: satisfaz os desejos do consumidor, mas nenhum sujeito do desejo é suscetível de manifestar-se; em contrapartida, na obra de arte, um sujeito do inconsciente está em jogo: um sujeito deixa-se presumir, e as obras remetem ao sujeito-produtor como a um sujeito concernido pelo inconsciente. A obra de arte é analisável; um carro ou um dedal não são. O cinema está nesse cruzamento, mesclando um sujeito coletivo não analisável com um sujeito individual analisável, o que permite sustentar a noção de autor, mas implica reconhecer que ela não dá conta do sujeito-produtor do filme. Acrescente-se que o sujeito analisável pode ser múltiplo, já que há no filme diversas incidências individuais; por mais que o realizador orquestre essas participações no sentido de configurar uma unidade, não se deixa de reconhecer que a música é de Fulano de Tal. A força do cinema hollywoodiano proviria da força ideológica com que oblitera o sujeito analisável (ou os sujeitos). A presença por demais visível do sujeito analisável no significante cinematográfico levaria o espectador a perceber a força da "fantasmatização" do autor, e em consequência perderia parcialmente sua própria força de "fantasmatização".

Não penso que seja nos textos referidos acima, os quais parecem revelar pouco mais que um mal-estar, que encontraremos as repercussões mais significativas do anti-humanismo, mas, sim, num texto como este de Luc Moullet:

> Mas, diga um pouco, que relação há entre este *Acossado* (1960) e *Paixão* (1982)? Não encontro muita. Nem falo da diferença de assunto, de tonalidade. Trata-se da própria diferença na concepção do cinema. *Paixão* apoia-se em primeiro lugar na plástica, ignorada em *Acossado* [...] O fosso fica ainda mais profundo se a *Paixão* opusermos *Bando à parte* (1964), o filme no qual o impasse da plástica é o mais evidente [...] Uma tal transformação poderia nos levar a duvidar da sinceridade do mutante. Comparem-no a seus mestres: em mais de quarenta anos, Lang (de *Die Spinnen* [*As aranhas*] até o último *Mabuse*), Renoir (de *A pequena vendedora* até o *Petit théâtre*, primeira parte) e Hitchcock (de *O pensionista* a *Frenesi*) manifestam uma espantosa continuidade tanto pela escolha dos assuntos como pela concepção de sua arte.

Esse texto parece-me importante por revelar que o autor foi atingido na base: a unidade. Sem unidade, não há autor na concepção da política. Talvez Moullet se tenha encontrado diante de um enorme problema: como pensar se for tirada parte substancial do conceito, a ponto de ele deixar de existir? O que dizer quando o conceito foge? De forma que penso que Moullet recua diante do abismo, e recupera o autor com o conceito de fase:

> Duas referências a criadores com períodos poderiam servir de caução: a de Picasso, evidentemente, e sobretudo a de Rossellini, cuja carreira parece ter servido de modelo a Godard (modelo consciente ou inconsciente, não sei). De fato, que relação há entre *Nós, as mulheres* e *O messias*, *Un pilota ritorna* [*Um piloto retorna*] e *Onde está a liberdade*?, entre *De crápula a herói* e *India*? [...] Há em Godard pelo menos três períodos [...].

Serge Daney será mais radical. Primeiro em relação à política: *Um filme para Nick* marca o fim da famosa política dos autores, uma política inventada (aqui na França) para defender filmes como os de Ray e que já se formulava estranhamente, edipianamente: o filme fracassado de um autor era sempre mais interessante que o filme bem logrado de um não autor [...]. A "política" tornou-se: 1) do lado comércio: um *marketing* dos efeitos de assinatura, 2) do lado cineastas: um culto muitas vezes hipócrita dos mortos.

E depois, porque ataca a unidade: "A unidade nunca foi senão um dos efeitos de uma castração", "confirmar [o cineasta] na certeza de sua unicidade [implica] castrá-lo". Marie-Claire Ropars e Pierre Sorlin também se questionam sobre a unidade. Para eles, o autor não está totalmente morto. Talvez por causa de uma como que inércia da herança ou necessidade de um fiador, a figura autoral parece ter resistido ao abalo da autoridade pessoal nas abordagens modernas das obras. E perguntam: o "estado de autor" se tornará uma simples ilusão, talvez necessária à perpetuação do "prazer do texto", "ou se espalhará em estilhaços de autor, tornando duvidosa a unidade pressuposta pelo próprio termo?". O questionamento da unidade, para o conceito de autor, é um terremoto. As operações comentadas nos primeiros capítulos deste trabalho, a busca das constantes bem como as táticas para superar e reduzir divergências e contradições caem por terra se não estiverem sustentadas pela ideia de que uma obra tem ou deve ter uma unidade. O comentário feito por Paulo Emílio Sales Gomes sobre Blasetti – "As cinco ou seis fitas a que assisti, dentre as trinta ou mais realizadas por Blasetti, são suficientes para desencorajar a busca de qualquer unidade de inspiração, concepção, temática ou estilo" – não é mais convincente para excluir esse cineasta do rol dos autores, se a unidade deixar de ser critério de classificação. Ou bem, sem unidade, não há mais autor, ou bem continua havendo autor, mas com certeza é um outro autor.

De imediato, pode-se dizer que este questionamento pode levar a valorizar aspectos tidos até agora como secundários ou circunstanciais em autores tradicionalmente consolidados, e a valorizar cineastas que o conceito da unidade descartaria da autoria. No primeiro caso, penso em Alain Resnais, cuja posição no olimpo autoral é inabalável, a própria encarnação do cinema de autor. Vimos que, para a política, na vertente norte-americana, o autor não se afirmava pelo controle da totalidade ou das principais operações necessárias à realização de um filme, já que os autores norte-americanos não tinham domínio sobre o roteiro e a montagem; já na vertente europeia, o autor assume as principais funções, inclusive o roteiro. Ora, Resnais escapa a essa característica, pois, como se sabe, não assina os roteiros que filma. Que haja entendimentos entre Resnais e seus roteiristas sobre o tema e a linha a ser desenvolvida no filme, é mais do que provável, o que não impede que ele deixe a responsabilidade dos roteiros aos roteiristas, os quais não são executantes dos desejos do diretor. Nesse sentido, Resnais mantém com seus roteiristas uma relação provavelmente muito diferente da de Fellini e Antonioni com os seus. Por maior que seja a contribuição pessoal dos roteiristas dos dois cineastas italianos, estes fazem parte da equipe de roteiro e os roteiristas desenvolvem o "mundo" do diretor. Resnais toma o roteiro que lhe é entregue como uma partitura a ser interpretada pela direção e pela montagem. O processo criativo de Resnais desenvolve-se a partir da relação que estabelece com esse elemento que não é ele, com o qual não coincide. Podemos falar na presença do *outro* no processo criativo de Resnais, há uma heterogeneidade instalada nesse processo.

Essas observações superficiais têm apenas como finalidade sugerir que a derrubada da unidade possibilita aproximações da obra que o método decorrente da política e da unidade não permite. Nesse caso, a unidade leva a apreender o roteiro de Resnais como uma extensão do diretor e a ignorar seu caráter de alteridade. Numa outra direção, podemos nos perguntar como abordar cineastas cujos filmes não oferecem constantes e recorrências facilmente perceptíveis. No Brasil, é provável que Walter Lima Júnior seja o cineasta cujo conjunto de filmes mais questione o conceito tradicional de autor e, por isso, mais atue para que trabalhemos um outro conceito, ou para que o abandonemos. Em estilo realista, Walter Lima adapta *Menino de engenho*, de José Lins do Rego; realiza a alegoria *Brasil ano 2000* com as marcas do tropicalismo; *Na boca da noite* é a adaptação de uma peça de José Vicente e se enquadra no estilo *underground*;

Joana Angélica mistura documentário e ficção numa reflexão ensaística sobre o discurso histórico, e assim por diante. Todos esses filmes têm jeito de filme de autor, pelo tipo de produção, pelo controle exercido pelo diretor sobre as várias fases da elaboração do filme, pela responsabilidade do roteiro. Mas o que não deixa de espantar é que nenhuma unidade se oferece à vista. Em Nelson Pereira dos Santos, podemos falar numa diversidade estilística por exemplo entre *Vidas secas*, *Fome de amor*, *Como era gostoso o meu francês* e *Quem é Beta?*, mas não é difícil encontrar temas que unificam essa diversidade, tais como as preocupações populares e nacionalistas do cineasta. *Câncer* escapa ao estilo que se tornou imagem de marca de Glauber Rocha, mas a política não hesitaria em falar de um experimento, de uma obra excepcional, afastando assim a sombra que poderia pesar sobre a unidade. No caso de Walter Lima não se encontra uma temática que reduza a diversidade estilística, nem se pode falar em obras de exceção, porque todas o seriam. Mesmo que se veja homogeneidade, que não deixa de existir, entre *Inocência* e *Ele, o boto*, primeiro seria uma homogeneidade relativa a esses dois filmes e não resolveria a questão do conjunto dos filmes; e, segundo, há uma diferença não pequena entre os dois: *Inocência* é um projeto de Walter Lima, enquanto o outro é um projeto de produtor para o qual o cineasta foi contratado. Quanto a *Inocência,* onde está o autor, já que se trata de uma adaptação do romance de Taunay e de uma adaptação do roteiro de Lima Barreto adaptando o romance, ou seja, reescritura em cima de reescritura. Diante do conceito de unidade, Walter Lima é certamente o cineasta mais problemático da atualidade no Brasil, e o estudo de seus filmes poderia contribuir para uma interessante transformação da noção de autor.

Que a unidade se tornou problemática para os analistas de filme, já o vimos; que era problemática e há muito para alguns cineastas, já o percebemos em textos de Fellini ou Eisenstein. Mas ela pode vir a ser explicitamente rejeitada. É o que verificamos numa declaração de Carlos Diegues a *O Estado de S. Paulo* de 12 de agosto de 1979, quando afirma a respeito de seus filmes:

Claro que deve existir alguma coisa entre um filme e os outros. Mas eu me recuso a ficar preocupado em relacioná-los, porque cada um existe em si [...] Simplesmente eu não tenho compromisso com nada do que fiz ou disse. E a coerência, pelo que eu saiba, não é categoria fundamental da criação. Eu não me vejo como um construtor de catedral, alguém que vai passar a vida inteira botando uma pedra em cima da outra para fazer uma grande construção. Toda obra de arte é muito mais uma navegação que uma construção.

Outros ventos estão soprando e as metáforas mudam. O que não impede a crítica de prosseguir. Na mesma época da entrevista de Diegues, David Neves escreve sobre *Bye Bye Brasil*: "Só posso adiantar que este filme novo de Diegues significa, ao menos assim, de relance, a súmula dos trabalhos anteriores do diretor".

Não é questionando a unidade mas através de um trabalho sobre o significante que Raymond Bellour faz evoluir seu conceito de autor. Duas citações evidenciarão o caminho trilhado por Bellour, que olha claramente do lado da psicanálise: "Entregar-se à visão é apostar na imagem [...] na possibilidade de organizar um mundo contínuo que deva o mais evidente de seu sentido à exclusiva aparência que o *metteur en scène* organiza e que o olho da câmera recolhe [...]". Aqui, Bellour retoma o tradicional conceito de *mise en scène*, mas o radicaliza: ela se torna a superfície da evidência, nada além da aparência, nenhum enigma de que a *mise en scène* seria a chave. Bellour estuda a "relação entre o enigma, o ato e o símbolo" em *Intriga internacional*, que se diferencia de outros filmes "explicitamente psicanalíticos" de Hitchcock, e fala da "arte prestigiosa da superfície que parece imaterializar cada vez mais a profundidade na qual aposta sem parar". Portanto, tensão entre superfície e profundidade, a primeira apostando constantemente na segunda, mas se esgotando em si mesma. Bellour prossegue: nesse filme "o simbólico nunca está debaixo do filme ou em cima dele; dele, constitui a matriz apenas pelo movimento que o leva de enigma em enigma, e de ação em ação. *O outro filme é verdadeiramente o mesmo*" (grifo meu). É interessante que essas análises tenham sido praticadas justamente sobre filmes de Hitchcock, oferecendo assim uma comparação com a interpretação de Chabrol e Rohmer. Enquanto a *mise en scène* só significava em função de um além de si mesma, em função da matriz como transcendência, aqui a imanência oblitera a matriz: o outro filme é o mesmo, ou seja, não há mais matriz. Se não há matriz, não há autor, nos termos da política. Onde está o autor de Bellour? Uma longa citação do capítulo "O que sabia Hitchcock" responde à pergunta, pois Bellour é claro em suas formulações:

> o exercício contínuo de sua arte, que nada prova nem funda, nenhuma moral e nenhuma fé, a não ser a infinita paixão de um sujeito a dizer-se, e que nada explica, a não ser a lógica formulável desse dizer, pacientemente, brilhantemente edificado sobre uma vertigem, sobre um vazio. O que Truffaut, aliás, bem sentiu ao exclamar repentinamente: "Você não parte do *conteúdo,* mas do *continente*" [...] Esta ronda incessante das criaturas hitchcockianas que harmoniza e fere até o infinito o equilíbrio frágil da inocência e da culpabilidade sob a tríplice figura do investigador, do falso culpado e do culpado, ela tem um centro, sem dúvida; mas *um centro ausente, sempre redefinido, na pessoa de seu autor*, que extrai sua culpabilidade primeira do poder equívoco da imaginação que o faz decidir a cada instante sobre a realidade da aparência através das incertezas da identidade, na violência crua de uma relação narcísica que, *na imagem, encontra sua linguagem, prova única de seu ser e de sua verdade* [...] o autor [é] como um centro móvel no sistema de sua obra [...] [ele é] como uma potência aberta ao infinito no seu princípio, bem como precisa em cada um de seus efeitos. Aí está, penso, a resposta mais segura do oráculo sob a forma de um texto enigmático infinitamente variado, a lição mais alta de um autor que, nesse retângulo da tela que ele se aplica incansavelmente a carregar de emoções, nos dá também a ver *o lugar sempre possível de um vazio insustentável* (grifos meus).

As análises dos filmes de Hitchcock por Bellour não são particularmente fáceis de acompanhar, mas o que é interessante aqui é contrapor à matriz da política a valorização da superfície; destacar a existência de um autor que existe exclusivamente no seu texto, ou melhor, que é criado pelo texto, pela "lógica formulável desse dizer", e não um autor que anteceda ao texto e ao qual este remeteria; um autor que, não sendo precedente nem transcendente, é uma ausência à qual a linguagem sempre remete e nunca encontra, porque o autor não é senão sua enunciação. Nessas colocações de Bellour reencontramos Lacan falando sobre o significante, e Barthes tal como exposto acima, ou como na afirmação seguinte: "o texto, pelo contrário, pratica o recuo infinito do significado [...] seu campo é o do significante; o significante não deve ser imaginado como 'a primeira parte do sentido', seu vestíbulo material [...]".

Outra afirmação em que o leitor de Barthes ecoa é a que remete ao espectador, espécie de inversão simétrica do autor, desde que leitor, espectador e autor sejam tomados como instâncias abstratas. Volto a dar a palavra a Marie-Claire Ropars e Pierre Sorlin. Desde que não se resolva se a criatividade é o encontro de vários desejos num mesmo projeto ou a singularidade de uma criação individual, o autor poderá tornar-se a fantasia do espectador.

> Relegando o autor, reencontramo-lo transformado em espectador. O espectador, enquanto tal, não detém um comportamento homogêneo: entregue às pressões de uma trajetória estrelada, ele embaralha as pistas apostando às vezes de um lado, às vezes do outro, a não ser que deixe as pistas se acumularem ou se apagarem; o que lhe possibilita tanto especular sobre o autor, como obliterá-lo ou substituir-se a ele.

Desse jogo de apostas que recusa uma escolha, resulta uma indecisão que provém sem dúvida da precariedade da noção de autor, a qual parece só se manifestar pela sua mobilidade: inevitável, instável – e por isso não podendo ser medida; mas o prisma do espectador sugere que de fato se lida com uma referência que se impõe e simultaneamente se nega, mais resistente por ser cada vez mais estilhaçada. Ao mesmo tempo compósita e indecomponível, a ideia de autor encontra no espectador um impulso novo, e não a resolução, para sua incerteza.

Esse espectador, assim como o leitor de Barthes, já o sabemos, não existe.

depois do declínio do autor, o que veio?

Francis Vogner dos Reis

Em "O declínio do autor" Jean-Claude Bernardet faz um painel – completo em sua brevidade – dos questionamentos sobre a autoria no anti-humanismo francês (Michel Foucault, Roland Barthes, Jacques Lacan) e no pensamento cinematográfico após a década de 1960. Ele encontra na teoria da linguagem e na crítica à ideologia uma resposta à ideia difusa e essencialista do autor, que teria deixado suas marcas no cinema. A conclusão dá o desenlace dos capítulos anteriores: a obsolescência da política dos autores e o declínio do autor, não do autor como aquele que escreve, mas como "pessoa" anterior à linguagem e que teria na obra o meio adequado de expressão de sua subjetividade.

Em seguida ele discorre sobre a recuperação da politica dos autores na produção dos *Cahiers du Cinéma* dos anos

1980: Olivier Assayas, Alain Bergala e Pascal Bonitzer são alguns dos críticos citados por Bernardet que tentavam recuperar as ideias basilares da política dos autores. Assayas escreve em "Sur une politique" nos *Cahiers du Cinéma* reafirmando que o autor é indissociável de uma política e não objeto de uma teoria, como quiseram críticos anglo-saxões como Andrew Sarris.

Em 1982 a revista faria de seus números 334 e 335 intitulados "Made in USA" uma reaproximação com o cinema norte-americano dos anos 1970 (a Nova Hollywood) negligenciado em seus anos marxista-leninistas. Existia um novo interesse pelo diretor-autor do cinema norte-americano que levava em consideração uma nova realidade técnica, econômica e cultural. Clint Eastwood e John Carpenter são alguns dos novos autores norte-americanos aos quais parte da redação dedica atenção em textos e entrevistas.

No entanto, apesar da inflexão autorista de seus redatores, o interesse do editor Serge Daney não era reativar a velha política dos autores, mas entender a metamorfose pela qual passava a imagem cinematográfica. Nesse ponto o novo cinema norte-americano tinha protagonismo com seus efeitos especiais, a referência do vídeo, a autorreflexividade etc. Para Daney, era certo o fim da política dos autores no seu aspecto mais francamente idealista e como cavalo de batalha de uma comunidade cinéfila. Não estava interessado em resgatar e reconfigurar fundamentos da política dos autores (como quiseram Assayas e Bonitzer), mas fazer uma aposta na imagem, na sua superfície, na negação de sua profundidade. Já estava para ele devidamente esclarecido que a profundidade do cinema clássico, era, sobretudo, da ordem do desejo (o voyeurismo: portas, janelas, batentes, frestas, espelhos), e esse cinema, como nenhum outro, soube estimular a relação entre o desejo e o horror. Bernardet cita o texto de Daney sobre *Nick's Movie* em que o crítico concluiu como duvidosa a "unidade" do conceito de "autor". Ou seja, o fim da política dos autores.

A cultura cinematográfica transformou-se muito entre a ascensão da televisão e da publicidade nos anos 1980, a popularização do videocassete[6] e, finalmente, a explosão da rede mundial de *downloads*. Serge Daney e Louis Skorecki foram dois críticos que acompanharam as mudanças: saíram dos *Cahiers du Cinéma*, revista direcionada para o público cinéfilo, para o jornal *Libération*, e passaram a escrever para um público mais genérico sobre filmes em cartaz no cinema e na programação da televisão. Daney, em especial, tratou da televisão com enfoques mais dinâmicos e variados, que iam desde o tipo de relação que o espectador estabelecia com a oferta de imagens na TV até a cobertura que a CNN realizou da Guerra do Golfo. O crítico tentava entender quem era esse espectador, como ele se localizava diante dessa hemorragia de imagens. Seu relato é circunstanciado:

> Abandono rapidamente *8½*, mesmo que nunca o tenha visto, mas me exaspera e me pego assistindo até o fim um filme que objetivamente acho malfeito, mal contado, mal tudo: *O veredito*, de Sidney Lumet.

Daney denomina essa volubilidade transitória de "esquizofrenia da televisão":

> nós não só assistimos o que não é bom (não é bem-feito), mas vemos até melhor do que no cinema (edição, por exemplo), e mesmo assim preferimos ver um filme malfeito do que um bem feito. Ou ainda: os conceitos de "bem-feito" e "malfeito" não são relevantes na televisão. Ou o filme tem uma força tamanha que se impõe ou estamos na relatividade de um mundo de imagens, numa banheira do imaginário, onde tudo é interessante.

A televisão e a publicidade forjavam uma nova visualidade e um novo espectador, do excesso, da saturação, mediado

---

6 O videocassete foi uma revolução para os estudos de cinema e para a crítica. Ainda que muitos dos títulos em VHS ou na televisão sacrificassem a janela original dos filmes mutilando parte da imagem, esse novo acesso às obras deu a oportunidade de ver e rever filmes, deter-se em trechos (planos, sequências), repetindo os e congelando os quando necessário, dando mais precisão à análise e estabelecendo uma relação diferente com a imagem cinematográfica.

pela imagem videográfica e pela hipertrofia de informações visuais, quando a imagem se misturou à dispersão e à fragmentação cotidiana e a ideologia tratou de nivelar tudo ao mínimo denominador comum. Foi aí, entre o fim dos anos 1970 e início dos anos 1990, que surgiu esse espectador talvez angustiado, certamente melancolizado, resultado, ele mesmo, de imagens que apelavam ao desejo, mas suspendiam a crença. Poderia criticar-se aí o efeito da publicidade e da televisão a partir de razões estritamente morais. Isso é possível e já foi feito, mas não contribui muito para dar a resposta sobre quem seria esse novo espectador. Muito variável e heterogêneo. Para o espectador que em décadas anteriores se fez em salas de cinema e militou em cineclubes, era o fim de uma era e começo de algo ainda intangível.

Essas práticas culturais de massa tornam-se algo desviante num aspecto marginal, de dissenso. Um desdobramento do que nas décadas de 1970 e 1980 Louis Skorecki chamou de "a nova cinefilia", uma prática que se concentrou na revisão de filmes clássicos na televisão num registro completamente diferente da cinefilia original: doméstica, de seleção aleatória, sem hierarquia e entrecortada por comerciais. Jean-Claude Biette, Serge Daney e Louis Skorecki (segundo Pierre Léon, os três profetas da revolução televisiva) denominaram isso de "fantasma do permanente", ou seja, a forma como os filmes clássicos continuaram a existir de forma fantasmagórica, ressuscitando o passado em outro meio (a televisão).

Skorecki influenciou uma geração inteira ao lançar nos anos 1980 seu interesse pelos filmes de rotina, norte-americanos ou não, procurando uma perspectiva da obra, não a do consumo, num discurso mais sofisticado sobre objetos culturais aparentemente vulgares. Essa "nova cinefilia", solitária e dispersiva, não prescinde dos autores, mas eles não têm mais a mesma centralidade como artífices de combate. Os "autores", inclusive, teriam virado peças do *status quo* cinematográfico. Para Skorecki, no artigo "Contra a nova cinefilia", o cinema de autor compunha uma paisagem de tediosa confraternização: todos – crítica, festivais, diretores, produtores, público – compartilhavam os mesmos valores e respeitavam os bons autores, entre eles grandes cineastas (como Marguerite Duras, Luis Buñuel e Robert Bresson), que nem por isso deixavam de ser grandes, mas inegavelmente estavam embrenhados numa máquina de legitimação artística quase automática. Não havia mais trabalho a fazer e os interesses – da arte, do comércio – se confundiam.

Isso tudo nos leva ao seguinte ponto: por mais que os paradigmas franceses sirvam à reflexão sobre a cinefilia, a autoria e o cinema moderno, não é demais dizer que, na maior parte das vezes, são apropriados pelos "especialistas" um tanto indevidamente. Muitos críticos e cineastas franceses tiveram como paradigma do fim da cinefilia os eventos de maio de 1968 e, sobre isso, Antoine de Baecque realizou sua prospecção no livro *Cinefilia*. No Brasil, como bem demonstrou Jean-Claude Bernardet em "Domínio brasileiro – anos 1950 e 1960", a cinefilia primava por uma versão muito particular, e as discussões em torno do autorismo respondiam a demandas e realidades diferentes daquelas do cinema francês. A influência francesa, consciente ou enviesada, produziu no repertório da crítica local uma versão caricatural dos critérios da política dos autores, ou, como no caso do Cinema Novo, fundamentalmente diferente. Mesmo nos Estados Unidos a cinefilia nunca teve senso de comunidade como na França e alguns diretores e críticos dos anos 1970 e 1980, quando de suas formações iniciáticas, travaram contato decisivo com os filmes nos anos 1950 e 1960 via televisão, como Martin Scorsese, que conheceu o cinema italiano na televisão, o crítico Tag Gallagher, que viu quase todo John Ford em transmissões vespertinas, e Joe Dante, que sempre filmou concebendo a relação cinema e televisão como algo complexo, mais complementar do que divergente. Então, esses paradigmas francófilos parecem insuficientes para definir a cultura cinematográfica de outros países, ainda que ofereçam pontos radicalmente esclarecedores.

No Brasil nos anos 1980 e 1990, com o declínio dos cineclubes, a diminuição do número de salas de cinema, a alta dos ingressos e a hegemonia da televisão, o cinema chegou a muitos espectadores mais jovens majoritariamente na programação dos canais abertos, que nas matinês e nas sessões noturnas – ou madrugadas adentro – transmitiam filmes norte-americanos clássicos ou mesmo produções brasileiras de apelo erótico em faixas especiais, como por exemplo a Sala Especial na Rede Record (anos 1980), a Sexta Brasil e o Cine Brasil na CNT/Gazeta e o Made in Brazil na Rede Bandeirantes (anos 1990). Por mais que essas faixas de programação não tenham desfrutado de altos índices de audiência, fizeram da pornochanchada um dos poucos contatos que parte do público (muitos adolescentes) teve com o cinema brasileiro durante alguns anos, sem contar os filmes de estrelas da Rede Globo como Xuxa e os Trapalhões. Essa realidade, não a cinemateca, não o circuito de cinema de arte, não os cineclubes extintos no período, foi formadora para muitos cinéfilos e críticos contemporâneos, entre os quais eu me incluo. Uma formação selvagem, com ausência de hierarquia de valor e sem objetos legitimados por qualquer tipo de "nobreza" artística e cultural. Esse é um dado importante, já que nesse caso e nessas circunstâncias a descoberta dos "autores" foi a possibilidade de fazer juízos distintivos num exercício do olhar lançado a um aparente mar (ou pântano) de redundância. Descobrir, por exemplo, que alguns dos mais belos filmes desse cinema estigmatizado eram assinados por uma mesma pessoa chamada Jean Garrett era como descobrir ouro naquele universo de filmes que muita gente via como lixão.

No livro *Goodbye Cinema, Hello Cinephilia – Film Culture in Transition*, o crítico aposentado do *Chicago Reader* Jonathan Rosenbaum questiona-se para onde vai o cinema (como experiência coletiva) quando a cultura de ver filmes se concentrou no mercado de DVDs e na internet. Segundo ele, enquanto seus amigos mais velhos lamentaram o fim do cinema, uma geração mais jovem comemorava entusiasmada o acesso ao vasto universo de filmes possibilitado pelas novas tecnologias. Ao navegar por comunidades de *download*, os arquivos de Torrent (protocolo de rede que permite baixar arquivos) estão separados por nacionalidade, gêneros, mas, principalmente, por diretores (todos são "autores"). Pode-se encontrar facilmente a obra toda (ou parte relevante dela) de Sergei Parajanov, King Vidor, Jean Grémillon, Ousmane Sembène, Ken Jacobs, Humberto Mauro, Rogério Sganzerla,

Douglas Sirk; coletâneas do *underground* norte-americano, vanguarda francesa, filmes da Vitagraph e da Pathé, cinema norte-americano comercial, pornografia dos anos 1970 etc. Existem também filmes *on-line* gratuitos no YouTube (que conta com vários canais de cinema, incluindo de cinema brasileiro com raridades dos anos 1920 aos anos 2000) e em *streamings* pagos como Netflix e Mubi. Em muitas dessas comunidades virtuais, grupos de cinéfilos altruístas fazem legendas dos filmes em diversas línguas. O português brasileiro (PT-BR) é uma das línguas com maior oferta de legendas na rede. Os livros sobre cinema, teoria e crítica – a maior parte em inglês e francês – também são compartilhados em grande volume, assim como artigos e ensaios são traduzidos. Um dos arquivos de Torrent mais populares das comunidades cinéfilas é a coleção digitalizada dos *Cahiers du Cinéma*, do número 1 (de 1951) ao 300 (1979). Muitas das comunidades cinéfilas e fóruns são transnacionais.

Essa oferta de filmes e literatura de cinema fomentada por esse gregarismo virtual mudou a cultura cinéfila. Hoje é possível baixar na internet a obra cinematográfica de Boris Barnet e o livro *Boris Barnet: écrits, documents, études, filmographie*. Enquanto no passado talvez se levasse uma vida inteira para conhecer os filmes de um diretor lendário, mas de circulação limitada, hoje com uma dúzia de cliques se consegue acesso gratuito a seus filmes, seus escritos e, certamente, a críticas e ensaios em inglês, francês, espanhol e talvez até em português, e também é possível conversar com amigos e conhecidos cinéfilos (do Brasil, de Portugal ou da Itália) sobre o que se viu e o que se leu. Um aficionado tem a possibilidade mais ampla e mais generosa de formação autodidata, ainda que selvagem, ainda que sem mediações mais tradicionais ou com mediações francamente questionáveis. Não raro, equívocos de leitura e acúmulo estéril (e precocemente senil) de erudição cinéfila dão o tom de parte dessa nova cinefilia autorista. Dessa contingência caótica, o autorismo saiu redivivo. Mas é impossível não reconhecer o paradoxo: é o céu e o inferno ao mesmo tempo e muitas vezes misturados.

apêndice

Jean-Claude Bernardet

Por anódino, "Quem faz o cinema?" (1976), de Gore Vidal, não precisaria ser comentado. Mas já que sua publicação tardia no Brasil (1987) parece ter provocado rebuliço na imprensa, e expressa opiniões de bom senso, talvez sejam oportunas algumas observações.

    O diretor era rei até 1927, quando o advento do falado o tornou secundário, até dispensável, em relação ao escritor do roteiro. São os técnicos que, coletiva ou individualmente, realizam o trabalho do diretor. Mas, "sem roteiro escrito, não há filme". A polêmica não é recente e Vidal não a renova. E, na situação atual – dominada pelos agentes – nem mesmo o roteirista é criador do filme. Na idade clássica do cinema falado (anos 1930-1950), poucos diretores teriam correspondido ao conceito francês de *auteur du cinéma* [sic]. E se alguém tinha "estilo próprio", eram os câmeras, não os diretores. Vidal apoia Pauline Kael, não cita Andrew Sarris, ataca Astruc, apoia André Bazin que reagiu contra a *politique des auteurs,* mas tarde demais, quando o estrago já tinha sido feito na revista que criara. Pelo seu conhecimento da produção do cinema hollywoodiano e por experiência própria, Vidal conclui pela "quase impossibilidade de se determinar como um filme é realmente criado". Os franceses construíram "teorias irrelevantes e enganosas" (no que, talvez, não esteja de todo errado).

A crítica de Vidal repousa num confronto entre o que se julga ser a realidade e o que se chama de teoria. E me parece residir aí a fraqueza de sua crítica, como a de todos os que optaram por essa posição. Considerar que a política seja ou deva ser a expressão de uma realidade de produção é tirar-lhe o que ela pode ter de interessante, a saber, que é antes a manifestação de um imaginário. Criticar a câmera-caneta em nome dos métodos da produção norte-americana, quando Astruc exprime uma perspectiva de futuro, um desejo ou uma utopia, é recusar-se a perceber o que pode haver de sugestivo no manifesto. Recusá-lo não será difícil, mas não em nome de uma situação concreta a que o manifesto não se refere – antes apreciaria alterar.

Escrito em 1976, o texto de Vidal não se sustenta porque, depois da política, divulga-se o estruturalismo (a *Antropologia estrutural*, de Lévi-Strauss, data de 1958), o qual permite uma reinterpretação do autor segundo a política. Esse autor está tão desgrudado de qualquer realidade de produção, e não apenas norte-americana, que se sustenta antes como instância abstrata do que como realidade individual ou profissional. Objeção fácil: Vidal fala da política e não do estruturalismo. Não nego. No entanto, um conhecimento um pouco mais preciso da literatura norte-americana referente à política ou à teoria do autor, da perplexidade dos próprios adeptos da política na Inglaterra ou nos Estados Unidos diante das posições francesas, das nuanças, nem sempre pequenas, que foram introduzidas justamente por aqueles que estavam mais perto da produção hollywoodiana que os franceses, permitiria que Vidal percebesse que houve tentativas de ambientar a política ou a teoria no contexto hollywoodiano, e que essa ambientação passava por algo próximo do estruturalismo (na época, única maneira de salvar a política quer da realidade hollywoodiana, quer do platonismo). Mas como fazer? Se Vidal apoia Kael, só pode menosprezar Sarris. Se se quiser entender a vigência da política nos Estados Unidos, parece-me difícil ignorar – o que não significa aceitar – a valoração do "visual" por Sarris, como reação à dificuldade de os diretores intervirem em outros níveis, particularmente o roteiro. Bem como ignorar que Sarris introduziu no processo de criação as circunstâncias de produção e os obstaculos entrentados pelos diretores (o que os franceses não fazem, a não ser excepcionalmente, como Truchaud no comentário de um filme de Nicholas Ray). Mas essas adaptações não resolviam todos os problemas nem tornavam a teoria do autor uma fiel expressão da produção hollywoodiana.

A saída era tangenciar o estruturalismo, ou seja, fazer do autor uma entidade abstrata que não se confundisse nem com a função de diretor nem com sua pessoa. Talvez Sarris não tenha dado esse passo, mas parece ter-se aproximado dele no texto sobre Otto Preminger, escrito onze anos antes do artigo de Vidal. Assim John Caughie comenta o referido texto:

> Seus comentários sobre Preminger sugerem uma "personalidade", que não é mais simplesmente a expressão de intenções, mas é construída a partir das tensões e dos interstícios do texto. Isto abre a possibilidade (de alguma maneira, quer Sarris goste ou não) para que o "*auteur*-estruturalista" se converta de John Ford ou Sam Fuller em "John Ford" ou "Sam Fuller".

O simples confronto entre a política e a realidade empírica não parece ser a melhor maneira de criticá-la. As aspas fazem evidentemente desaparecer o sujeito-pessoa que diz eu, bem como a coincidência entre o sujeito criador – o autor e sua matriz – e a pessoa do criador. Já saímos da política. Apesar de Caughie dizer "Sarris goste ou não", este parece bastante consciente de sua evolução estruturalista, e de que uma guinada estruturalista não seria necessariamente benéfica para a política. Nas suas *Notes on the Auteur Theory in 1970,* Sarris escreve que, como o burguês-gentil-homem

> que se admirava de descobrir que tinha falado em prosa toda sua vida, muitos sábios do estruturalismo ficariam rapidamente estupefatos ao descobrir que o cinema, como Sigmund Freud, tinha sempre sido estruturalista sem saber. Representaria o estruturalismo uma séria ameaça para a *politique des auteurs*? É o que parecem pensar os atuais editores dos *Cahiers du Cinéma,* já que têm pressa em se despojar de seus compromissos outrora pluralistas. É bem-vinda a análise estruturalista do cinema como um meio de confirmar intuições originárias a respeito dos filmes individuais".[7]

---

[7] Citado por Tom Conley: "L'auteur énucléé".

bibliografia

A cena muda. Rio de Janeiro: 4 out. 1949, n. 40.
"Afinal, quem faz o cinema?". *Folha de S.Paulo*. São Paulo: 27 mar. 1987, Folhetim.
ALMEIDA SALES, Francisco Luiz de. *Cinema e verdade: Marilyn, Buñuel etc. por um escritor de cinema*. São Paulo: Companhia das Letras/Cinemateca Brasileira, 1988.
ARNOUX, Alexandre. "L'Auteur d'un film, cet inconnu". *Commoedia*. Paris: 8 e 15 mai. 1943, n. 97 e 98,
ASSAYAS, Olivier. "Sur Une Politique". *Cahiers du Cinéma*. Paris: nov. 1983, n. 353.
ASTRUC, Alexandre. "Naissance d'une nouvelle avant-garde: La caméra-stylo". *L'Écran Français*. Paris: 30 mar. 1948, n. 144.
AZEREDO, Ely. *Infinito cinema*. Rio de Janeiro: Unilivros, 1988.
BARTHES, Roland. "La Mort de Pautem" (1968). Em: *Le Bruissement de la langue*. Paris: Seuil, 1984. [Ed. bras. *O rumor da língua*. São Paulo: Brasiliense, 1987.]
BAUDRY, Jean-Louis. *L'Effet cinéma*. Paris: Albatros, 1978.
BAZIN, André. "Comment peut-on être hitchcocko-hawskien?". *Cahiers du Cinéma*. Paris: fev. 1955, n. 44.
BECKER, Jacques. "L'Auteur de films?... Un auteur complet". *L'Écran Français*. Paris: 4 nov. 1947, n. 123.
BELLOUR, Raymond. *L'Analyse du film*. Paris: Albatros, 1979.

BERGALA, Alain. "De La Singularité au cinéma". *Cahiers du Cinéma.* Paris: nov. 1983, n. 353.

BLANCHOT, Maurice. "Où Maintenant, Qui Maintenant" (1953). Em: *Le Livre à venir.* Paris: Gallimard, 1959.

BONITZER, Pascal. "Standards d'émotion". *Cahiers du Cinéma.* Paris: nov. 1983, n. 353.

BRESSER-PEREIRA, Luís Carlos. Conjunto de artigos depositados nos arquivos da Cinemateca Brasileira.

CAMERON, Ian. "Films, Directors and Critics". *Movie.* Estados Unidos: set. 1962. Citado por Andrew Sarris: "Notes on the Auteur Theory in 1962".

CANUDO, Ricciotto. *L'Usine aux images.* Genebra: Chiron, 1927.

CAUGHIE, John (org.). *Theories of Authorship.* Londres: Routledge & Kegan Paul, 1981.

CHABROL, Claude; ROHMER, Éric. *Hitchcock.* Paris: Universitaires, 1957.

CHARENSOL, Georges. "Qui Est L'auteur d'un film?". *Pour Vous.* Paris: 3 jan. 1940, n. 581.

Cinéma et politique: de la politique des auteurs au cinéma d'intervention. Paris/Rennes: Papyrus/Maison de la Culture, 1980.

Cinéma politique. Paris: [s.d.], n. 5.

COISSAC, G.-Michel. "L'Idée conductrice d'un film: auteur et scénariste". Em: L'HERBIER, Marcel (org.). *Intelligence du cinématographe.* Paris: Corrêa, 1946.

CONLEY, Tom. "L'Auteur énucléé". *Hors Cadre.* Paris: 1990, n. 8.

DANEY, Serge. *La Rampe: cahiers critiques 1970-1982.* Paris: *Cahiers du Cinéma*; Gallimard, 1983.

DELEUZE, Gilles. *L'Image-mouvement, Cinéma 1.* Paris: Minuit, 1983. [Ed. bras. *A imagem-tempo.* São Paulo: Brasiliense, 1990.]

DELLUC, Louis. "D'où viennent et où vont nos metteurs en scène". Em: *Paris-Midi.* Paris: 17 ago. 1918. [Retomado em *Cinéma & Cie.*]

DIAMANT-BERGER, Henri. *Le Cinéma.* Paris: La Renaissance du Livre, 1919.

DROUZY, Maurice. *Luis Buñuel, architecte du rêve.* Paris: Lherminier, 1978. [Cinéma Permanent.]

DUARTE, B. J. *Folha da Noite:* "O ferroviário", 4 jul. 1958; "Hienas do pano verde", 23 set. 1957; "Suplício de uma alma", 28 jun.

1957; "Vidas separadas" – "Stanley Kubrick no Cine Joia", 29 set. 1958; *Folha Ilustrada,* 27 ago. 1959.

EISENSCHITZ, Bernard. *Roman américain: les vies de Nicholas Ray.* Paris: Christian Bourgois, 1990.

EISENSTEIN, S. M. "20 ans de cela"; "L'Unité". Em: *Mémoires/1.* Paris: Ed. Sociales/UFE, 1978. [Coll. 10-18, *Œuvres/3.*]

_____. *Mémoires.* Paris: Union Générale d'Éditions, 1978-80. [Coll. 10-18, n.1.189, 1.356. "20 ans de cela" e "L'Unité" encontram-se em *Mémoires/1.*]

EPSTEIN, Jean. "Le Cinéma et les lettres modernes" (1921); "Bonjour cinéma"(1921); "De Quelques Conditions de la photogénie" (1923); "Quand Dans Ma Cabine de projection..." (1924); "Le Cinéma vu de l'Etna" (1926); "Bilan de fin de muet" (1931); "La Naissance d'un mythe" (1935); "Charlot débiteur" (1946); "Naissance d'un langage" (1947); "Deux Grands Maîtres à filmer" (1947); "L'Or des mers". Em: *Écrits sur le cinéma.* Paris: Seghers, 1974.

ÉRIBON, Didier. *Michel Foucault: uma biografia.* São Paulo: Companhia das Letras, 1990.

ESNAULT, Philippe. "Antoine et le réalisme français – entretien avec André Paul Antoine". *La Revue du Cinéma: image et son.* Paris: abr. 1973, n.271.

FELLINI, Federico. *Entrevista sobre o cinema.* Rio de Janeiro: Civilização Brasileira, 1986.

_____. *Propos.* Paris: Buchet-Chastel, 1980.

FERRY, Luc; RENAUT, Alain. *Pensamento 68: ensaio sobre o anti-humanismo contemporâneo.* São Paulo: Ensaio, 1988. [Ed. franc. 1985.]

FOUCAULT, Michel. "L'Homme est-il mort? – un entretien avec Michel Foucault". *Arts et Loisirs.* Paris: 15 jun. 1966.

_____. "La Pensée du dehors". *Critique.* Paris: jun. 1966. [Ed. bras. O *pensamento de fora.* São Paulo: Princípio, 1990.]

_____. *Bulletin de la Société Française de Philosophie: compte-rendu de la séance du 22 février 1969.* Paris: 7 set. 1969, ano 63, n.3.

GALVÃO, Maria Rita. "O desenvolvimento das ideias sobre o cinema independente". Em: *30 anos de cinema paulista. 1950-1980.* São Paulo: Cinemateca Brasileira, 1980.

GENETTE, Gérard. *Figuras*. São Paulo: Perspectiva, 1972. [Ed. franc. 1966]

GODARD, Jean-Luc. "Bergmanorama". *Cahiers du Cinéma*. Paris: jul. 1958, n. 85.

_____. "Le Cinéma et son double". *Cahiers du Cinéma*. Paris: jun. 1957, n. 72.

_____. "Rien Que Le Cinéma". *Cahiers du Cinéma*. Paris: fev. 1957, n. 68.

_____. "Défense et illustration du découpage classique". *Cahiers du Cinéma*. Paris: set. 1952, n. 15.

GOZLAN, Gérard. "Les Délices de l'ambigüité: éloge d'André Bazin". *Positif*. Paris: jun.-jul. 1962, n. 46-47.

HADJINICOLAOU, Nicos. "Sobre el estilo de un artista". Em: *Historia del arte y lucha de clases*. Madri: Siglo XXI, 1980. [Ed. franc. 1973.]

HESS, John. *Jump Cut*. Nova York: 1974, n. 3-4.

JAHIER, Valéry. "Le Cinéma et l'argent". *Esprit*. Paris: 1º out. 1934, ano III, n. 25.

Jean-Luc Godard por Jean-Luc Godard. Barcelona: Barral, 1971.

"La Crise du cinéma d'auteur". *Cahiers du Cinéma*. Paris: fev. 1984, n. 356.

"La Notion de producteur: producteurs/produits". *Cinéthique*. Paris: [s.d.], n. 4.

L'HERBIER, Marcel. "Le Rôle essentiel de l'auteur de film". *Panorama*. Paris: 12 ago. 1943.

_____ (org.). *Intelligence du cinématographe*. Paris: Corrêa, 1946.

_____. "Mise en film et mise en scène". Em: *Cinéma, cours et conférence de l'Idhec*. Paris: Jacques Melot, 1945, n. 2.

LAPIERRE, Marcel. *Anthologie du cinéma*. Paris: La Nouvelle Édition, 1946.

LEENHARD, Roger. "Bilan autour d'une crise". Em: *Les Temps Modernes*. Paris: 1º out. 1945. [republ. em *Chroniques de cinéma*. Paris: *Cahiers du Cinéma*/Étoile, 1986]

LEMAIRE, Anika. *Jaques Lacan*. Bruxelas: Pierre Mardaga, 1977.

MAURON, Charles. *L'inconscient dans l'œuvre et la vie de Racine*. Paris: J. Corti, 1969. [1ª ed.: 1957.]

MELO SOUZA, José Inácio de. "Congressos, patriotas e ilusões: subsídios para uma história dos congressos de cinema". 1981, datil., 183 p.

MELO, Rosana A. Cardoso de. *O cinema de Jorge Ileli*. Rio de Janeiro: Unilivros, [s.d.].

MERIGEAU, Pascal; SERCEAU, Daniel. "De La Politique des auteurs à l'auteur de marchandises". *La Revue du Cinéma*. Paris: set. 1981, n. 364.

MONTEIRO, Ronald. "Vittorio de Sica". Em: *Cinema italiano*. São Paulo: Cinemateca Brasileira, 1960.

MOULLET, Luc. "Suivez Le Guide". *Cahiers du Cinéma*. Paris: nov. 1990. [Spécial Godard.]

NEVES, David E. "Bye Bye Brasil". *Filme Cultura*. Rio de Janeiro: jul.-ago. 1980, n. 35-6.

PAIVA, Salvyano Cavalcanti de. "Revisão do método crítico. Realismo: eis a solução!". *Revista de Cinema*. Belo Horizonte: set. 1955, n. 6.

PASOLINI, Pier Paolo. *L'Expérience hérétique*. Paris: Ramsay, 1989.

PHILIPPE, Claude-Jean. *La Nouvelle Vague 25 ans après*. 7e art. Paris: Cerf, 1983.

PICHEL, Irving. "La Création doit être l'ouvrage d'un seul". *La Revue du Cinéma*. Paris: 1º nov. 1946.

Politique des auteurs, La. Paris: Champ Libre, 1975. [Ed. port. *A política dos autores*. Lisboa: Assírio e Alvim, 1976.]

RENAUT, Alain. Les Subjectivités: pour une histoire du concept de sujet. *In*: Colloque de Cerisy sob a direção de E. Guibert--Sledziewski e J. L. Vieillard-Baron. *Penser le sujet aujourd'hui*. Paris: Méridiens Klincksieck, 1988.

Revista de Cinema. [Vários volumes.]

ROCHA, Glauber. *Revolução do Cinema Novo*. Rio de Janeiro: Alhambra/Embrafilme, 1981. [Textos citados: "O processo do cinema" (1961); "Miguel Torres" (1963); "Vidas secas" (1964); "Cinema verdade" (1965); "Tropicalismo, antropologia, mito, ideograma" (1969); "América nuestra" (1969); "O transe da América Latina" (1969); "*Cahiers du Cinéma*" (1969).]

_____. *O século do cinema*. Rio de Janeiro: Alhambra/Embrafilme, 1983. [Texto citado: "Glauber Fellini".]

_____. *Revisão crítica do cinema brasileiro*. Rio de Janeiro: Civilização Brasileira, 1963.

RODRIGUES, João Carlos. "Geopolítica do cinema de autor". *Folha de S.Paulo*. São Paulo: 27 mar. 1987, "Folhetim" ["Afinal, quem faz o cinema?"].

ROHMER, Éric. *Le Goût de la beauté.* Paris: Cahiers du Cinéma/ Étoile, 1984.

ROPARS, Marie-Claire; SORLIN, Pierre. "Voies filmiques pour un procès d'auteur". *L'État d'auteur, Hors Cadre.* Paris: 1990, n. 8.

ROSENFIELD, Kathrin Holzermayr. *A linguagem liberada.* São Paulo: Perspectiva, 1989.

SADOUL, Georges. "Le Culte de la personnalité. Auteurs de films et films d'auteurs". *Les Lettres Françaises.* Paris: 17 jul. 1958.

SANTIAGO, Silviano. "Mais forte que a morte". *Revista de Cinema.* Belo Horizonte: maio-jun. 1955, n. 13-14.

SARRIS, Andrew. "Notes on the Auteur Theory in 1962"; "Preminger's Two Periods" (1965); "Toward a Theory of Film History. The American Cinema: Directors and Directions, 1929-1968" (1968). Em: CAUGHIE, John (org.). *Theories of Authorship.* Londres: Routledge & Kegan Paul, 1981.

SCHÉRER, Maurice. "Renoir américain". *Cahiers du Cinéma.* Paris: jan. 1952, n. 8.

SELZNICK, David O. *Cinéma.* Paris: Ramsay, 1984. [Ramsay Poche Cinéma.]

SERCEAU, Daniel. *Le Désir de fictions.* Paris: Dis Voir, 1987.

SGANZERLA, Rogério. "O marginal Paulo Cezar". *O Estado de S. Paulo.* São Paulo: 21 jun. 1966, "Suplemento Literário".

SOLANAS, Fernando E.; GETINO, Octavio. "Hacia un Tercer Cine"; "Cultura nacional y cine". Em: *Cine, cultura y descolonización.* Buenos Aires: Siglo XXI, 1973.

TODOROV, Tzvetan. *Teorias do símbolo.* Lisboa: Edições 70, 1979.

TOUBIANA, Serge. "Cinéma français: le grand écart". *Cahiers du Cinéma.* Paris: nov. 1983, n. 353.

TRUCHAUD, François. *Nicholas Ray.* Paris: Universitaires, 1965.

TRUFFAUT, François. *Les Films de ma vie.* Paris: Flammarion, 1975.

VIANNA, Antônio Moniz. *A cena muda.* Rio de Janeiro: "Hangover Square", 6 set. 1949; "I Walked with a Zombie", 3 jan. 1950; *Filme Cultura.* Rio de Janeiro: "Dupla personalidade – variações (I): O cinema e sua sombra", 1º fev. 1967.

VIDAL, Gore. "Quem faz o cinema?". Em: *De fato e de ficção: ensaios contra a corrente.* São Paulo: Companhia das Letras, 1987.

bibliografia da atualização

ALBÉRA, François; BARNET, Boris; COSANDEY, Roland. *Boris Barnet: écrits, documents, études, filmographie*. Locarno: Festival International du Film de Locarno, 1985.

ALENCAR, Míriam; ANDRADE, Sérgio Augusto de; AVELLAR, José Carlos; ANDRADE, Valério M.; AZEREDO, Ely; LEITE, Maurício Gomes; SHATOVSKY, Alberto. "O filme em questão: Terra em transe". *Jornal do Brasil*. 9 mai. 1967. Disponível em: http://memoriacinebr.com.br/pdfsNovos/0070048I00301.pdf. Acesso 31 jul. 2013.

ASSAYAS, Olivier. "Sur Une Politique". *Cahiers du Cinéma*. Paris: nov. 1983, n. 353, p. 22-25.

ASTRUC, Alexandre. "Qu'est-ce Que La Mise en scène?". *Cahiers du Cinéma*. Paris: out. 1959, n. 100.

AUMONT, Jacques. *Le Cinéma et la mise en scène*. Paris: Armand Colin, 2006.

AUTRAN, Arthur. *Alex Viany: crítico e historiador*. São Paulo: Perspectiva, 2003.

BAECQUE, Antoine de (org.). *Teoría y crítica del cine*. Buenos Aires: Paidós, 2005.

BAECQUE, Antoine de. *Cinefilia*. São Paulo: Cosac Naify, 2011.

BARTHES, Roland. "La Mort de l'auteur". *Le Bruissement de la langue*. Paris: Seuil, 1984 (trad. portuguesa *O rumor da língua*, Lisboa: Edições 70. Trad. António Gonçalves).

BERGALA, Alain. "De La Singularité au cinéma". *Cahiers du Cinéma*. Paris: nov. 1983, n. 353, p. 14-21.

BERNARDET, Jean-Claude. *Cinema brasileiro: propostas para uma história*. São Paulo: Companhia das Letras, 2009.

_____. *Os cineastas e a imagem do povo*. São Paulo: Companhia das Letras, 2003.

_____. *Historiografia clássica do cinema brasileiro*. São Paulo: Annablume, 1995.

_____. *Trajetória crítica*. São Paulo: Polis, 1978.

_____; CÂNDIDO, Antônio; GALVÃO, Maria Rita; SEGALL, Maurício; XAVIER, Ismail. "Cinema: trajetória no subdesenvolvimento". *Filme Cultura* 35 e 36. Embrafilme, 1980.

BIETTE, Jean-Claude; BONTEMPS, Jacques; COMOLLI, Jean-Louis. "Lo viejo y lo nuevo". Entrevista com Éric Rohmer. *La Nouvelle Vague – Sus protagonistas*. Paidós, 2006 (originalmente publicado em *Cahiers du Cinéma*, nov. 1965, n. 172. Trad. Miguel Rubio).

BURCH, Noël. "Qu'est-ce Que La Nouvelle Vague?", *Film Quarterly*, 1959, vol. 13, n. 2, p. 16-30.

_____. *Revoir Hollywood, la nouvelle critique anglo-américaine*. Paris: L'Harmattan, 1994.

_____. *La Beauté des latrines*. Paris: L'Harmattan, 2007.

DANEY, Serge. *A rampa*. São Paulo: Cosac Naify, 2007.

_____. "Ponto de vista". In: *Dicionários de cinema*, 19 set. 2009 (Publicado em "L'Exercice a été profitable, monsieur". Trad. do francês para o inglês por Laurent Kretzschmar. Trad. do inglês para o português por Luan Gonsales). Disponível em: http://dicionariosdecinema.blogspot.com.br/2009/09/ponto-de-vista-por-serge-daney.html

DOUCHET, Jean. "A arte de amar", *Contracampo*, n. 100 (originalmente publicado em *Cahiers du Cinéma*, dez. 1961, n. 126; republicada na compilação *L'Art d'aimer*, Éditions de l'Étoile, 1987. Tradução do francês por Ruy Gardnier). Disponível em: http://www.contracampo.com.br/100/arttraddouchet.htm

FERREIRA, Jairo. *Cinema de invenção*. São Paulo: Lumiar, 2002.

FOUCAULT, Michel. "O que é um autor?". *Ditos e escritos – Estética: literatura e pintura; música e cinema*. Rio de Janeiro: Forense Universitária, 2006.

FRAPPAT, Hélène; RIVETTE, Jacques. "Entretiens: Jacques Rivette avec Hélène Frappat". *La Lettre du Cinéma*, 1999, n. 10.

GALLAGHER, Tag. "Lacrimae Rerum Materialized", *Senses of Cinema*, n. 37, out. 2005. Disponível em: http://sensesofcinema.com/2005/feature-articles/straubs/

_____. "Narrativa contra o mundo". *Traffic*, mai. 2004, n. 50, (trad. Ruy Gardnier).

GAMO, Alessandro (org.). *Críticas de Jairo Ferreira – Críticas de invenção: os anos do São Paulo Shimbun*. São Paulo: Imprensa Oficial, 2006.

GODARD, Jean-Luc. *Introdução a uma verdadeira história do cinema*. São Paulo: Martins Fontes, 1989.

GOMES, Paulo Emílio Sales. *Cinema: trajetória no subdesenvolvimento*. São Paulo: Paz e Terra, 1980.

_____. *Crítica no Suplemento Literário vol. 1*. São Paulo: Paz e Terra, 1981.

_____. *Crítica no Suplemento Literário vol. 2*. São Paulo: Paz e Terra, 1981.

MOULLET, Luc. "Nos passos de Marlowe", *Foco Revista de Cinema*, n. 1 (*Cahiers du Cinéma*, mar. 1959, n. 93, p. 11-19; republicado na compilação *Cahiers du Cinéma: The 1950s – Neo-Realism, Hollywood, New Wave*, ed. Jim Hillier, B.F.I., 1985, p. 145-155. Trad. Luiz Soares Júnior).

OLIVEIRA JR., Luiz Carlos. *A mise en scène no cinema – Do clássico ao cinema de fluxo*. São Paulo: Papirus Editora, 2014.

RAMOS, José Mário Ortiz. "Arte e política no cinema de Nelson Pereira dos Santos". In: PAPA, Dolores (org.). *Diretores brasileiros: Nelson Pereira dos Santos – uma cinebiografia do Brasil: Rio 40 graus 50 anos*. São Paulo: Onze do Sete de Comunicação/CCBB.

RIVETTE, Jacques. "Carta sobre Rossellini", *Jacques Rivette – Já não somos inocentes*, CCBB, Francis Vogner dos Reis, Luiz Carlos Oliveira Jr. e Matheus Araújo (org.) (originalmente publicado em *Cahiers du Cinéma*, abr. 1955, n. 46, p. 14-24. Trad. Matheus Araújo e Maria Chiaretti).

RIVETTE, Jacques. "Da abjeção". *Cahiers du Cinéma*, jun. 1961, n. 120, (trad. Ruy Gardnier).

_____. "Gênio de Howard Hawks". *Catálogo Howard Hawks Integral*, Fundação Clóvis Salgado, 2013. p. 121-125, Rafael

Cicarrini (org.) (publicado originalmente em *Cahiers du Cinéma*, n. 23, mai. 1953, p. 16-23. Trad. Matheus Araújo e Maria Chiaretti).

ROCHA, Glauber. *Revolução do Cinema Novo*. São Paulo: Cosac Naify, 2004.

_____. *Revisão crítica do cinema brasileiro*. São Paulo: Cosac Naify, 2004.

ROHMER, Éric; CHABROL, Claude. *Hitchcock*. Éditions Ramsay, 2006.

ROHMER, Éric. *Le Goût de la beauté*. Éditions de l'Étoile, 1989.

ROSENBAUM, Jonathan. *Goodbye Cinema, Hello Cinephilia. Film Culture in Transition*. Chicago: University of Chicago, 2010.

SALEM, Helena. *Nelson Pereira dos Santos: o sonho possível do cinema brasileiro*. Rio de Janeiro: Nova Fronteira, 1987.

SANTOS, Nelson Pereira dos. *Três vezes Rio*. Rio de Janeiro: Rocco, 1999.

SARACENI, Paulo César. *Por dentro do Cinema Novo: minha viagem.* Rio de Janeiro: Nova Fronteira, 1993.

SARRIS, Andrew. "Notes on the Auteur Theory in 1962". *Film Culture*, inverno de 1963, n. 27, p. 1-8.

SKORECKI, Louis. "Contre la nouvelle cinéphilie". *Cahiers du Cinéma*. Paris: out. 1978, n. 293, p. 31-52.

TRUFFAUT, François. *O prazer dos olhos: escritos sobre cinema*. São Paulo: Jorge Zahar, 2005.

sobre os autores

Jean-Claude Bernardet

Professor emérito da ECA-USP. Ex-professor da UnB.

Autor de ensaios sobre cinema: "Brasil em tempo de cinema", "Cinema brasileiro: propostas para uma história", "Cineastas e imagens do povo", "Caminhos de Kiarostami".

Autor dos romances: *Aquele rapaz* (1990), *Os histéricos* (em colaboração com Teixeira Coelho, 1993), *A doença, uma experiência* (1996).

Coautor dos roteiros *O caso dos irmãos Naves* (Luís Sergio Person, 1967: Melhor Roteiro no Festival de Brasília), *Um céu de estrelas* (Tata Amaral, 1996: Melhor Roteiro no Festival de Brasília), *Através da janela* (Tata Amaral, 2000), *Hoje* (Tata Amaral, 2011; Melhor Roteiro no Festival de Brasília), *Periscópio* (Kiko Goifman, 2012).

Diretor de *São Paulo, sinfonia e cacofonia* (1995), *Sobre anos 60* (1999).

Ator, entre outras produções, em: *Orgia ou O homem que deu cria* (João Silvério Trevisan, 1968), *O profeta da fome* (Maurice Capovilla, 1969), *Ladrões de cinema* (Cony Campos, 1977), *P.S. – Post-scriptum* (Romain Lesage, 1978), *Disaster Movie* (Wilson Barros, 1985, curta-metragem), *A cor dos pássaros* (Herbert Brödl, 1988), *Filmefobia*

(Kiko Goifman, 2008; Melhor Ator no Festival de Brasília), *Periscópio* (Kiko Goifman, 2012), *Plano B* (Getsemani e Santiago, 2012), *O homem das multidões* (Marcelo Gomes e Cao Guimarães, 2013, LM), *A navalha do avô* (Pedro Jorge, 2013, CM), *Amador* (Cristiano Burlan, 2014, LM), *Pingo d'Água* (Taciano Valério, 2014, LM), *Hamlet (*Cristiano Burlan, 2014, LM), *Compêndio* (Eugenio Puppo e Ricardo Carioba, 2014, CM), *Agreste* (Delani Lima, 2014, CM), *Super Oldboy* (Eliane Coster, 2014, CM), *ABCdário* (Taciano Valerio, 2014, em prod.), *Fome* (Cristiano Burlan, 2015, LM; Brasília, 2015: Prêmio Especial do Júri do Festival de Brasília pela atuação), *Em 97 era assim* (Zeca Britto, 2015, LM 2016), *Transando com Laerte* (Claudia Priscila e Pedro Marques, 2015, Série de TV), *No vazio da noite* (Cristiano Burlan, 2016, LM), *A destruição de Bernardet* (Cláudia Priscila e Pedro Marques, 2016, LM), *Giga* (Taciano Valério, minissérie, 2015-16 – Lume Channel, 1ª temporada: 23 a 26 maio/17), *Antes do fim* (Cristiano Burlan, 2017, LM).

* CM= curta-metragem; LM= longa-metragem

Francis Vogner dos Reis

Mestre em Meios e Processos Audiovisuais pela ECA-USP. Crítico de cinema, foi colaborador de diversas revistas brasileiras e estrangeiras, com destaque para a *Revista Cinética*. Faz parte da equipe de curadoria da Mostra de Cinema de Tiradentes, Mostra Cine Ouro Preto e Mostra Cine BH. Pelo CCBB fez a curadoria das mostras Jacques Rivette, Nova Hollywood e Jerry Lewis. É roteirista do filme *O jogo das decapitações*, de Sergio Bianchi, corroteirista de *O último trago*, de Pedro Diógenes, Luiz Pretti e Ricardo Pretti e de *Os sonâmbulos*, de Tiago Mata Machado. Como produtor, trabalhou na Retrospectiva do Cinema Paulista, Mostra Watson Macedo e no longa-metragem *Sem raiz*, de Renan Rovida.

fonte Helvetica Neue
papel Pólen soft 80 g/m²
impressão Dsystem Indústria Gráfica Ltda.
data agosto de 2018

MISTO
Papel produzido a partir
de fontes responsáveis
FSC® C084825